福建省社会科学规划项目（FJ2022C042）成果
福建理工大学科研启动基金项目（GY-S22012）成果
福建理工大学专利专著提升基金资助

员工社交媒体使用
对工作绩效的作用机制研究

Research on the Influence and Mechanism of Employee Social Media Usage on Job Performance

李　昳　著

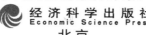

中国财经出版传媒集团

经济科学出版社
Economic Science Press
北京

图书在版编目（CIP）数据

员工社交媒体使用对工作绩效的作用机制研究/李
昳著 . -- 北京：经济科学出版社，2024.4
ISBN 978 - 7 - 5218 - 5111 - 3

Ⅰ. ①员… Ⅱ. ①李… Ⅲ. ①互联网络 - 传播媒介 -
影响 - 企业管理 - 人力资源管理 - 研究 Ⅳ. ①F272.92

中国国家版本馆 CIP 数据核字（2023）第 172343 号

责任编辑：杨　洋　杨金月
责任校对：李　建
责任印制：范　艳

员工社交媒体使用对工作绩效的作用机制研究
李　昳　著
经济科学出版社出版、发行　新华书店经销
社址：北京市海淀区阜成路甲 28 号　邮编：100142
总编部电话：010 - 88191217　发行部电话：010 - 88191522
网址：www. esp. com. cn
电子邮箱：esp@ esp. com. cn
天猫网店：经济科学出版社旗舰店
网址：http：//jjkxcbs. tmall. com
北京季蜂印刷有限公司印装
710 × 1000　16 开　14.25 印张　240000 字
2024 年 4 月第 1 版　2024 年 4 月第 1 次印刷
ISBN 978 - 7 - 5218 - 5111 - 3　定价：55.00 元
（图书出现印装问题，本社负责调换。电话：010 - 88191545）
（版权所有　侵权必究　打击盗版　举报热线：010 - 88191661
QQ：2242791300　营销中心电话：010 - 88191537
电子邮箱：dbts@ esp. com. cn）

前　　言

　　社交媒体作为大众社会生活的新方式，正迅速地融入现代人们的生活和工作中，成为影响人们沟通交流的重要工具。近十年来，社交媒体在企业也得到广泛的应用，已成为企业内部的主流沟通工具。在管理实践中，绩效是企业管理的第一要务，而企业整体绩效与员工工作绩效息息相关。因此，社交媒体对工作绩效的影响逐渐受到学者关注。考虑到现实的针对性和研究的相关性，本书将系统探讨员工在工作场所中的社交媒体使用行为，并揭示员工社交媒体使用对工作绩效的作用机制。

　　基于前人的研究，本书通过理论演绎构建了员工社交媒体使用、社会资本、技术压力和工作绩效间相互作用的概念模型，并以具有社交媒体使用经验的在职员工为调查对象进行了实证研究。结果表明：第一，任务导向的社交媒体使用和关系导向的社交媒体使用均会直接正向影响工作绩效。第二，社会资本在任务导向的社交媒体使用与工作绩效间、关系导向的社交媒体使用与工作绩效间起中介作用。第三，技术压力在任务导向的社交媒体使用与工作绩效间起中介作用，在关系导向的社交媒体使用与工作绩效间不起中介作用。

　　在上述研究结论的基础上，本书还进一步实证考察了员工社会网络异质性和工作特征的调节作用。结果表明：第一，年龄异质性在关系导向的社交媒体使用和社会资本间起负向调节作用，经验异质性在任务导向的社交媒体使用和社会资本间、关系导向的社交媒体使用和社会资本间均起负向调节作用，且经验异质性会调节社会资本的中介作用。第二，工作自主性和技能多样性在任务导向的社交媒体使用和技术压力间、关系导向的社交媒体使用间均起负向调节作用，且工作自主性和技能多样性会调节技术压力的中介作用。

　　本书的研究意义主要体现在：第一，充实了连接媒体、沟通过程和绩效的媒体同步性理论。在媒体同步性理论的基础上，结合社会资本理论和人—

环境匹配理论，解释了员工社交媒体使用对工作绩效的中间机理，为员工社交媒体使用和工作绩效的研究提供了新的理论视角。将信息发散过程和信息收敛过程的变量具体化，有效区分员工社交媒体使用影响工作绩效的积极机制和消极机制，进一步认识员工社交媒体使用和工作绩效的关系。第二，将社会资本和技术压力引入"员工社交媒体—工作绩效"模型中，提出并检验了员工社交媒体使用影响工作绩效的模型。对过去关于两者关系的矛盾观点进行梳理，并在一定程度上为未来的研究提供了思路。第三，界定了员工社交媒体使用有效性的边界。侧重研究员工社会网络异质性发挥作用的情境和过程，利用员工社会网络异质性的优势积极影响工作绩效，规避负面影响。第四，探索并发现了员工社交媒体使用潜在的负面作用。这种负面作用的发现一方面积极响应了学者对于全面理解社交媒体的号召，另一方面也提醒管理者在实施社交媒体政策前，要有针对性地预防和减少员工社交媒体使用带来的负面影响。

目　　录

第 1 章

绪 论

1.1 研究背景

近年来，我国互联网用户数量持续增加，众多的互联网用户是进入"互联网+"时代的坚实基础。我国互联网环境不断改善，政府陆续释放积极信号，网络渗透到各行各业。2013年8月17日，国家正式发布"宽带中国"战略。这一战略明确了未来我国宽带发展的目标和路径，也说明宽带已成为国家的公共基础设施。

根据2023年3月中国互联网络信息中心发布的《中国互联网络发展状况统计报告》（第51次），截至2022年12月，我国网民数量已达10.67亿人，互联网普及率为75.6%。基于这种现状，有关部门就"互联网+"对各行业发布了指导意见，以促进互联网对政务服务、物流服务和生产制造业等行业的渗透。报告还指出，在10.67亿名网民中，即时通信使用率97.2%，网络视频使用率96.5%，网上支付使用率85.4%，网络购物使用率79.2%，网络音乐使用率64.1%，网络游戏使用率48.9%，网约车使用率46.9%，线上办公使用率50.6%，网上外卖使用率48.8%，在线旅行预订使用率39.6%，网络直播使用率70.3%，网络文学使用率46.1%，互联网医疗使用率34.0%，线上健身使用率35.6%。其中即时通信使用率97.2%，这说明互联网用户越来越多地使用社交媒体等通信工具，并且依赖性不断增强。① 由于互联网技术的不断发展和完善，人们在生活和工作中越来越频繁地使用社交媒体，社交媒体也越来越多地影响每个人的工作和生活方式。

随着互联网技术的迅猛发展，社交媒体近年来得到广泛的传播。社交媒体具备极强的开放性、平等性和互动性等特征，改变了信息的传播方式。社交媒体正迅速融入人们的生活和工作中，成为影响人们沟通交流的重要工具。在此背景下，社交媒体在工作场所中的作用也日益凸显。有学者提出了一些大胆的观点，例如，"社交媒体将改变您的工作"（Zoonen et al.，2014）。无论人们是否相信此类观点，社交媒体都已经成为企业内部的主流沟通工具。与传统的电子邮件、即时通信等沟通技术相比，社交媒体是一个更加平等开放的平台，可以克服传统命令和控制管理的缺陷。但是，类似于其他新出现的技术，社交媒体的应用仍存在较大争议（Leonardi et al.，2013；Fox & Moreland，2015；Ali - Hassan et al.，2015；陈婷、李霞和段尧清，2022；Zoonen & Rice，2017；Moqbel & Kock，2018）。一方面，员工可以通过使用社交媒体提升绩效，如优化企业内部沟通与合作、实现知识共享、营造良好的组织氛围、方便员工参与和投入工作、提升员工工作满意度等（Hu et al.，2017；Kaplan & Haenlein，2009；丁冠琪，2019）。另一方面，员工使用社交媒体可能会给企业带来潜在的风险，包括工作绩效损耗、组织声誉损耗、工作时间损耗、工作倦怠、信息泄露和法律风险等（Ali - Hassan et al.，2015；Taneja et al.，2014）。因此，尽管社交媒体有提升工作效率的潜力，但其实施也有许多潜在的成本和风险。然而，这些成本和风险现在还不太清楚。在管理实践领域，不少企业包括许多中国企业禁止员工在工作场所使用社交媒体。

在管理实践中，绩效是大部分管理者最为看重的，而企业的整体绩效主要由员工的工作绩效决定。因此，明确哪些因素会影响员工工作绩效是大部分管理者的重要工作任务。学者在对社交媒体的相关内容进行研究时，发现社交媒体对工作绩效的影响存在一定的争议。穆克比勒等（2013）认为，员工以私人目的使用社交媒体对工作产出会有负面影响，但沙伦苏克蒙戈尔（2014）经过更深入的研究发现，员工社交媒体使用强度与工作绩效呈正相关

---

① 中国互联网络发展状况统计报告（第51次）[EB/OL]. 中国互联网络信息中心，2023 - 03 - 03.

关系。大部分学者认为，员工的社交媒体使用行为能够提升工作绩效（Zivnuska et al.，2019；张亚莉等，2015；Wang et al.，2018），但有研究也发现员工的社交媒体使用行为可能存在"黑暗"的一面（Moqbel & Kock，2018）。

具体来说，争议性的来源主要包括三个方面：第一，大多数学者将员工的社交媒体使用行为作为一个综合性的概念，而研究概念的笼统宽泛会导致相关研究结论并不能很好地揭示和理解员工社交媒体使用与工作绩效的关系（Moqbel et al.，2013；Leftheriotis & Giannakos，2014）。第二，缺乏对员工工作绩效的具体考察，如陈强（2016）仅考察了员工社交媒体使用对创新绩效的影响，仅有少数学者开始关注员工社交媒体使用对工作绩效不同维度的影响（Ali - Hassan et al.，2015；Landers & Callan，2014）。第三，社交媒体作为一种典型的沟通媒介，大多数学者在研究时忽视了不同的沟通过程对媒介功能的需求是不同的（Przybylski et al.，2021；Ng et al.，2016）。社交媒体具有较高的同步性，然而员工在工作场所中不同的沟通过程对媒介的同步性需求是有差异的（Dennis et al.，2008），进而导致员工社交媒体使用对工作绩效产生不同的影响。

如上所述，员工在日常工作中经常使用社交媒体，社交媒体已成为组织运行的重要沟通工具。通过使用社交媒体，员工对同事和组织的了解更加全面，其完成工作所需的专业知识也不断累积。员工使用社交媒体带来的好处之一是社会资本，提供了信息、知识、社会支持等宝贵资源，有利于员工工作绩效的提高。与此同时，员工使用社交媒体有可能引发工作中信息分享方向的偏差，从而降低工作绩效。因此，员工社交媒体使用和工作绩效之间的关系可能较为复杂。对二者的关系进行研究，有助于了解如何利用社交媒体来提升员工工作绩效，也有助于解决以往员工使用社交媒体出现的问题，改变企业管理者对社交媒体的态度。因此，本书设计并开展了一系列的研究来初步探索员工社交媒体使用与工作绩效之间的关系。

1.2　研究问题

随着社交媒体功能的优化和扩展，组织管理者运用社交媒体的频率越来越高，为员工之间的学习交流和信息共享提供了平台。然而，社交媒体相比于其他传统的沟通工具更加开放，既有优势也有劣势。许多学者侧重于关注社交媒体对员工和组织的正面影响，忽视了社交媒体的负面影响。员工消极怠工、过度使用社交媒体、泄露组织机密信息等都是社交媒体可能会给员工和组织带来的问题，企业管理者若不明白社交媒体的积极作用和消极作用是如何产生的，就无法对社交媒体进行合理的规避和利用，无法最大限度地提升员工的工作绩效。基于前人已有的研究成果，本书综合运用媒体同步性理论、社会资本理论和人—环境匹配理论和观点，分析了员工社交媒体使用与工作绩效之间的影响关系，并在此基础上构建了员工社交媒体使用、社会资本、技术压力与工作绩效之间关系的概念模型，希望能揭示员工社交媒体使用对工作绩效的作用机理。具体地，本书研究的主要问题如下。

问题 1：员工在工作场所一般出于哪些目的使用社交媒体？员工社交媒体使用与工作绩效的关系如何？

尽管已有学者对员工社交媒体使用进行了大量的研究，但综合来看，大部分研究的背景和理论依据有所不同，导致研究成果比较零散，无法形成较为统一的框架。而关于员工社交媒体使用与工作绩效关系的实证研究，学者之间的观点存在较大区别，甚至有相互冲突的研究结论。因此，本书应先对现有文献进行分析与梳理，进而明确员工社交媒体使用行为的类型，构建员工社交媒体使用与工作绩效的关系概念模型。概念模型的确定，可为本书提出研究假设和开展实证研究提供理论依据。

问题 2：员工社交媒体使用对工作绩效的影响是如何产生的？以及具体的作用方式是什么？

基于前文的论述，员工社交媒体使用可能会对工作绩效产生两种影响。一方面，员工在使用社交媒体的过程中，根据接收到的信息，可以纠正自身的认知偏差，减少角色模糊的影响。对工作任务的正确理解、对工作环境的全面熟悉，可以提高员工的工作满意度、组织承诺和绩效。此外，员工使用社交媒体有利于积累与工作内容相关的技能，调整自己的观念与行为，使之与组织保持基本一致（Cao et al.，2012；Charoensukmongkol，2014）。另一方面，社交媒体极大地影响着人们的生活、学习和工作，员工每天花费大量的时间在社交媒体上已成常态。社交媒体的即时性可能会干扰员工的日常工作，导致员工处理复杂业务的时间延长。并且过度使用社交媒体进行社交和娱乐会与工作需求产生冲突。若员工无法健康科学地面对和应用新技术，就会增加从冗余的信息中提取有效信息的难度（Chung et al.，2016；Li et al.，2019）。本书基于媒体同步性理论，将从信息收敛过程和信息发散过程分别选取社会资本和技术压力两个变量，并通过实证研究探讨员工社交媒体使用对工作绩效的具体作用方式。

问题 3：哪些权变因素可能会影响员工社交媒体使用对工作绩效的作用机制？

员工社交媒体使用对工作绩效的作用机制可能会受到员工所在团队的特征和工作特征的影响。当团队成员的特征相似时，有助于员工之间协同工作，便于沟通与交流，员工使用社交媒体更有可能提升工作绩效。工作特征会影响员工的工作态度，表现为个人层面的对工作的满意度、敬业度和创新等，是影响工作绩效的重要因素。因此，工作特征有可能会抑制员工使用社交媒体时对工作绩效产生的负面作用。从这个角度上来说，考虑员工所在团队的特征和工作特征的作用对于更为准确地探究员工社交媒体使用对工作绩效的影响也是十分重要的。

1.3　研究意义

1. 理论意义

第一，对员工社交媒体使用维度的探索，有助于细化和完善社交媒体的研究成果。目前，关于员工社交媒体使用主要是作为一个单一维度的变量进行研究（Shwed & Kalev，2014；Suh & Bock，2015）。这种单一维度的测量不仅比较片面，而且也不适合对任务多变且结构复杂的企业进行调研。在现有成果的基础上，本书通过深入访谈和实地调研，验证了员工社交媒体使用的二维结构，加强了对中国情境下员工使用社交媒体的理解，提供了相关研究的分析基础。

第二，对员工社交媒体使用影响工作绩效的实证研究，有助于完善和补充社交媒体使用与员工行为和绩效的关系研究。尽管已有少数学者从理论层面探讨了工作场所中的社交媒体使用对员工工作绩效的影响，但是相关结论存在较大争议。有研究表明，社交媒体使用会对员工产出产生积极的作用（Dennis et al.，2008；Hanene & Hadoussa，2021），而布莱资奈德和帕克（2016）认为，社交媒体使用可能会对员工和企业造成负面影响。本书以具有社交媒体使用经验的在职员工为研究对象，通过实证研究从不同路径揭示员工社交媒体使用对工作绩效的影响机理。相关研究成果对探析社交媒体与员工和企业的关系具有一定的参考价值。

第三，对本书理论模型的验证可以丰富工作场所社交媒体影响的理论研究，拓宽媒体同步性理论、社会资本理论和人—环境匹配理论在社交媒体研究领域的应用范围。在细化员工社交媒体使用行为的基础上，具体考察任务导向的社交媒体使用和关系导向的社交媒体使用对工作绩效的影响，并引入以社会资本和技术压力为代表的中介变量、以员工社会网络异质性和工作特征为代表的调节变量考察员工社交媒体使用对工作绩效的影响机制。

2. 实践意义

第一，对员工社交媒体使用行为的研究，有助于揭示员工在工作场所使用社交媒体的现象，帮助管理者找到充分利用社交媒体的正确方法。研究结论有助于企业管理者认识到社交媒体在工作场所中的有效性，发挥社交媒体对员工行为和绩效的积极作用。也有助于企业管理者有针对性地开发和使用适合企业和员工的社交媒体，规避其对员工行为和绩效的消极影响。

第二，对员工社交媒体使用与工作绩效的中介机制、作用效应研究，为企业管理者制定社交媒体使用政策提供依据。根据研究仅仅让员工访问社交媒体无法真正提升工作绩效，只有有针对性地实施具体计划才能更好地体现社交媒体的功能，对员工的行为进行有针对性的规范，从而更有效地避开企业实施社交媒体政策的风险，发挥社交媒体的作用。

第三，有关员工社会网络异质性和工作特征调节作用的探索，有助于管理者找到强化社交媒体正向影响效应和削弱社交媒体负向影响效应的关键因素。管理者可以结合实际情况，有效利用异质性的优势，避免异质性带来的弊端。识别工作特征的利用条件，为管理者预防和减少社交媒体使用带来的负面作用指明可行的路径。

1.4 相关概念界定

1. 社交媒体和员工社交媒体使用

社交媒体（social media）是指基于互联网平台，允许用户从其他用户生成的内容中获得价值，能够与他人进行交互，实时地或异步地实现机会性交互和选择性自我呈现的渠道。员工社交媒体使用（employee social media use）是指员工可以使用社交媒体：（1）向同事传递信息；（2）与同事沟通；（3）对信息和文件进行发布、编辑和排序；（4）查看信息和文件，可进一步对共享的信息和文件进行发布、编辑和排序。本书参考冈萨雷斯（2012）、丁冠琪（2019）的研究，将员工社交媒体使用划分为任务导向的社交媒体使用和关系导向的社交媒体使用。任务导向的社交媒体使用（work related social media use）是指员工使用社交媒体安排工作任务和解决工作问题，对资源进行整合并对整合之后的资源进行创新，加强员工协作，促进工作信息的流动。关系导向的社交媒体使用（social related social media use）是指员工使用社交媒体建立、维护和发展人际关系，为员工提供相互了解、相互关爱的平台，共同营造轻松稳定的工作氛围。

2. 工作绩效

工作绩效（job performance）是指员工所做出的与组织目标相关的一系列行为，包括三个部分：（1）工作绩效应根据行为而不是结果来定义；（2）工作绩效只包括与组织目标相关的行为；（3）工作绩效是多维度的。本书参考坎贝尔（1990）、博尔曼和莫多洛（1993）的研究，将工作绩效划分为任务绩效和周边绩效。任务绩效（task performance）是指员工完成核心工作任务的专业程度，如工作的数量和质量、解决问题的能力和沟通能力等。周边绩效（contextual performance）是指员工提升社交能力和心理素质的行为，如责任感、主动性、创新性和组织承诺等。

3. 社会资本

社会资本（social capital）是指以社会网络关系为载体，具有资本生产性和社会制度性的资源，本书参考纳哈皮埃特和戈沙尔（1998）的研究结论，将社会资本分成三个维度，即结构资本、认知资本和关系资本。其中，结构资本（structural capital）是指行为者与行为者进行联系的整体模式，反映了其互动方式和社交结构。认知资本（cognitive capital）是指在各方之间实现信息共享和沟通顺畅的资源，有助于行为者在社交网络中实现共同理解。关系资本（relational capital）是指行为者通过自身社会关系创造和利用的资源，这些资源包括信任、规范、义务和身份等。

4. 技术压力

技术压力（technostress）一词最早出现在商业文献中，被描述为因无法以健康的方式适应新技术而造成压力的现象（weil & rosen，1997）。在组织情境中，技术压力被认为是使用信息系统来完成工作任务时出现的压力（Ayyagari et al.，2011）。本书参考塔拉夫达尔等（2007）和拉古·内森等（2008）的研究，认为技术压力包括三个维度：技术过载、技术入侵和技术不确定性。技术过载（techno-overload）是指任务复杂性、信息数量和工作节奏的过载，技术入侵（techo-invasion）是指员工使用信息沟通技术处理工作从而使沟通工具侵入到私人生活和闲暇时间，技术不确定性（techno-uncertainty）是指由于信息沟通技术的变化导致工作的不可预测性。

5. 员工社会网络异质性

社会网络内部异质性（employee network heterogeneity）一般包括两个不同的层面：个体异质性和组织异质性。个体异质性即个体与社会网络内部其他人特征的差异性，是以个体为中心。组织异质性即本书涉及的员工社会网络异质性，偏向于解释社会网络内部个体特征的离散情况，是以整体为中心。本书主要研究的员工社会网络异质性，反映员工的信息差异和社会类别差异（Hambrick et al.，1996）。具体而言，信息差异包括学历（education）和经验（experience），社会类别差异包括性别（gender）和年龄（age）。

6. 工作特征

工作特征（job characteristic）是指工作本身的属性，包括工作重要性、工作自主性、技能多样性、工作完整性和工作反馈性（Hackman & Oldham，1975）。工作重要性（task significance），即工作对他人和组织的影响程度；工作自主性（autonomy），即员工在完成工作的过程中具备的自由度、独立性和决定权的程度；技能多样性（skill variety），即员工为完成工作须具备的技能数量和质量的程度；工作完整性（task identity），即员工在工作过程中需完成的可识别整体的程度；工作反馈性（feedback），即员工在工作过程中可以直接而明确地获得有关自己工作绩效信息的程度。

1.5 研究方法

1. 文献资料法

通过查阅国内外数据库，对媒体同步性理论、社会资本理论、人—环境匹配理论、员工社交媒体使用、工作绩效、社会资本和技术压力等相关的文献进行认真细致的检索。在对文献进行筛选之后，回顾相关文献，根据研究标准对这些变量的含义、维度、测量和相关影响因素进行分类和总结。以研究问题和研究目的为基础，选择适合的构念和测量方式。

2. 深度访谈法

由于本书是针对实际管理问题提出问题的，因此会基于研究问题选取合适的样本，根据社交媒体政策在企业中的实施情况，对样本中不同行业、不同岗位的员工进行访谈。在访谈的基础上进一步完善研究模型，根据访谈数据提炼问题，使研究尽可能切合实际，为管理者提供有针对性的建议和对策。

3. 问卷调查法

研究模型确定后，须通过大规模问卷调查来解决研究问题，验证研究假设。本书在由文献资料和访谈数据确定的最终研究模型的基础上，使用合适的量表，选择符合要求的调研对象进行调研，根据收集的数据对研究假设进行验证。

4. 统计分析法

为确认变量之间的关系，本书采用描述性统计分析、相关性分析、信度分析和效度分析等方法，对收集的数据进行评估；通过相关性分析、层次回归分析和拔靴法（bootstrapping method）等方法对提出的假设进行验证。具体包括：员工社交媒体使用对工作绩效的直接效应检验、社会资本和技术压力对员工社交媒体使用和工作绩效间的中介效应检验、员工社会网络异质性对员工社交媒体使用与社会资本之间关系的调节效应检验、被员工社会网络异质性调节的社会资本的中介效应检验、工作特征对员工社交媒体使用与技术压力之间关系的调节效应检验、被工作特征调节的技术压力的中介效应检验。

1.6 全书结构

本书拟对员工在工作场所中的社交媒体使用行为进行深入研究，借鉴媒体同步性理论、社会资本理论和人—环境匹配理论探究员工社交媒体使用影响工作绩效的不同路径并对其加以实证检验，以期更好地扩充该领域的相关研究，为企业引入社交媒体政策提供建议。本书的出发点是为管理员工和提升绩效提供启示，因此侧重于研究的实践价值。技术路线如图1.1所示。

第1章：绪论。首先，介绍研究的选题依据、背景和意义，引出拟解决的理论问题。其次，界定相关概念，确定研究思路和方法，简要说明研究的理论框架和各个章节的内容安排。最后，提出研究的主要创新点。

第2章：文献综述与理论基础。依次梳理并深入评析员工社交媒体使用、工作绩效、媒体同步性理论、社会资本理论和人—环境匹配理论等相关研究成果，总结现有与研究主题相关的进展，分析现有研究的不足之处。

第3章：概念模型与研究假设。根据相关理论和文献，并结合深度访谈的资料进一步完善研究模型，通过分别基于信息收敛和信息发散的机制来检验社交媒体对工作绩效的影响，有效分离并系统解释社交媒体对工作绩效的积极影响和潜在的负面作用。之后，提出本书待解决的理论问题。包括：对核心变量进行概念界定；依据相关理论和访谈资料建立变量间的关系；提出"社交媒体—沟通过程—工作绩效"的模型框架。

第4章：研究方法与设计。首先，明确小样本调研的程序和原则等相关问题。其次，使用SPSS软件分析和处理小样本调研问卷的信度和效度等指标。最后，根据分析结果删除不符合要求的题项，形成最终的正式测量量表。

第5章：数据分析与假设检验。依据相关性分析、层次回归分析和拔靴法等方法的基本原理，使用SPSS和MPLUS统计软件进行统计分析，验证样本数据是否支持研究假设和模型，验证模型的通用性，并对结果进行讨论。

第6章：拓展研究。员工社会网络异质性与工作特征的调节作用。基于前一章的研究结论，引入员工社会网络异质性和工作特征作为调节变量，考察它们对社会资本和技术压力中介作用的影响，并对结果进行分析与讨论。

第 7 章：研究结论与展望。首先，根据理论和实证分析归纳本书的主要结论，并与以往的研究结论进行对比，以此得出本书的理论和实践贡献。其次，结合管理实践提出相应的可行建议。最后，指出本书的局限性，预测未来可研究的问题和可拓展的空间。

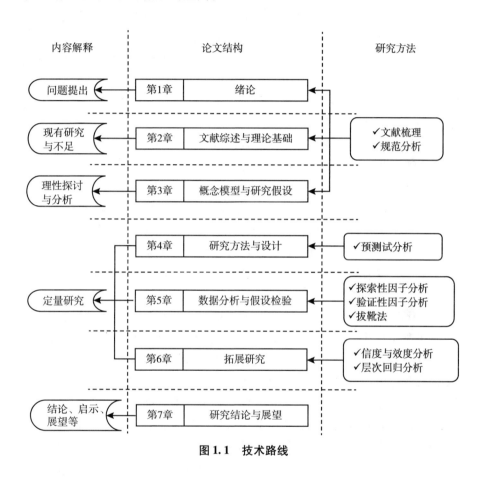

图 1.1 技术路线

1.7 主要创新点

第一，基于媒体同步性理论，假设并检验了员工社交媒体使用对工作绩效产生影响的双路径模型，为员工社交媒体使用和工作绩效关系的研究提供了新的思路。在工作场所使用社交媒体被认为能够有效促进员工社会资本的积累，由于社交媒体的同步性较高，在对同步性要求较高的信息进行收敛的过程中，员工能够有效地对企业的各种资源加以利用并努力实现企业目标，对员工工作绩效产生显著的积极意义。但也由于社交媒体的同步性较高，在对同步性要求不高的信息进行传递的过程中，不当的社交媒体使用会导致员工经历技术压力，会对员工绩效和行为产生显著的负面影响。尽管已经有研究对社交媒体使用与员工绩效和行为间的关系投入了一定的关注，但是这部分研究并没有对员工社交媒体使用对工作绩效影响的作用机制给出详细的刻画。本书将信息传递过程和信息收敛过程的变量具体化，对社交媒体使用影响员工绩效和行为的积极、消极机制进行了有效划分，推进了对员工社交媒体使用和工作绩效间关系的认识。

第二，界定员工社交媒体使用有效性的边界。研究表明，虽然成员的异质性有利于团队实现创新，但并不一定会对企业产出产生积极影响。例如，许多冲突和摩擦主要是由于成员特征的巨大差异，而这些冲突和摩擦不利于团队决策的速度和质量。因此，本书着重关注异质性产生影响的现状和过程，利用其优势对员工产生积极影响，规避其负面影响，进而提高绩效。此外，研究结果为企业实施社交媒体使用政策提供了实际的管理意义。本书还鼓励未来的研究人员关注企业社交媒体有效性的界限，并根据企业和社会情境的特点对合适的边界条件进行探索。

第三，探索并发现员工社交媒体使用存在的潜在负面作用。社交媒体几乎具备了所有媒体的同步性能力，为人与人的沟通提供了便利。社交媒体是大众人际交流的理想场所，为沟通者提供了不同的异步沟通工具，并且允许更多的自我呈现，只要用户拥有与其他用户进行互动和参与的感觉，这些交互作用甚至不需要具体的人际关系，因此它被认为对员工之间的合作和沟通有积极作用，并且这些积极作用得到了大量实证研究的支持。目前，社交媒体用户量增长迅速，特别是年轻用户越来越多地使用社交媒体，而他们逐渐成为企业发展的主力军，将社交媒体带入工作场所。尽管社交媒体有改进工作的潜力，但其实施具有许多潜在的成本和风险。因此，仍有少部分研究者极力呼吁不能忽视社交媒体潜在的负面作用：由于社交媒体的同步性高，在信息传递过程中会导致员工感受到技术压力，而技术压力会降低员工的工作绩效。基于这种思路，本书假设社交媒体在信息传递过程中会出现负面作用。这种负面作用的发现一方面积极响应了学者对于全面理解社交媒体作用的号召，另一方面也提醒管理者在决定实施社交媒体政策之前，要有针对性地预防和减少社交媒体使用带来的负面作用。

1.8 本章小结

首先，阐述了研究的理论背景和实践背景，提出了本书的研究问题，明确了研究目的；其次，阐明了研究的理论意义和现实意义，界定了本书涉及的主要变量的概念，列举了研究所采用的方法，并设计了技术路线图；最后，介绍了研究的逻辑思路，说明了各章节的内容安排。

第 2 章

文献综述与理论基础

2.1 工作绩效的相关研究

2.1.1 工作绩效的内涵

对于工作绩效的早期研究，主要聚焦于绩效评估和绩效目标设定，较少关注绩效的本质及其影响因素。随着研究的深入和理论的完善，学术界开始探索绩效的内涵，逐渐形成三种主要观点：一是认为绩效即结果，二是认为绩效即行为，三是认为绩效即结果和行为的总和。

1. 工作绩效结果论

贝尔纳丁和比提（1984）从客户的角度，认为工作绩效取决于满足客户需求的程度。凯恩（1996）则提出了不同的观点，他认为客户需求的满足程度并非工作绩效的唯一表现，工作绩效是与组织目标无关的"一种东西"。杨杰等（2000）则在此基础上将"一种东西"归结为"一种成就"，认为这种"成就"与产出、成果和成绩的含义类似，并具体描述成为"一定时间内个体或组织在效率和质量等方面的表现"。

上述观点是工作绩效结果论的主流观点，总结来说，绩效结果论认为工作绩效是一个结果概念。通过对结果进行评定，组织将工作绩效进行量化，可以评估员工在工作中的付出及其与组织的关系。这种对结果的量化相对客观，操作性较强，可作为组织规划和发展的重要依据。

2. 工作绩效行为论

随着管理实践的推进和工作绩效研究的应用，部分学者根据管理实践归纳出新的员工工作现象：在工作中，员工往往受到自身工作能力和客观工作环境的双重限制。员工在完成工作的过程中需要投入大量时间和精力解决这种限制及带来的衍生问题后才能开展正常的工作。这种限制与员工或工作本身并没有直接关联，但在一定程度上决定了员工能否顺利完成工作。

根据上述结论，欧根（1988）和坎贝尔（1990）等学者提出了工作绩效的新内涵。他们认为，工作绩效应当是独立于"结果"存在的一种行为。在后续研究中，支持工作绩效"行为论"的学者将其定义为"员工作出的一系列有贡献的行为"，行为的目的在于实现组织目标或完成工作任务。绩效并非单纯的工作结果，也并非工作的后果，其本质是员工在遵循组织规则的前提下，根据自己的能力为组织作出贡献而实施的行为（Hunt，1996；Rotundo & Sackett，2002）。张德（2004）在分析工作绩效的特征后指出，工作绩效具有多重维度，是能够推动组织目标实现的行为。组织目标的实现依赖于结果的实现，导致组织和管理者本能地通过结果的实现程度来量化绩效。然而，员工个体特征和工作客观环境因素都会影响或制约结果的实现。组织若想实现工作绩效的量化，评估员工工作的努力程度和对组织的态度，需要充分控制上述干扰因素。

3. 工作绩效综合论

工作绩效综合论认为，行为和结果是相辅相成的，工作绩效是二者综合作用的结果，工作结果依赖于员工为完成工作任务付出的时间成本和精力成本及以此产生的一系列行为。可见，工作绩效是一个多维的概念，员工的行为和工作结果是相互依存的两个维度（Brumbrach，1988）。

随着工作绩效综合论研究的不断深入，工作绩效的外延不断扩展。工作能力、工作态度、工作环境、工作方法和个人素质等员工内外部因素逐渐被后续学者纳入绩效考核的范畴。伍德鲁夫（1992）扩展了工作绩效的内涵，认为工作绩效是行为、能力和结果的综合，行为和结果通过员工能力连接起来。普拉科斯等（2000）指出，员工能否适应工作方式直接影响着工作任务的实现，员工适应性是考核工作绩效的重要指标。饶征（2002）认为，工作绩效由方式、行为和结果组成。詹森和耶佩伦（2004）认为，员工创新能力应作为工作绩效的主要指标。科普曼斯等（2011）认为，工作绩效会受到不同层面的干预，包括领导风格和员工工作生活方式。工作绩效包括工作技能熟练程度、个人素质提高、工作方法优化等动态变化，还包括静态指标，如工作效率和组织利润。因此，工作绩效直接反映在员工利用现有资源完成组织分配任务的情况（黎娟，2014）。

2.1.2　工作绩效的测量

随着研究的不断深入和理论的不断完善，学术界对工作绩效的认识不再局限于"行为"或者"结果"。学者们从不同的角度对工作绩效进行解读并细分出更多的维度，并在此基础上开发了一系列测量量表。

1. 工作绩效的维度划分

卡茨和卡恩（1966）从是否属于工作职责的角度，认为工作绩效包括角色内绩效和角色外绩效。角色内绩效是指员工在工作职责范围内的表现，角色外绩效是指员工在工作职责之外的行为，如对同事提供的帮助、完成职责之外的工作任务等，也有研究称其为"组织公民行为"。坎贝尔（1990）提出了"八因素模型"，从员工沟通协调能力和业务熟练程度等方面对工作绩效进行量化。在坎贝尔（1990）研究的基础上，博尔曼和莫托维德洛（1993）认为，工作绩效应包括两个维度：任务绩效和周边绩效。其中，任务绩效是指员工完成核心工作的行为，具体体现为：在明确岗位职责的前提下，员工为完成工作任务直接付出的体力劳动和脑力劳动，或为完成组织目标对其他员工提供的必要帮助等。周边绩效是指员工发生的与工作任务没有直接关联的行为或结果，即员工由于其背景和声望等因素，不直接参与生产活动，为组织内员工交往或组织间沟通起纽带作用，从而提升员工完成工作任务的效率。奥尔沃斯等（1997）认为，科学技术的发展会不断推动管理实践。员工对新知识、新技能的适应能力，以及学习、吸收和应用新知识、新技能适应复杂的工作环境、解决工作难题的能力直接决定着工作绩效，在此基础上提出"适应性绩效"。奥尔沃斯等（1997）的实证研究表明，适应性绩效是独立于任务绩效和周边绩效而存在的。科普曼斯等（2011）的研究在奥尔沃斯等（1997）的基础上，从职业健康、心理学和管理学领域将工作绩效划分为任务绩效、周边绩效、适应性绩效和反生产工作行为。

孙健敏等（2002）结合国内企业"权力距离"和"上下级关系"程度较高的背景，对企业管理者进行分析后指出，工作绩效会受人际关系和个人特质的影响。因此，在任务绩效的基础上，进一步将人际绩效和个人特质绩效纳入工作绩效的范围。个人特质绩效表示为超出员工工作职责，但可以间接提升工作完成效率的员工行为，如分担工作职责以外的工作任务、为其他员工提供建议等。王辉等（2003）分别在中西方文化背景下验证"任务绩效—周边绩效"二维模型，探索这个二维模型在不同历史文化背景下对于不同组织的适用性。研究结果表明，"任务绩效—周边绩效"二维模型具有普遍适用性，任务绩效和周边绩效在中西方组织的结构差异上相对独立。温志毅（2005）以企业中层管理者为研究对象，开发了符合中国企业特点的工作绩效量表，包括任务绩效、人际绩效、适应性绩效和努力绩效四个维度。韩翼和廖建桥（2007）指出，学习能力直接决定了员工能否适应环境。他们最终将工作绩效划分为四个维度：任务绩效、人际绩效、学习绩效和创新绩效。

2. 工作绩效的测量及量表

在研究过程中，不同学者根据研究目的和对象的不同，分别从不同角度对工作绩效的内涵进行界定，在此基础上开发和完善工作绩效量表并验证量表的信效度。坎贝尔（1990）的"八因素模型"量表逐步由军队研究扩展至其他组织研究。博尔曼和莫托维德洛（1993）在"八因素模型"的基础上对相关维度及题项进行扩展，开发了"任务绩效—周边绩效"二维量表。斯科特和莫托维德洛（1996）将任务绩效维度保留，同时将周边绩效分为人际促进和工作奉献，共计 15 个题项。科普曼斯等（2012）提出的量表有 4 个维度，包括任务绩效、周边绩效、适应性绩效、反生产工作行为共计 47 个题项。王辉等（2003）翻译了博尔曼和莫托维德洛（1993）开发的量表，并在中国社会背景下验证了该量表的适用性和信效度，最终形成适用于中国情境的"任务绩效—周边绩效"量表。韩翼和廖建桥（2007）分别设计了任务绩效、人际绩效、学习绩效、创新绩效 4 个维度共计 39 个题项的量表。

2.1.3 工作绩效的影响因素

1. 个体内在因素

（1）工作能力。

德里克和多宾斯（1991）指出，工作绩效主要取决于工作能力。博尔曼等（1991）则认为，员工完成工作的能力和动机是影响工作绩效的重要因素。李永周等（2014）指出，工作嵌入对高新技术企业研发人员的创新绩效有正向影响，创新能力通过工作联系和工作牺牲对创新绩效起中介作用。徐笑君（2016）收集了355位外派人员的数据，通过实证研究发现跨文化沟通能力作为一个重要的因素，会影响外派人员学习战略性隐性专业知识，对提升任务绩效具有显著的效应。

（2）工作投入。

里奇等（2010）认为，工作投入是个体将自己完全投入工作角色中，与个体工作绩效的两个维度呈正相关关系。张和巴尔托尔（2010）发现，在信息技术公司从事复杂工作的专业员工的创造性工作投入与工作绩效之间呈倒"U"型关系。方来坛等（2011）基于角色理论，在中国文化背景下验证了工作绩效包括任务绩效和关系绩效两个维度，员工敬业度、工作满意度与工作绩效之间存在显著的正相关关系。温碧燕等（2017）的研究聚焦于服务业，采用纵向调查方法，发现员工的正向心理资本会影响员工敬业度和工作绩效，员工敬业度与工作绩效呈显著正相关。

（3）动机。

詹森和耶佩伦（2004）认为，以目标为导向的动机与工作绩效呈正相关关系，以绩效为导向的动机与工作绩效呈负相关关系。李伟和梅继霞（2013）对内在动机、工作投入和工作绩效之间的关系进行研究，发现内在动机对员工工作投入和工作绩效呈正相关关系。张学和等（2013）基于成就动机理论，提出目标导向有助于员工规范自己的行为，并自发投入时间、精力和其他资源，以提升创新绩效。

（4）个体特质。

巴里克和芒特（1991）指出，工作绩效和严谨性、外向性之间存在正相关关系。弗恩哈姆和斯特林菲尔德（1993）以中国管理者为研究对象，发现管理者的内向性与工作绩效呈负相关，外向性与工作绩效呈正相关。劳勒（1994）在早期胜任力模型的基础上，引入了员工的人格特质作为工作绩效的影响因素之一。海斯等（1994）以蓝领工人为研究对象，结果表明工人的社交性与工作绩效呈负相关。帕特里亚（2015）的研究表明，员工的情绪智力与组织策略的匹配程度直接影响组织业务能力，继而提高工作绩效。其中，情绪智力是指感知、控制情绪的能力。

（5）其他因素。

如工作满意度、工作态度、人—任务匹配和应对策略等。贝蒂等（1984）以元分析技术为基础，发现工作满意度与个体绩效呈正相关关系。张兰霞等（2008）以知识型员工为研究对象，得出工作态度与工作绩效之间存在显著的正相关关系。进一步地，发现员工的性别、年龄、学历和工作岗位等个体差异也会直接影响其工作态度和绩效。张燕君和黄健柏（2011）构建了三维匹配模型，发现人—职务动态匹配与工作绩效高度相关。王玉峰和金叶欣（2016）基于微观视角和个体层面的研究发现，在组织变革背景下，员工的积极应对方式会影响工作投入和绩效。

2. 情境外在因素

（1）领导。

利登和格林（1980）的研究表明，高领导—成员交换提高了员工的工作责任感，员工愿意将更多的时间投入工作中，以提升工作绩效。钱德拉和普里约诺（2015）的研究表明，领导风格与工作绩效有关。彭坚和王霄（2016）基于角色理论，依据 64 个工作团队的研究数据，发现追随原型能否提升工作绩效主要取决于领导—追随双方的匹配情况。李晓玉等（2016）通过对 722 名乡镇公务员研究表明，仁慈的领导能够明显提升公务员的工作态度和绩效。

（2）组织。

艾森伯格（1986）指出，工作绩效的提高依赖于组织支持感的提升。组织支持感能够有效转化为员工的工作动力，并进一步激发员工的创造力和创新能力，继而提升工作绩效。威廉姆斯和安德森（1986）指出，工作绩效受到组织承诺影响，但组织承诺的兑现能力和信用决定着这种影响的效果。贝蒂（2001）指出，组织激励制度直接影响员工绩效水平，有效的激励制度能够充分激发员工的工作动力，维持员工良性的工作态度，进而提升员工完成工作的效率。钱德拉和普里约诺（2015）指出，工作环境和员工工作满意度对提升员工工作绩效具有重要作用。工作环境越好、工作满意度越高，员工工作的动力就越强，员工之间的沟通才能够良性发展，从而提升工作绩效。吉图伊（2015）指出，组织文化与工作绩效密切相关，组织文化的参与维度和适应维度能够有效提升工作绩效。姆万齐亚（2015）指出，组织环境变动往往阻碍工作绩效的提升。组织内部环境如果频繁发生变化，员工就会因疲于适应新环境而主动或被动地进行抵制，这种抵制可能会对组织产生负面影响。当组织发生变革时，管理者需要为员工提供良好的工作环境和适当的奖励，以提高工作绩效。

（3）工作压力。

目前，学术界对于工作压力与工作绩效之间关系的研究尚未取得共识，但大都认为二者之间是负相关关系或倒"U"型关系。张志军和贾丹（2006）指出，工作强度和工作量对工作绩效具有重要影响，若超出员工承受的范围会阻碍工作绩效的提升。布鲁克斯和卡利夫（2016）借鉴人—环境匹配理论，发现使用社交媒体导致的技术压力与员工工作绩效呈负相关关系。黎娟（2014）进一步指出，心理压力对工作绩效具有双重作用。适当的工作压力能够在一定程度上帮助员工集中注意力，从而高质高效地完成工作任务；而过度的压力会使员工产生抵触情绪，缺乏工作激情和动力，从而降低工作绩效。

（4）其他因素。

如工作环境、企业社会责任、反馈和高绩效工作系统等。陈业华和田子州（2012）基于勒温的场域理论，针对传统组织体系对员工行为的影响和制约，提出了员工一般工作环境下组织"力场"的概念，并认为组织"力场"因素与员工行为和绩效相关。杜等（2015）借鉴内部营销和心理契约理论后指出，企业的社会责任能够满足员工多方位、多层次的工作需求，进而提升工作绩效。周金毅（2017）通过扩展个体内部信息寻求的视角和不确定性削减理论，发现从同事那里寻求的负向反馈与工作绩效呈正相关关系，从领导那里寻求的负向反馈与工作绩效呈负相关关系。张军伟（2017）从自我概念的角度探讨了组织自尊在高绩效工作系统与工作绩效之间的中介作用。结果表明，高绩效工作系统对工作绩效有正向影响，其中员工基于组织的自尊在其中起中介作用。

2.2　员工社交媒体使用的相关研究

2.2.1　员工社交媒体使用的内涵

互联网彻底改变了人们日常互动的方式。在互联网出现之前，与家人、朋友和同事保持联系是困难且昂贵的。而互联网出现之后，与家人、朋友和同事保持联系是容易且便宜的。在1971年发送第一封电子邮件后，沟通方式发生了变化。在1978年，出现了电子公告板（bulletin board system，BBS），以便用户交换信息、数据和新闻，从而开始了互联网时代。在1979年，两位工程师创建了Usenet，这是一个全球性的讨论系统，允许用户发布公共消息。到1989年，英国工程师蒂姆开始在CERN工作，即后来的万维网（world wide web）。在20世纪90年代，推出了Mosaic Web浏览器，出现了第一个社交网站（Geo Cities），并且个人主页开始出现。研究社交媒体需追溯到互联网的根源，因为社交媒体将提供静态信息的网站转变成用户之间进行信息交换的平台（Kaplan & Haenlein，2009）。社交媒体时代可以追溯到1998年，布鲁斯和苏珊创立的Open Diary是最早的一个正式社交网站，将网上写手带入一个社区。在过去30年中，技术飞速进步，实现了一种虚拟内容共享的形式，2003年出现了MySpace，2004年出现了Facebook，这两个社交媒体比20世纪70年代后期出现的BBS功能更强大。之后，陆续出现了视频分享网站You Tube和微博网站Twitter。社交媒体的最新补充是虚拟世界（second life）和虚拟游戏（world of warcraft）。

社交媒体是一个基于Web 2.0思想和技术的网络应用程序集，允许创建和交换用户内容（Kaplan & Haenlein，2009）。Web 2.0用于描述软件开发人员和终端用户以新的方式利用万维网，即万维网作为一个平台，让所有用户通过参与和合作不断修改内容和应用，而内容是终端用户创建的并且是公开可得的，可表现为多种形式。与其他信息和传播技术相比，社交媒体具有独特的技术特征，支持即时交互，如用户创建内容、众包和在线协作。社交媒体的快速发展，使它们在企业中的应用短时间内以两种主要方式出现。第一种是与外部利益相关者（如客户、供应商和公众）进行交流，第二种是在企业内部使用社交媒体进行内部沟通和社交互动，这也是本书的研究对象。员工社交媒体使用是指员工可以使用社交媒体：（1）向同事传递信息；（2）与同事沟通；（3）对信息和文件进行发布、编辑和排序；（4）查看已有的信息、文本和文件，随时对同事共享的信息、文本和文件进行发布、编辑和排序。

2.2.2 员工社交媒体使用的测量

在进行社交媒体的相关研究时，界定员工社交媒体使用行为是基础。先对员工社交媒体使用行为的类型进行明确划分，梳理并分析员工社交媒体使用的影响因素及其对员工行为和组织产出的影响，可以为组织决策提供有意义和有针对性的参考。目前，学术界已有研究成果从不同角度对员工社交媒体使用行为进行分类，分类体系如表 2.1 所示。

表 2.1   **员工社交媒体使用行为的分类**

划分标准	分类	文献
使用范围	团队内部沟通社交媒体使用和团队外部沟通社交媒体使用	库格勒等（Kugler et al.，2015）
使用目的	任务导向的社交媒体使用和关系导向的社交媒体使用	冈萨雷斯（Gonzales，2012）
	工作导向的社交媒体使用和享乐导向的社交媒体使用	黄等（Huang et al.，2015）
	消费型社交媒体使用、贡献型社交媒体使用、享乐型社交媒体使用和社交型社交媒体使用	库格勒和斯莫尔尼克（Kugler & Smolnik，2014）
	社交型社交媒体使用、享乐型社交媒体使用和认知型社交媒体使用	阿里·哈桑等（Ali·Hassan et al.，2015）
	探索型社交媒体使用和开发型社交媒体使用	雷斯等（Raeth et al.，2012）

资料来源：笔者根据相关文献整理总结。

依据使用范围的标准进行划分。基于库格勒等（2015）的研究，分为用于团队内部沟通的社交媒体使用和用于团队外部沟通的社交媒体使用。团队内部沟通的社交媒体使用是指团队成员通过社交媒体与其他成员进行联系，实现团队合作和信息共享。团队外部沟通的社交媒体使用是指团队成员通过社交媒体与其他团队成员进行沟通与协作，从而获取更多的信息、资源和观点。

依据使用目的的标准进行划分。基于冈萨雷斯（2012）的研究，分为任务导向的社交媒体使用和关系导向的社交媒体使用，任务导向的社交媒体使用是指员工使用社交媒体的目的是提升完成工作的能力，如信息收集、寻求帮助和收发文件，关系导向的社交媒体使用是指员工使用社交媒体的目的是建立和维护社交关系，如与同事进行沟通、发展职业范围内的关系。基于黄等（2015）的研究，分为工作导向的社交媒体使用和享乐导向的社交媒体使用，工作导向的社交媒体使用包括使用社交媒体获取技术、知识管理、项目和业务等与工作有关的信息，享乐导向的社交媒体使用包括使用社交媒体获取电影电视、历史文化、宗教和摄影等与工作无关信息的行为。基于库格勒和斯莫尔尼克（2014）的研究，分为消费型社交媒体使用、贡献型社交媒体使用、享乐型社交媒体使用和社交型社交媒体使用。消费型社交媒体使用是指员工使用社交媒体获取知识的程度（被动使用），贡献型社交媒体使用是指员工使用社交媒体贡献知识的程度（主动使用），享乐型社交媒体使用是指员工使用社交媒体进行娱乐的程度，社交型社交媒体使用是指员工使用社交媒体与同事建立和维持关系的程度。基于哈桑等（2015）的研究，分为认知型社交媒体使用、社交型社交媒体使用和享乐型社交媒体使用，认知型社交媒体使用是指员工使用社交媒体获取知识和完成任务；社交型社交媒体使用是指员工使用社交媒体与他人建立和保持联系；享乐型社交媒体使用是指员工使用社交媒体进行放松和娱乐。基于雷斯（2021）的研究，分为探索型社交媒体使用和开发型社交媒体使用，探索型社交媒体使用是指员工使用社交媒体获取资讯、信息和知识，找到并创建业务问题的新方案；开发型社交媒体使用是指员工使用社交媒体加强与同事之间的协作和沟通。

关于员工社交媒体使用行为的分析，贝伦特等（2014）认为，员工社交媒体使用的具体情况，可根据四类数据进行描述，包括使用活动数据、内容数据、关系数据和体验数据。以上四个数据可相互补充、相互验证，从而全面整体地描述社交媒体的使用情况。因此，本书同样从数据来源的四个维度对已有的研究进行梳理，主要文献如表 2.2 所示。

表 2.2   有关员工社交媒体使用行为的文献

数据来源	含义	文献
活动数据	来自系统日志、小型文本（cookies）等的使用数据	弗雷伯格等（Freberg et al.，2010）
内容数据	系统中的用户生成内容（UGC），如消息、微博、评论和状态更新等	金姆和李熙（Kim & Rhee，2010）
关系数据	员工使用系统所产生的反映用户与用户间、用户与内容间关系的结构数据	斯卡莫齐诺等（Scarmozzino et al.，2017）
体验数据	员工通过问卷、访谈等方式自我报告的系统使用数据	拉赫米等（Al - Rahmi et al.，2018）

资料来源：根据贝伦特等（2014）的研究整理。

在使用活动数据的研究中，弗雷伯格等（2010）分析了企业内部社会标签系统中员工的收藏和标签行为。罗念龙等（2012）在分析企业内部博客使用行为的时间变化时，选择三个"y"指标从三个角度进行分析：使用程度、波动范围和使用轨迹。黄等（2015）以社交媒体内容生成和消费过程为研究对象，分析了内容生成和消费过程与工作绩效之间的关系。研究结果表明，与享乐相关的内容和消费能够对工作产生积极溢出效应。凯等（2015）以员工在社交媒体上发布的数据为研究对象，分析了员工在社交媒体的活动水平对信息传播的影响。研究结果表明，相较于组织中的正式层级结构，社交媒体中员工的活动水平对信息传播的影响更显著、更有效率。

在使用内容数据的相关研究中，学者一般通过内容分析和类型分析来了解员工使用社交媒体的意愿和模式。金姆和李熙（2010）运用内容分析法，对研究对象公司的微博数据进行分析，以此了解员工搜索的信息类别，如寻求意见、提出建议和提供帮助等，以及不同知识类别对员工回复他人的时间和质量的影响。高克等（2017）运用定性和定量的方法对社交媒体的信息数据进行分析，认为社交媒体的沟通内容可以划分为事实信息、自我报告、关系指示和吸引力四种类型。里默尔等（2011）对比了相关企业的微博平台和公共微博平台的内容，发现两者之间存在显著差异，员工使用企业微博的效率更高，生产性更强。伯克哈尔特（2014）以企业社交媒体为研究对象，对其发布的内容进行了体裁分析和横向比较。研究结果显示，组织情境对员工使用社交媒体的模式有直接影响。具体来说，组织环境相似的企业，员工日常使用社交媒体的模式也相似。张等（2014）通过抓取相关公司微博上的数据，并对数据按照沟通类型和知识类型的标准进行归类，研究结果发现微博能够在公司的发展过程中将显性知识转化成隐性知识进行管理。拉赫米等（2018）以社交媒体使用指南为研究对象，分析影响社交媒体指南的因素。结果表明，社交媒体使用指南应当考虑企业文化、员工结构等相关因素以匹配社交媒体使用策略。

在使用关系数据方面，学术界的主流做法是根据社会网络分析方法中网络的中心性和关系强度等指标对使用关系数据进行分析。斯卡莫齐诺等（2017）指出，员工在组织中所处的层级直接影响员工在社交媒体构建的网络位置和使用的连接模式。奥利里和丹尼尔（2014）以社交媒体关键用户（即收到最多点赞和标签的用户）为研究对象，分析关键用户的网络结构特征。研究结果表明，社交媒体关键用户往往是好友和活动网络的中心点。李等（2015）对从社交媒体中获得的真实数据进行归纳整理后，分析了员工的结构资本、关系资本和认知资本，研究后发现员工的社会资本与其对于企业博客的阅读行为呈正相关关系。

与社交媒体的其他方面研究相比，社交媒体使用体验数据的研究成果最多。使用体验的研究数据主要来源于问卷调查、实验方法和访谈。穆尔蒂和刘易斯（2015）以科研机构为例分析了不同年龄人群使用社交媒体的目的差异。研究表明，年轻人群使用社交媒体的目的更多的是创建协作社区，而年龄较大的人群更倾向于使用社交媒体进行社交和人际交往。卡登和马歇尔（2015）分析了社交媒体对商务人士的影响，指出社交媒体使用有助于帮助商务人士的团队沟通和提高协作水平；同时，社交媒体有效性的感知在商务人士中更为明显。维奇瓦尼斯和普斯普（2017）研究了在社交媒体上信任、风险与收益、社会影响对员工知识共享意图的影响。孙和尚（2014）收集了问卷调查数据，从社会资本理论的角度，发现员工以社交为目的使用社交媒体可以有效地促进以工作为目的使用社交媒体。塔加雷利和顿涅茨克（2015）采用问卷调查的方法，发现在社交媒体发布激励信息对潜水者（luker）和发帖者（poster）的影响是不同的。孙元等（2015）构建了员工持续使用企业内部微博与社会资本的互动模型，并运用该模型分析了员工持续使用企业内部微博的影响因素。结果表明，社会交互连接、信任和认同是推动员工持续使用企业内部微博的驱动力。在一定程度上，员工社会资本的积累会受到员工对企业内部微博持续利用的影响。刘和劳（2014）研究了员工自我构念对知识共享媒介选择的影响，结果表明，当共享对象在团队外部时，相比于问答（Q & A），依赖型员工倾向于选择维基（Wiki）；当共享对象在团队内部时，依赖型和独立型员工的媒介选择没有显著差异。卡明斯和赖尼克（2014）研究了便利型、实用型和享乐型等不同的员工社交媒体使用行为对同事社交媒体数据信任的影响。本书所使用的数据是以往研究中使用最多的体验数据，数据来源主要为问卷调查和访谈调查。

2.2.3 员工社交媒体使用的影响因素

1. 前因变量

通过对以往关于员工社交媒体使用文献的梳理和总结，本书发现影响员工社交媒体使用的前因变量主要有五个方面：个体因素、技术因素、组织因素、任务因素和社会因素。

（1）个体因素。

个体因素主要包括自我效能、个体创新精神、社交媒体经验、社交媒体自信、社交媒体熟悉度和技术准备度等变量。根据现有研究，自我效能对员工社交媒体使用的正向影响已获得大部分学者的认同。帕帕多普洛斯等（2013）以泰国企业员工为研究对象，分析自我效能、社会影响、技术接受、知识共享态度等因素对员工通过博客分享知识的态度和意愿产生的影响。结果表明，员工通过博客分享知识的主要动力就是自我效能和知识共享态度。钦姆等（2015）对一家澳大利亚咨询公司的员工进行了半结构化访谈，结果发现知识自我效能和企业社交网络自我效能有助于提高员工使用社交媒体的意愿。阿詹等（2014）基于解构计划行为，分析员工持续使用即时通信工具的影响因素，结果发现自我效能会通过行为控制进而对员工持续使用即时通信工具产生积极影响。施耐德等（2015）调查了892位员工，发现个性会影响用户是否同意让雇主访问私人信息。此外，社交媒体使用经验、社交媒体自信和创新精神也是学者感兴趣的重要变量。社交媒体经验对员工社交媒体使用的影响与特定的使用行为密切相关。贝林格等（2017）从社交媒体使用经验的角度出发，发现经验对社交媒体知识的作用在于增强员工知识共享的意愿，但不会增强员工通过社交媒体获取知识的意愿。社交媒体自信与自我效能在一定程度上是有相似之处的，都聚焦于员工是否足够自信能充分运用好社交媒体，而社交媒体自信有助于增强员工使用社交媒体的意愿（Pitafi et al.，2020）。王等（2014）运用整合技术接收模型对个体创新精神进行探索，研究企业员工对于企业 2.0 应用程序使用意愿的主要影响因素。研究表明，个体创新精神与感知易用性和感知安全性存在正相关关系。

（2）技术因素。

技术因素主要包括感知有用性、感知易用性、感知愉悦性、感知安全性、感知风险性和感知兼容性等。其中，感知有用性和感知易用性受到更多关注，是因为技术接受理论更多地用于研究影响员工社交媒体使用的因素。例如，莫克贝尔（2013）通过扩展的技术接受模型研究员工在工作时间内使用社交媒体的主要影响因素。万巴和卡特（2014）从感知有用性、感知易用性和感知风险性的角度出发，在全球范围内选择样本构建扩展的技术接受模型，对员工在工作场所使用社交媒体的意愿进行分析。安东尼乌斯（2015）选择澳大利亚知识型员工作为研究对象，运用扩展的技术接受模型分析知识型员工使用社交软件的主要影响因素。在感知愉悦性方面，帕帕佐普洛斯等（2013）研究了影响员工通过博客分享知识意愿的诸多因素，如社会影响力、技术接受度和社会认知等。他指出，感知愉悦性、自我效能和分享态度能够显著提高员工的知识分享意愿。另外，感知愉悦性主要通过影响知识共享态度来提高知识共享意愿。莫克贝尔和蔻可（2018）则在此基础上将感知愉悦性引入技术接受模型，当社交媒体主要用于娱乐时，员工使用社交媒体的意愿能够通过感知愉悦性更好地进行预测。但是，部分研究对感知愉悦性持完全相反的观点。他们认为感知愉悦性无法直接或间接影响员工持续使用企业即时通信工具的意愿（Ajjan et al.，2014）。在感知安全性方面，钦姆等（2015）发现员工使用社交媒体的体验受到感知安全性的影响，而感知兼容性对社交媒体使用的影响会受到其他因素的控制。理查森等（2012）根据理性行为理论，考察了员工在工作中使用社交网站、博客和维基等社交媒体意愿的影响因素。通过对样本数据的分析，发现感知兼容性对员工使用社交媒体的态度有正向影响。然而，感知兼容性与外向型员工使用社交媒体的态度无关。理查森等（2012）根据理性行为理论，考察了员工在工作中使用 Web 2.0 工具（如社交网站、博客和维基等）意愿的影响因素。根据对整个样本数据的分析，发现感知兼容性与员工对 Web 2.0 工具态度呈正相关关系。但对于外向型员工，感知兼容性与员工对 Web 2.0 工具态度的关系不显著。

（3）组织因素。

组织因素主要包括管理者支持、组织氛围、组织规模、组织政策、同事信任和组织文化等。其中，管理者支持和组织氛围受到更多关注。关于管理者支持，何等（2017）发现管理者支持是影响员工在工作场所使用社交媒体的关键因素。布里斯托尔（2014）从意义建构理论的角度，以公务员为研究对象，分析了影响公务员通过社交媒体分享知识意愿的因素。结果发现，不同层级管理者的行为和需求对公务员通过社交媒体平台进行知识共享有不同影响。将知识管理社交媒体平台引入组织后，高层管理者清晰界定共享文化、否定旧式文件共享方式从而制定明确的愿景，中层管理者通过明确社交媒体知识共享的重要性并积极投入相应的培训，高层管理者积极鼓励通过在线平台进行讨论，扩展社交媒体的需求等行为，都对公务员使用内部社交媒体进行知识共享产生了重要影响。关于组织氛围，相关学者有不同的结论，员工社交媒体使用会受到特定组织氛围和特定使用行为的影响。斯特朗等（2015）发现，知识交流氛围和创新氛围不会影响员工使用社交媒体获取知识和分享知识的意愿。墨菲和蒂明斯（2013）发现，在组织层面，感知规则灵活性正向影响员工在 Facebook 上谈论工作的行为，但不影响跨部门的知识共享。库格勒等（2015）研究了信任、合作规范和认同对员工通过社交媒体进行知识共享和知识贡献的影响。结果表明，仅有信任与合作规范对员工通过社交媒体实现知识共享与知识贡献有正向影响。

（4）任务因素。

任务因素主要包括任务特征，即任务可分析性、任务复杂性、任务相依性和任务不确定性。洪等（2011）将工作特征细分为任务可分析性、任务紧急性和任务复杂性三个维度，并以韩国 280 名企业员工作为样本，研究任务特征与传播技术使用之间的关系。研究结果表明，任务特征的三个维度均能够对与工作相关的即时通信工具产生积极影响。此外，任务可分析性对员工进行与工作相关的博客使用有积极影响。马鲁平和马格尼（2014）以团队成员使用协作技术为研究对象，通过对团队工作流程的深入检验，发现协作技术受到任务互依性和任务不确定性的影响。团队沟通在任务互依性和员工协作技术中起中介作用。同时，团队沟通和团队合作能够通过任务不确定性对员工的社交媒体使用产生间接影响。

（5）社会因素。

目前，学术界已有许多关于主观规范、上级影响、网络外部性、临界质量和同事影响等社会因素的研究。主观规范因素在整合型技术接受模型、解构计划行为理论、拓展的技术接受模型和理性行为理论等探讨员工社交媒体使用的影响因素研究中作为内嵌变量得到广泛应用。目前学术界对上级影响因素的研究争议较多。一方面，部分研究成果表明，上级影响可能会抑制员工的社交媒体使用行为。沙伦苏克蒙戈尔（2014）基于社会交换的互惠原则发现，领导支持会对员工在工作中社交媒体的使用产生消极影响。主要原因在于，员工在感知到领导的帮助和支持时，往往将在工作中使用社交媒体视为不当行为，并尽量避免此类行为。另一方面，阿詹等（2014）发现上级和同事的支持对员工社交媒体的持续使用有积极影响，这种积极影响主要通过员工对社交媒体的态度和持续使用行为来实现。关于网络外部性因素的作用，目前学术界尚存争议。王等（2014）以韩国员工为研究样本，发现网络外部性以主观规范为中介，会对员工使用社交媒体的意愿产生积极影响。而阿哈默德等（2016）认为，感知网络外部性并不影响员工使用企业2.0 系统的意愿和行为。这种争议表明，网络外部性与员工社交媒体使用行为的关系研究亟须探索。在感知临界质量层面，沈等（2014）以中国企业工作团队为研究对象，分析了团队成员在日常工作中使用 QQ 群的频率和意愿。研究表明，主观规范因素并不影响团队成员对 QQ 群的使用；而感知临界质量、群体规范和社会认同能够增强团队成员在日常工作中使用 QQ 群完成工作任务的意愿。

2. 中介变量

在关于员工社交媒体使用研究的现有文献中，影响员工社交媒体使用的中介变量主要包括三个层面：技术因素、社会因素和组织因素。

（1）技术因素。

技术因素主要包括感知有用性、感知愉悦性、感知娱乐性。王等（2014）发现，感知有用性在感知易用性和感知安全性对员工使用社交媒体意愿的正向影响中起中介作用。万巴和阿克特（2016）发现，感知连接性对员工在工作中使用社交媒体的意愿有积极影响，并且感知愉悦性和感知娱乐性在感知连接性与员工使用社交媒体意愿的正向影响中起中介作用。

（2）社会因素。

社会因素主要包括社会资本、群体规范、社会认同和主观规范。在考虑在线社会资本的中介作用时，林（2014）以中国台湾地区企业员工为研究样本，分析了社会支持、在线社会资本与员工使用即时通信工具之间的关系。研究表明，在线认知资本中的互惠、共同叙事和网络关系不影响员工对即时通信工具的使用。另外，在线结构资本的共同编码和语言、承诺和中心度对员工社交媒体使用有积极影响。工具支持和社会支持通过共同编码、语言和中心度对员工社交媒体使用产生积极影响，也就是说共同编码、语言和中心度作为中介变量影响工具支持和社会支持与员工社交媒体使用间的关系。并且，中心度是在线社会资本中介作用最显著的一个维度。沈等（2014）以中国企业员工为研究样本，分析了群体规范、社会认同和主观规范对感知临界质量与员工使用 QQ 群意愿的中介作用。研究表明，群体规范和社会认同在感知临界质量与员工使用 QQ 群的意愿之间起部分中介作用。

（3）组织因素。

组织因素主要包括团队过程、团队沟通。马鲁平和马格尼（2014）以企业团队为研究样本，分析了团队过程和团队沟通在任务特征与团队成员技术使用间的中介作用。

3. 调节变量

通过对员工社交媒体使用的现有文献的梳理和总结，发现员工社交媒体使用的调节变量主要包括组织、社会和个体三个层面的因素。

（1）组织因素。

组织因素主要包括感知合适性和组织知识共享氛围。墨菲和蒂明斯（2013）的研究发现，感知合适性在感知规则灵活性和员工使用 Facebook 行为的关系间不起调节作用。组织承诺和工作投入对员工间在 Facebook 上的工作讨论行为有正向影响，但组织知识共享氛围在组织承诺和员工在 Facebook 上的工作讨论行为间的调节作用不显著，感知适用性则会对二者之间的关系起调节作用。感知适用性与员工通过 Facebook 谈论工作的可能性呈正相关关系。

（2）社会因素。

社会因素主要包括社会影响、社会亲密性。洪等（2011）发现，社会影响在任务紧急性与员工即时通信使用行为之间的关系中起正向的调节作用。而社会亲密性在任务紧急性和员工即时通信工具使用行为之间起到阻碍作用。同时，社会亲密性会减弱任务可分析性对博客使用的影响。

（3）个体因素。

个体因素主要表现为知识赤字。贝林格等（2017）在弗鲁姆的价值—工具—期望理论的基础上，研究了内部知识交换与跨国员工使用社交媒体进行知识寻求意愿的影响因素。如果员工处于知识匮乏的工作状态下，员工通过社交媒体寻求知识的意愿较强；但在知识充裕的情况下，寻求知识意愿则较弱。

2.2.4　员工社交媒体使用的影响结果

组织希望通过社交媒体增进员工之间的沟通与协作，实现知识共享，激发创新活力，进而提高企业的整体绩效。基于此，明确员工社交媒体使用如何转化为对组织和员工的价值具有重要的现实意义。目前，学术界关于员工社交媒体使用的影响结果研究主要涉及三个层面：个体、团队和组织。

1. 个体层面

个人层面的研究主要关注员工社交媒体使用对社会相关绩效和工作相关绩效的影响。社会相关绩效主要包括社会网络的建立和新员工社会化进程的加快，而工作相关绩效主要包括任务绩效、创新绩效和决策绩效。大多数学者认为，员工社交媒体使用对工作绩效有积极影响。杰克逊（2010）发现，员工使用企业内部博客的主要目的是获取社会福利。越是活跃的用户，越是能够从中获取收益。博客系统的关键用户，能够直接或者间接的为其他用户带来收益。莱奥纳尔迪（2014）发现，员工能够通过社交媒体建立一种良好的沟通和协作关系。冈萨雷斯（2012）以新员工为研究对象，分析了社交媒体对新员工社会化进程的影响。研究表明，新员工社会化进程能够通过社交媒体使用进一步缩短。同时，社交媒体自带的社交属性能够强化员工对企业的归属感。莱顿等（2010）发现，在企业 2.0 系统广泛运用的背景下，社交媒体等新技术的推广能够增强员工归属感。莱姆等（2011）的研究发现，企业微博平台能够为员工提供更便捷的沟通平台、提升员工完成工作任务的效率，从而提高员工的任务绩效。库格勒和斯摩尔尼克（2014）提出了一个基于社交媒体对员工任务绩效、社会连接、决策绩效和创新绩效影响的概念模型，用于分析员工社交媒体使用对工作绩效的影响。里弗瑞迪斯和詹纳克斯（2014）的研究发现，员工社交媒体使用与工作绩效之间存在显著的正相关关系。库格勒等（2015）发现，员工对社交媒体的使用能够直接促进任务绩效和创新绩效的提升。社交媒体在团队内部沟通对员工任务绩效的作用更为显著；而将社交媒体应用于团队外部沟通产生的作用则在创新绩效上体现得更加明显。王等（2018）研究员工社交媒体使用在工作压力与创新之间的调节作用后指出，社交媒体使用目的的不同对调节作用起到截然不同的作用。以工作为目的能够强化社交媒体的调节作用；而以社交为目的的使用则会减弱社交媒体在工作压力和创新之间的调节作用。部分学者以社会网络结构和社会资本为中介变量，验证员工社会媒体使用与工作绩效的关系。吴（2013）发现，员工社交媒体使用通过影响网络结构，从而获得多样化的信息，提高工作效率。库格勒等（2015）的研究以社交媒体使用为背景，结果发现员工的声誉会影响社会关系，而社会关系会影响工作绩效。莎法威和卡瑞迪普（2018）从适应性理论出发，验证了员工社交媒体使用与员工网络连接的正相关关系，进一步地，可以提高员工的适应能力和工作绩效。瑞姆等（2011）认为，员工通过社交媒体可提升黏结性社会资本，进而提高工作绩效。然而，桥接型社会资本与工作绩效之间的关系并不显著。哈桑等（2015）发现，员工社交媒体使用有助于社会资本的积累。无论是社交性社交媒体使用、享乐型社交媒体使用还是认知型社交媒体使用，员工均可通过社交媒体增加结构资本、关系资本和认知资本，进而提升任务绩效和创新绩效。苏赫和伯克（2015）以团队为研究样本，分析社交媒体使用对团队成员的中心性和团队之间结构洞的影响，发现社交媒体使用能够通过改变这种中心性和结构洞提升任务绩效。一些学者引入调节变量来研究员工社交媒体使用对工作绩效的影响。施密特和康纳（2016）认为，员工社交媒体使用包括三种类型：支持工作（如合作解决问题、获取建议和知识）、干扰工作（如分心）和干扰工作场所（如恶意攻击），组织政策能够调节这三种使用行为与工作绩效之间的关系。另外，有学者关注工作特征的调节作用。杜斯勒和达内什（2018）在研究员工社交媒体使用对工作绩效的影响时，考察了工作特征的调节效应。结果表明，员工社交媒体使用可以提高其工作绩效，特别是对于那些从事高任务重要性和高任务反馈性工作的员工。

在研究者为社交媒体的积极作用而感到欢欣鼓舞的时候，也有另外一些研究者对员工社交媒体使用与工作绩效之间的积极关系感到担忧。但是相较于员工社交媒体使用对工作绩效的积极作用，关于社交媒体使用的消极作用研究较少。有研究表明，在工作场所使用社交媒体可能会导致员工生产率下降（Li et al.，2019）。钟等（2016）认为，社交媒体处于发展阶段，在形成持久形式的社会认同之前，还需要很多步骤。一旦员工以工作为目的使用社交媒体的兴趣消失，便不会有任何的回报。努可勒斯（2009）为了研究

Facebook 对员工生产率的影响，随机对 237 名上班族进行深度访谈，发现 77% 的员工拥有私人的 Facebook 账号，且绝大多数员工会在工作时间访问 Facebook。事实上，在工作场所访问 Facebook 导致员工生产率下降了 1.5%。因为使用社交媒体的多任务行为会导致员工分心，降低绩效。另外，社交媒体的使用模糊了生活和工作领域之间的界限，可能会使私人生活干扰工作职责，从而导致工作绩效下降。许多企业管理者会采取措施限制员工在工作场所使用社交媒体，1400 名首席信息官中，有 54% 的首席信息官确定他们的企业禁止员工在工作场所使用社交媒体。对人力资源管理协会进行的一项调查结果显示，43% 的受访公司阻止员工在工作时访问社交媒体平台。布莱资奈德和帕克（2016）指出，工作场所内的社交媒体使用行为会对工作绩效产生负面影响，阻止员工使用社交媒体可能是一种有效的解决方案。根据金等（2017）的研究，77% 的员工在工作时间使用 Facebook 至少会浪费 1 个小时。库克和桑托斯（2012）的研究表明，员工处理电子邮件需要花费工作时间的 28%，并且需要花费近 20% 的时间寻找内部信息或可以帮助执行特定任务的同事。员工在工作时间使用社交媒体可能带来的潜在风险包括浪费工作时间、泄露机密信息和发布关于企业的负面评论。

员工社交媒体使用对其他工作产出的影响也颇受关注。一方面，员工社交媒体使用对除工作绩效以外的工作产出具有积极的一面，主要表现在：（1）员工社交媒体使用对工作投入的影响。早期研究对社交媒体与工作投入的关系具有较大争议。员工在社交网站或其他社交媒体平台上投入的时间成本和精力成本会减少员工的工作投入。这可能是由于员工使用社交媒体从事与工作无关的活动（Swartz et al.，2010）。在不考虑员工目的的情况下，员工社交媒体使用对工作投入有积极的影响。罗宾（2017）发现社交计算网络使用与工作投入呈正相关关系。沙伦苏克蒙戈尔（2014）分析了泰国 170 名员工的样本数据，发现员工社交媒体使用可以提高工作满意度，进而增强认知专注。（2）员工社交媒体使用紧密度与工作满意度的关系。员工合理使用社交媒体，可以促进工作满意度的提高（Moqbel et al.，2013）。（3）员工社交媒体使用与组织承诺的关系。斯沃茨等（2010）根据保险公司员工的数据，指出社交网站的使用能够显著增强员工的情感承诺。莫克贝尔等（2013）在比较美国和也门的社交网站使用情况后指出，社交媒体使用对不同国家员工的作用并不一致。美国员工不仅可以通过社交媒体直接对组织承诺产生正向影响，也可以通过工作满意度间接影响组织承诺。而以也门员工为研究样本的结论发现，使用社交网站只能通过工作满意度间接影响组织承诺。有学者将员工社交媒体使用细分为工作使用和社交使用两个维度。在分别对两个维度的社交媒体使用分析后，发现不同类型的社交媒体使用行为会对不同类型的承诺产生作用。前者能够增强员工的规范承诺，而后者能够增强员工的情感承诺（Gonzalez，2012）。（4）员工社交媒体使用与社会资本的关系。有研究表明，社交媒体在工作中的恰当使用，对员工信任、社会关系网络和共享语言等各方面均能产生积极的影响（Cao et al.，2012）。哈桑等（2015）分析了 307 名信息技术公司员工的社交媒体使用行为对社会资本的影响，发现社交媒体使用不同目的的作用是不同的。社交使用可以增加员工结构社会资本，娱乐使用可以增强情感关系，但会降低认知资本，而认知使用可以增强工具关系、情感关系、认知社会资本和关系社会资本。（5）员工社交媒体使用和知识的增长与分享。曹等（2012）通过对中国软件企业员工的样本数据进行分析，发现员工社交媒体使用可以间接影响隐性知识和显性知识的相互转化。（6）员工社交媒体使用对组织支持感和组织自发性的影响。施密特和康纳（2016）收集了美国 327 名零售业员工的样本并对数据进行分析，发现社交网站上同事与好友的比例会积极影响组织自发行为和组织支持感。（7）员工社交媒体使用对员工组织支持社会化的影响。冈萨雷斯（2012）以 IT 企业员工为研究对象，对收集的数据进行分析，结果表明任务导向的社交媒体使用能够促进新员工角色的明晰，加速组织社会化的进程；而关系导向的社交媒体使用可以增加新员工与组织文化相关的知识和提升社会接受度。

近年来，社交媒体使用的负面影响也逐渐得到关注，主要表现在：（1）员工社交媒体使用对工作倦怠的影响。沙伦苏克蒙戈尔（2014）发现，员工社交媒体使用会导致员工情感衰竭。另外，专注会负向调节员工社交媒体使用在情绪衰竭和去人格化之间的作用。即员工注意力不集中会加强员工社交媒体使用对情绪衰竭和去人格化的影响。（2）员工社交媒体使用对离职倾向和缺席的影响。莫克贝尔和蔻可（2018）根据美国员工的数据，发现员工社交媒体使用与离职意愿显著正相关，但与缺勤不相关；也门员工社交媒体的使用对离职意愿和缺勤均不存在影响。（3）员工社交媒体使用对技术压力的影响。在工作场所中，社交媒体的过度使用会产生负面影响，加深员工感知到的技术压力的程度。有学者研究调查了员工经历技术压力的前因，发现技术特征和社交媒体特征都是导致技术压力出现的重要因素（Ayyagari et al.，2011）。

2. 团队层面

从团队层面研究的角度，金（2017）的研究指出，员工社交媒体使用有助于团队交互记忆系统的构建，从而提高团队绩效。雷思等（Raeth et al.，2012）在研究中提出，员工社交媒体使用可分为探索性使用和开发性使用两个维度，并在此基础上构建了一个多层次模型，分析了员工社交媒体使用对个体绩效和团队绩效的影响。肖和周（2012）在研究中指出，社交媒体的特征，如参与性、协作性和透明性，能使团队成员之间进行更高效的沟通，有助于提升团队信任、满意度和凝聚力，并在一定程度上能减少团队冲突。梅隆（2013）认为，虚拟团队因为时间和空间的限制，成员在社交媒体上提供的信息会影响其对团队社会资本的感知，进而影响成员之间的印象。

3. 组织层面

组织层面侧重于定性研究，如访谈和案例。这些研究发现：首先，员工社交媒体使用有助于社会资本的积累，促进组织内跨地域、跨组织的有效沟通、互动与合作（Dittes & Smolnik，2017）。其次，社交媒体可以有效地支持企业的知识管理，包括个体知识管理和集体知识管理，增强员工的创造力（Sampasa-Kanyinga et al.，2019）。社交媒体可以提高知识的可见性，有利于社会资本的积累，从而促进企业内部知识的共享和整合，特别是能促进隐性知识的共享（申恩平和马凤英，2018），帮助企业降低沟通成本，提高绩效。凯腾博勒等（2015）相信，社交媒体可以有效地支持业务流程管理并提供相应的管理框架。

2.3　理论基础

2.3.1　媒体同步性理论

1. 媒体同步性理论概述

丹尼斯等在 1999 年首次提出了媒体同步性理论（media synchronicity theory，MST），2008 年在 MISQ 上发表了最新的修正模型。以前的媒体丰富度理论指出了任务类型对于绩效的重要性，并将任务作为一个整体变量使用，但以此为基础展开的实证研究往往得出不一致的结论（Daft & Lengel，1986）。根据香农（1949）的沟通理论，丹尼斯等（2008）建议，所有任务必须通过信息发散和信息收敛两个基本的沟通过程来完成，两个基本过程的构成比例应满足不同任务的需求比例。每个任务都包括这两个沟通过程，不同任务对沟通过程的需求比例是不同的。改进的媒体同步性理论应用了时间—交互—绩效（time-interaction-performance，TIP）理论（McGrath，1991），认为团队嵌入周围的社会和组织系统中，并参与许多重叠的项目来支持组织，团队主要具备两个功能：社交功能（social function）和生产功能（production function）。进一步地，丹尼斯等（Dennis et al.，2008）提出了五项媒体能力（起初称为媒体特征）：符号集（symbol sets）、并行性（parallelism）、传输速率（transmission）、可重编辑性（rehearsability）和可重处理性（reprocessability），这些特征都是影响媒体同步能力的重要因素。此外，媒体同步性理论还提出了一些因素，如对媒体的熟悉程度、工作特征、培训、规范和过去的经验，可能会对这种匹配关系产生调节作用。

媒体同步性理论是一个较全面的模型，将沟通过程、工作职责和媒体能力进行细化（见图2.1）。本书以媒体同步性理论为基础，研究社交媒体使用对员工工作绩效的影响，必须对媒体同步性理论有一个清晰的认识。

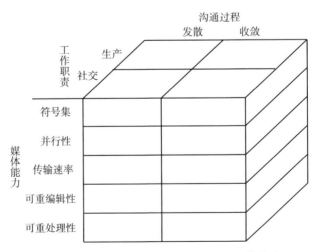

图 2.1　工作职责、沟通过程和媒体能力的维度

资料来源：根据丹尼斯等（2008）的研究整理。

（1）沟通过程。

沟通成功的重要成果之一是沟通对象之间产生共同理解（Daft & Lengel，1986；Te'eni，2001）。虽然团队成员在工作时会同时使用不同的活动模式，但依据不同模式交互得到的信息，也可能产生共同理解。为了更好地描述产生共同理解所涉及的过程，丹尼斯等（1999）采用维克（1985）的感知定义和感知策略，认为团队成员一般可以使用五种基本的感知策略实现共同理解。第一个策略是行动（action），成员向他人提问、有目的的行动、收集信息和发表意见并等待回应。通过互动，评估他人对事件和情境的反应，成员则可以收集无法通过自身经验获取的重要信息。第二个策略是三角测量（triangulation），从各种来源（如其他团队成员、其他部门、其他组织和国家数据库等）以各种方法（如定量、定性和图形化等）搜索信息，因为以单个来源或单种方法收集的信息可能会不准确或不完整。第三个策略是情境化（contextualization），将新事件与旧事件进行联系。在两种事件相似的情况下，可以通过情境化策略将旧事件抽取出来，制定类似的符合目前情况的心理模式，以便减少误差。第四个策略是推理（deliberation），依据前三个策略（行动、三角测量、情境化）收集的信息推理出合适的模式。如果整理信息的时间较充裕，逻辑会更清晰。但是当信息太多或需要立即回应时，成员可能会自动进入习惯性流程和采用陈规定型观念（Gersick & Hackman，1990）。虽然可以通过填补推理空白或刺激新观念获取新信息，但推理需要时间，在时间紧迫的情况下难以立即作出回应。第五个策略是接纳（affiliation），了解他人如何解释或理解信息。这需要团队成员收集并研究他人的观点，确定他们是否与自己的观点相符，并对信息进行共享。

前三种感知策略（行动、三角测量、情境化）共享相同的基本沟通过程：信息发散过程。信息发散的重点是传递各种来源未知的信息，以便全面了解工作。然而，如果没有第四种感知策略（推理）对信息进行整合并分析当前情况，信息发散过程便没有价值。对信息进行分享和推理之后，第五个感知策略（接纳）就是第二个基本的沟通过程：信息收敛过程。这个过程的重点是了解成员对信息的理解，而不是信息本身。目标是团队成员就当前的信息理解达成一致，这就要求成员之间达成共识（或认为不可能达成共识）。这个过程中成员能够从已知信息中得出结论，这组"蒸馏信息"（distilled information）通常比原始信息集更小，因为成员得出的结论会有一些相似性。收敛过程采用比较的方式，各成员将结论与他人的结论进行比较，而不是重新审视整个信息集（Moscovici，1980）。评估成员意见通常比评估未处理的事实信息所花的认知努力更少，因此，即使各成员之间有不同的结论，也有合适的机会重新考虑对信息的理解。

工作中沟通过程的关键在于传递信息、推理意图，并将团队成员对信息的共同理解收敛在一起。没有充分的信息发散过程，团队成员会得出不正确的结论。没有充分的信息收敛过程，团队将不能前进。

（2）工作职责。

团队成员的工作职责主要有两个：生产职责和社交职责。TIP 理论认为，团队运作主要包括四个阶段：初始化（inception）、解决问题（technical problem solving）、冲突管理（conflict resolution）和执行（execution）。初始化涉及项目或工作目标的选择，并提出绩效策略。这个阶段会在团队初期自然的进入，但是当任务、团队或成员发生变化时，可能会重新进入，并要求团队重新确定目标（Hollingshead et al.，1993）。解决问题涉及解决完成项目或工作的技术问题，如设立标准和人员配置。这个阶段通常产生于遇到新情况（如新成员的加入和新工作任务的出现），需要团队制定以往未采用过的资源分配策略。冲突管理是解决偏好冲突、价值观冲突、兴趣冲突、工作分配冲突和奖励冲突等的过程，要求团队就冲突的具体内容和如何解决这些冲突达成共识，以便团队能够继续完成工作。执行是指实现团队目标所需的一系列行为，通常由团队成员而不是整个团队执行。事实上，这四个阶段没有固定的顺序，除了所有的项目和任务必须从初始化阶段到执行阶段。项目和工作可以从初始化阶段开始，转向执行阶段，发现一些新的信息并转向解决问题阶段或冲突管理阶段。团队成员根据对工作的熟悉程度和工作的特殊变量，在不同的职责中进入不同的阶段（见图2.2）。

第一，生产职责。一个团队对工作的熟练程度会影响完成工作所需的生产模式、交互类型和信息。假设一个团队承担了一项新任务，由于团队对任务不熟悉，成员将进入初始化阶段开始生产职责：对任务目标达成一致（Mc Grath，1991）。不同的成员会对工作的实际情况和预期目标产生不同的解释，解决这个"混乱"需要团队成员一起沟通并设立一致的预期目标（Weick，1985）。因此，团队成员在尝试识别和协商绩效目标、策略和期望时，很有可能会出现大量冲突，进入冲突管理阶段。当转向执行阶段，成员会共享如状态报告、调查结果等信息。而对于熟悉工作的成员，则能够确定

（a）熟悉的沟通情境

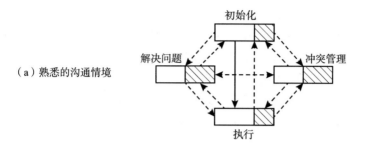

（b）陌生的沟通情境

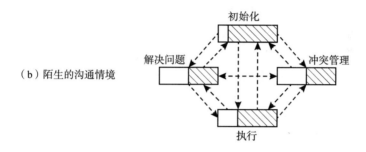

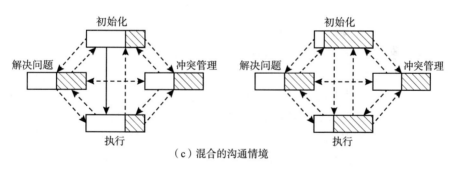

（c）混合的沟通情境

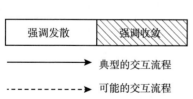

图 2.2　团队、任务和沟通过程的框架

资料来源：根据丹尼斯等（2008）的研究整理。

一致的目标和策略，从初始化阶段直接到执行阶段（Gersick & Hackman，1990）。而明确的工作目标使成员对预期目标达成共识会相对容易。在特定工作的背景下，可能会存在一些不确定的新信息。因此，成员需要花费额外的时间收集并分析这个特定任务的信息。进入冲突管理阶段，成员需要重新评估某些任务变量的初始化差异。评估后，成员根据以前完成的工作进行冲突管理，以便再次转变到执行阶段。进入执行阶段，成员需注意因情境变化而产生的差异（Hendriks，2015）。如果在执行阶段产生误解，在进行额外的活动之前，成员需再一次进入冲突管理阶段，以了解并重新评估工作策略和目标（Bennett & Gabriel，2013）。

第二，社交职责。团队成员之间的熟悉程度同样会影响完成工作所需的社交模式、交互类型和信息。新团队的主要目标可能不在于履行生产职责，而是侧重于社交职责（Xu et al.，2011）。新团队的规范和制度不成熟，需要花费更多的时间在初始化阶段、解决问题阶段和冲突管理阶段，从而形成交互规范、实现成员的社交化、识别角色和特定活动（Walther，1992）。新团队需进行更复杂的沟通，以支持解决问题阶段和冲突管理阶段。虽然新团队没有任何共同理解的基础，但成员会对工作形成不同的期望，能够通过协商达成共识（Carr et al.，2013）。进入执行阶段后，成员将评估团队规范和个体角色行为的一致性。随着成员之间的熟悉程度越来越高，团队作为一个整体会逐渐形成一致的期望。而成立时间较长的团队更有可能形成社交职责中一致的认可准则（Gersick & Hackman，1990），成员能够依据较少的信息进行团队活动。团队成员经验的相似性，使沟通过程不同于新团队（Carlson & Zmud，1999）。相互熟悉的团体成员会依据已有的社交规范，从初始化阶段直接到执行阶段。如果在初始化阶段，已有的社交规范不能够让成员像以往一样进行互动，可能会进入冲突管理阶段。然而由于成员具有相似的经验，他们能够依据较少的信息实现更有效的冲突管理。在执行阶段，熟悉的团队成员将根据社交规范再次对团队行为进行评估，仅需要较少的交互便可创建匹配的个人角色和一致的互动期望（Chen，2016）。

（3）媒体能力。

媒体能力即媒体具备的影响个体传播和处理信息的能力（Rice，1987）。丹尼斯等（2008）根据香农和韦弗（1949）提出的沟通理论，识别出影响个体传播和处理信息的媒体能力。该理论指出，信息的传输始于信息的来源，即信息发送者。信息发送者通过传输工具（软件和/或硬件）将信息进行编码并通过各种渠道转换成信号（如文本、语音和视频），媒体将信号传送给接收者，使用接收机（软件和/或硬件）将信号解码并转换回信息。在沟通系统中，编码过程和解码过程是非常重要的，会影响个体对媒体的使用和信息的传输与接收。媒体能力在信息发散过程和信息收敛过程中的作用是不同的，香农和韦弗的沟通理论总结了影响信道传输信息的三种能力：信道的容量、信道同时使用的数量和可以发送的符号集。基于香农和韦弗（1949）的沟通理论，丹尼斯等（2008）提出了符号集、并行性、传输速率、可重编辑性和可重处理性五种媒体能力。媒体同步性即媒体能力允许个体同时履行同一工作职责（生产或社交）的程度。如高传输速率和低并行性的媒体支持更多的同步活动，而低传输速率和高并行性的媒体将支持更多的异步活动。因此，媒体能力必须与信息发散过程和信息收敛过程所需的同步性匹配，以履行生产职责和社交职责（见图 2.3）。

第一，符号集。符号集是指媒体提供的允许信息在沟通中被编码的方式。如果媒体在需要时没有提供特定的符号集，团队成员工作满意度会下降，并且会降低工作绩效（Sample & Michel，2014）。对于生产职责，有些工作对信息要求比较简单，但也有工作需要从表格、图形、图片和全动态视频等中收集信息。相比之下，履行生产职责时，在信息发散过程和信息收敛过程中使用的符号集相对简单。在团队成员不能直接传递信息的情况下，语言符号和非语言符号（如声调、手势）就变得非常重要（如在谈判过程中，一方可能更希望通过非语言符号了解其他方的意愿）。履行社交职责时，信息发散过程和信息收敛过程可能需要简单的符号集，但也可能需要复杂的符号集。有些工作需要团队成员表达感知和情感，符号集则显得非常重要（Neureiter et al.，2014）。而有些团队成员具备强大的沟通能力，则不需要使用复杂的符号集（Walther，1992）。另外，具有相似工作经验的团队成员相比新团队成员，符号集则更不重要（Carlson & Zmud，1999）。因此，使用与信息相匹配的符号集能够提高媒体的同步性。

第二，并行性。并行性是指媒体允许来自多个发送者的信号同时通过媒体传输的程度。所以并行性对于成员较少的团队来说不太重要，而对于成员较多的团队来说则非常重要。不管是生产职责还是社交职责，并行性使所有成员能够参与沟通且不容易受到沟通过程中信息损失的影响（Paulus et al.，2013）。成员较多的团队在信息传递过程中将受益于高并行性，因为它允许更多的成员同时沟通。成员能够发送和接收信息且信息没有过程损失，特别

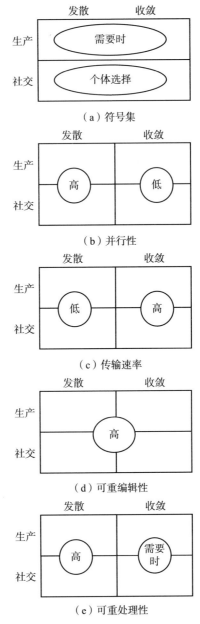

图 2.3　绩效需要的媒体能力水平

资料来源：根据丹尼斯等（2008）的研究整理。

是在团队规模扩大的情况下。并行性的一个缺点是它会增加参与者接收的信息量。随着团队规模越来越大，并行性虽会使团队成员对于信息共享的贡献增加，但会造成信息过载。在信息发散过程中，低并行性有利于理解每个团队成员的观点，因为多个沟通同时进行会出现无法监督和协调的问题。由此，较高的并行性由于妨碍了共同焦点的形成，从而降低了媒体的同步性。

第三，传输速率。传输速率是指媒体向预期接收者传递信息的速度，通常用即时、迅速和互动描述（Te'eni，2001）。高传输速率的媒体在发送信息时可以达到即时效果，大大缩短了信息传输的时间，也可以更快地传递信息的反馈。在高传输速率的支持下，团队成员之间的交流可以连续进行，更有利于团队合作和快速反馈。具有较高传输速率的媒体既促进了协作也有利于团队成员形成共同关注，因而更好地支持媒体的同步性。

第四，可重编辑性。可重编辑性允许发送者在发送信息之前对信息进行调整，所以可重编辑性对于简单的信息稍不重要，但随着信息的复杂性和不确定性增加，可重编辑性能够让成员对信息进行更好的理解。然而，高可重编辑性的媒体倾向于低传输速率。可重编辑性控制信息在创建过程中的准确性，传输速率控制信息在传递过程中的准确性。可重编辑性不会对接收者理解信息产生太大的影响，但是会对即时性产生负面影响。因此，可重编辑性不利于共同关注的形成，高可重编辑性的媒体支持同步性的能力较弱。

第五，可重处理性。可重处理性是指媒体允许已发送信息被重新加工、检查的程度。可重处理性使接收者能够重复地处理信息，以准确地传递信息。随着信息的数量、复杂性和不确定性的增加，可重处理性变得更加重要。无论是信息发散过程还是信息收敛过程，可重处理性有利于团队成员准确地理解信息。一般来说，一方面，可重处理性对于信息传递过程而言更为重要，因为在信息传递的过程中，对信息进行加工的需求更大。另一方面，在信息收敛的过程中对媒体可重处理性的要求较低，因为收敛过程的重点是成员对信息达成一致的理解。然而，与可重编辑性相似，可重处理性会导致信息传递的延迟，因为接收者需要更多的时间处理接收的信息。因此，可重处理性对共同关注的形成会产生消极影响，可重处理性强的媒体支持同步性的能力较弱。

2. 媒体同步性理论应用现状

自初始模型发表至今，媒体同步性理论已在若干研究中使用。墨菲和克尔（2003）在团队背景下测试了媒体同步性原始版本的部分内容，并研究了沟通目标和沟通模式之间的作用。让具有相似工作经验的团队采用不同的方式（计算机—中介和面对面）进行沟通：创意生成、传递信息、解决问题并对最佳解决方案的信息进行收敛。结果显示，沟通模式和沟通目标之间存在交互作用。当沟通目标是收敛信息时，采用计算机—中介沟通的团队与采用面对面沟通的团队的绩效相同。然而，当沟通目标涉及信息发散时，面对面沟通的绩效更高。尽管这项研究将工作视为一个单一维度的变量，但是验证了媒体同步性理论的部分命题。此外，卡尔森和乔治（2004）研究了媒体同步性理论和媒体丰富性理论在欺骗情境中的作用，验证了基于媒体丰富性理论和渠道扩张理论开发的媒介—欺骗模型的假设。结果发现，在进行媒体选择时，对于信息接收者来说，媒体同步性与媒体熟悉性相对不那么重要。相反，在欺骗情境中的信息接收者更重视媒体丰富性。事实上，这项研究误解了媒体同步性理论的内涵（预测参与者开发共享信息并理解信息的能力）。马鲁平和阿尔加瓦尔（2004）基于媒体同步性理论的部分内容开发了新的任务—技术匹配理论，主要是解决虚拟团队如何通过信息和沟通技术提高成员的互动效率。研究将任务—技术匹配理论作为理论基础，旨在解决虚拟团队如何将可用的沟通技术与不同类型的人际交往相匹配。研究依据媒体同步性理论确定目前可用的各种信息沟通技术的功能，并将这些功能映射到 3 个关键沟通过程：冲突管理、动机和信心建立、印象管理。该模型还结合时间维度验证沟通需求，提出对信息沟通技术的需求因虚拟团队的发展阶段而异，这符合媒体同步性理论的部分命题。蒙泽和霍尔默（2009）研究媒体同步性在团队解决任务中的作用。在以文本为基础的计算机—中介沟通中，并行性、传输速率和可重处理性的媒体能力是不同的，隐藏的任务需要团队成员交换未共享的信息。与预期相反，较低的媒体同步性不支持生成非共享信息。此外，较低的媒体同步性降低了信息的一致性程度，会增加沟通对象的心理压力，不利于信息的传递。托马斯等（2012）以媒体同步性理论为基础，从 12 个全球软件开发项目中采访了 79 位员工。基于信息发散过程、信息收敛过程和五种媒体能力，阐述在分布式软件开发中选择各种工具的理由。结果发现，媒体同步性理论适用于全球软件开发项目对沟通工具进行选择。曹等（2012）基于媒体同步性理论和社会资本理论，研究社交媒体对员工工作绩效的影响及其在工作中创造价值的基础机制。通过对 105 位中国软件行业员工收集的数据进行检验，发现社交媒体可以通过激发员工之间的信任，提供有效转移显性知识和隐性知识的沟通渠道来提升工作绩效。拉姆（2016）的研究以媒体同步性理论为基础，检验培训对媒体匹配行为、沟通数量、沟通质量和团队有效性的影响。通过媒体同步性的培训，向被试介绍并评估媒体能力，实现与特定任务相匹配。这项研究提供了媒体同步性理论应用到技术交流团队的实际方法。王等（2016）基于媒体同步性理论，首次验证了社交媒体能力（传输速率、并行性、符号集、可重编辑性和可重处理性）对 B2B 企业沟通绩效的影响。通过与中小企业高层管理者的深度访谈，并对访谈数据进行分析，证实了媒体同步性理论的命题，并发现信息安全和控制也可以添加到模型中，这可能是对媒体同步性理论的重要补充。

从已有的研究成果来看，媒体同步性理论为团队使用沟通媒体完成复杂任务给出了解释，展示了其潜在的可应用性。

3. 媒体同步性理论研究述评

通过以上对媒体同步性理论的介绍，对媒体同步性理论有了一个较全面的认识。首先，完成任务需通过严谨的沟通流程，确保信息的共享与准确理解。无论总体工作目标如何，沟通都由两个过程组成，即信息发散过程和信息收敛过程。所有需要多人合作的工作都由这两个基本过程的不同组合组成，这两个沟通过程既包括人际关系方面也包括认知方面。其次，媒体同步性理论能够通过偏好和使用识别出媒体能力，影响个体如何传递信息和分析信息。虽然许多媒体理论已识别出一些媒体能力（如反馈的即时性、个性化和社交），但其重要性会受到使用经验和使用情境的影响。另外，在这个数据融合时代，使用具体的媒体工具能够迅速获得新的能力。媒体同步性理论并不仅适用于某种特定的媒体工具，而是适用于提供一组媒体能力的各种媒体工具。例如，即时通信主要是文字媒体，但许多新的信息管理工具能够提供音频、视频、图像共享甚至程序共享，使它们与传统的纯文本聊天完全不同。同时，个体使用媒体的方式会影响他们的沟通绩效和工作绩效。一般而言，信息发散过程对媒体的同步性要求较低，而信息收敛过程对媒体的同步性要求较高。最后，一种媒体并不会完全优于另一种媒体，大多数的工作任务都是需要具备不同媒体能力的沟通工具。除了最简单的工作任务，在不同的沟通过程使用不同的媒体，绩效将得到提高。通常最好同时使用多个媒体或连续使用多个媒体。随着对工作、同事和媒体熟悉度的增加，对媒体同步性的要求会降低。

媒体同步性理论最突出的贡献之一是提供一个连接媒体、沟通过程和绩效的研究框架（见图2.4）。本书以媒体同步性理论为基础，研究员工社交媒体使用对工作绩效的影响，构建概念模型并提出假设，从而得出结论并提供可行的管理建议。

图2.4 媒体、沟通过程和绩效的研究框架

2.3.2 社会资本理论

1. 社会资本理论概述

社会资本理论源自20世纪70年代，并在20世纪90年代开始成为研究热点。它经过布迪厄（1983）、科尔曼（1988）、波特（1992）、普特南（1993）、林（2001）等众多学者的研究和发展，研究成果不断丰富，相关理论也不断完善，逐渐成为一门完整的学科。

社会资本的研究层面，主要分为微观、中观和宏观三种。布朗（1997）指出，微观、中观和宏观三个层面的社会资本是相互连接的，并能相互影响。在微观层面，对于社会资本的探讨主要聚焦于社会资本的利用程度，即行动者如何利用自己的社会地位、社会关系获取符合自己需求的资源。在微观层面，社会资本更强调其作为个体资源的属性，为所有者带来利益，并通过发展和维护社会关系以实现个体目标。在中观层面，关于社会资本的研究主要从网络结构的角度探讨，什么样的"社会关系网络"能够最大限度地获取资源和利益。这一层面的研究重点是社会资本网络结构形态、位置和网络特征，并进一步地分析社会资本网络结构对社会实体资源的作用，如网络规模、成员接触密度等。在宏观层面，社会资本的研究主要是进行社会环境的分析，关注制度中的规范、信任和信念，以及社会资本如何影响资源的获取、内部的合作和群体的效率。简而言之，微观、中观和宏观三个层面社会资本的分析相对独立但又相辅相成，不应随意使用某层面的社会资本研究成果和理论解释分析另一层面的社会资本现象，以免产生"生态谬误"。

与布朗（1997）的三层面研究不同，阿德勒和科文（2002）认为，社会资本包括外部社会资本和内部社会资本。其中，微观和中观层面的一部分是"外部社会资本"，反映了组织之间的关联和特征。宏观层面和中观层面的一部分是"内部社会资本"，内部社会资本源自群体内部成员，代表着群体内部成员之间的互动、共同目标及愿景。内部社会资本的本质是组织内部可利用的资源，反映了组织内的关联和特征。21 世纪以来，社会资本的概念广泛流行，依然成为组织行为研究不可或缺的组成部分，被学者们用以解释组织行为的种种现象。在阿德勒和科文（2002）的基础上，本书从外部视角、内部视角和整体视角对社会资本的定义进行归纳，如表 2.3 所示。

表 2.3　　　　　　　　　　不同研究视角的社会资本定义

视角	学者	定义
外部	布迪厄（Bourdieu，1983）	是个体或团体连带的总和，源于连带的建立、维持与资源交换
	波特（Burt，1992）	是与朋友、同事或其他更广泛的人保持联系，通过它可以获得使用（其他形式）资本的机会
	普特南（Putanam，1993）	是一些有利于促进协调与合作以实现共同利益的社会组织特征：如网络、规范和社会信任
	泰姆德（Talmud，1999）	是组织通过社交网络获得的促进组织目标实现的有形或无形资源
	边燕杰和丘海雄（2000）	是行动主体与社会的联系以及通过这种联系获取稀缺资源的能力
内部	科尔曼（Coleman，1988）	有两个共同特征：一是由社会结构的某些方面组成，二是结构中个体收益的特定行动
	贝克和奥布斯蒂菲尔德（Baker & Obstfeld，1990）	是行为主体从特定的社会结构中获取的资源，并利用这些资源追求个体利益
	波特斯和森伯伦纳（Portes & Sensenbrenner，1993）	是一种行动预期，会影响个体的经济目标及实现目标的行为，即使预期不是经济方面
	贝利沃等（Belliveau et al.，1996）	是个体的私人网络和制度性的依附
	陈健民和丘海雄（1999）	是团队成员凭借其身份获得的资源

续表

视角	学者	定义
整体	纳哈皮埃和戈沙尔（Na-hapiet & Ghoshal，1998）	是个体或社会的关系网络中嵌入的、可获取的和派生的实际和潜在资源的总和
	科诺克（Knoke，1999）	是在组织内或组织间创建或使用网络连接以从其他社交主体获取资源的过程
	顾新等（2003）	是指两个以上的个体或组织通过交互形成的社会网络关系来获取资源的能力

资料来源：根据阿德勒和科文（2002）的研究整理。

基于外部视角，任何组织都是更高层面社交网络中的个体，而从自身来说组织又是许多更小的个体组成的网络。因此，社会资本的研究需要根据研究对象的实际情况和具体研究目的，选择相应的角度、层面和定义分析。在本书中，社会资本主要采用的是内部社会资本，认为社会资本代表着群体内部成员之间的关联、成员实现合作的能力、成员之间的规范和信任等。

2. 社会资本理论应用现状

关于社会资本理论的应用，主要从外部社会资本和内部社会资本两个视角进行梳理，总结如表2.4所示。

表2.4　　　　　　　　　　　社会资本理论的应用

层次	维度	社会资本变量解构	前因/结果	文献
外部社会资本	一维	组织间信任	绩效	扎希尔等（Zaheer et al.，1998）
		网络位置	创新和绩效	蔡（Tsai，2001）
		认知维度	企业间知识转移	王三义等（2007）
	二维	信任、规范	组织承诺	莱娜等（Leana et al.，1999）
		保持距离型关系、嵌入型关系	知识转移、学习	乌齐和兰克斯特（Uzzi & Lancaster，2003）
		联结强度、网络密度	企业间知识转移	张化平等（2010）

层次	维度	社会资本变量解构	前因/结果	文献
外部社会资本	三维	社会互动、客户网络连带、关系质量	新产品开发、销售成本、知识获取	伊利连科和奥迪尔（Ylirenko & Autio, 1998）
		结构、关系、认知	企业间知识转移	因克潘和唐（Inkpen & Tsang, 2005）
		结构、转化、能力	信用水平	陈晓红等（2007）
		体制、市场、关系	经济绩效	万建香等（2018）
	四维	构性、管理性、制度性、资源性连接	创新	胡斯和帕克（Goes & Park, 1997）
内部社会资本	一维	弱联系	突破性创新、绩效	格朗温特（Granovetter, 1992）
		友谊	绩效	英格拉姆等（Ingram et al., 2000）
		社会网络中心性	组织公民行为	塞通等（Settoon et al., 2002）
		员工资源	组织承诺	郑晓涛等（2008）
	二维	社会网络紧密性、网络范围	知识转移	里根等（Reagans et al., 2003）
		工具性关系、情感性关系	员工适应性	周燕华等（2012）
		结构资本、认知资本	人才聚集效应	唐朝永等（2013）
		关系网络、网络结构	知识治理/知识共享	曹勇和向阳（2014）
		原始、新型	组织支持感、离职意愿	淦未宇和徐细雄（2018）
	三维	结构性嵌入、关系性嵌入、资源性嵌入	绩效	巴特扎尔嘎勒（2003）
		结构、关系、认知	绩效	阿基诺等（Aquino et al., 2005）
		结构、关系、认识	员工创新行为	杨德祥等（2017）
		社会交互连接、信任、认同	员工持续使用企业内部微博	孙元等（2015）
	四维	社会性互动、外部网络位置、关系品质、认知网络	成员知识交换意愿、知识流通	何芳蓉（2003）
		网络规模、网络质量、与关系人的关系质量、接触的社会资本	职业成功	周文霞等（2015）

资料来源：根据相关文献整理总结。

（1）外部社会资本。

第一，一维结构。扎希尔等（1998）使用电子制造业中107家购买商和供应商的研究样本，分析组织之间信任的作用。结果表明，组织间的信任可以有效降低冲突的次数、频率，继而降低组织沟通谈判的成本，是积累社会资本的重要内容和影响因素。组织间信任程度越深，越能够实现社会资本的积累，进而提升组织绩效。蔡（2001）对食品制造公司业务部门的相关数据分析后指出，在多业务部门的公司，每个业务部门通过其他业务部门的联系网络访问新知识，占据中心网络位置的业务部门有更多机会获取其他业务部门创建的新知识和新信息，能够有效激发创新活力，但业务部门的吸收能力制约新知识和新信息的获取。王三义和何凤林（2007）到上海、山东和浙江等地以中高级管理者为研究对象，得出企业间社会资本认知维度通过改变企业间知识转移的机会、动机和能力进而影响企业间的知识转移水平。

第二，二维结构。莱娜和范布伦（1999）认为，内生社会资本中固有的信任能够让员工在为组织利益承担风险时有安全感，并愿意推迟短期个体利益以实现组织目标，因此成员有更多的承诺。同时，他们还从稳定关系、强规范等视角探讨社会资本形成的过程和影响因素。乌齐和兰克斯特（2003）认为，不同的组织关系对不同类型的知识转移和学习有不同的影响。若组织希望员工之间保持距离型关系，员工则主要依靠公共知识来扩展知识领域。反之，员工则倾向于依靠私人知识探索知识和学习。张化平等（2010）提出，社会资本是社会网络中企业间联系的整体模式，包括网络联系的存在、强度和结构。他们将社会资本分为联结强度和网络密度，并通过研究发现联结强度和网络密度对企业间知识转移具有正向影响。企业可以通过网络关系向其他企业学习，弥补自身的不足，从而提高创新能力。

第三，三维结构。伊利连科和奥迪尔（1998）收集了180家公司的样本数据，分析社会资本对知识获取和知识发展的影响。通过实证分析发现社会互动和客户网络关系与知识获取正相关，关系质量与知识获取负相关。因克潘和唐（2005）为研究网络、战略联盟和成员之间的知识转移的过程，通过不同的指标体系来衡量社会资本的结构维度、关系维度和认知维度。陈晓红和吴小瑾（2007）以中小企业为研究对象，将社会资本划分为结构因素、转化因素和能力因素。通过对154家中小企业的样本数据进行研究，发现中小企业社会资本与信用水平之间存在正相关关系。万建香和钟以婷（2018）使用247家中国上市公司的公开数据，发现基于中国经济转型角度，体制社会资本能够刺激市场权力，但不能提高经济绩效，而市场社会资本能够提高经济绩效。另外，在结构转型过程中，政企关系资本抑制了传统产业的发展，支持了新兴产业的发展，而其他关系资本不仅能促进传统产业发展，也能促进新兴产业发展。

第四，四维结构。胡斯和帕克（1997）对组织间联系和创新能力之间的关系进行了研究，基于追求创新、提供学习和资源共享的角度研究了组织间的不同关系。他们将组织间的关系分为结构关系、管理关系、制度关系和资源连接关系，并发现结构关系、制度关系和资源连接关系对服务创新有积极影响。

（2）内部社会资本。

第一，一维结构。格朗温特（1992）的研究指出，员工在有限的时间和精力下构建的非重复性弱联系对突破性创新和工作绩效产生积极影响。英格拉姆和罗伯茨（2000）收集了悉尼酒店业的样本数据，进行实证研究后发现管理者之间的友谊会传递客户的非公开偏好数据，进而实现更有效的信息交换，加强行业之间的合作。可以说，竞争对手之间的友谊对绩效会产生重要影响。塞通和莫斯霍得（2002）以社会网络中心性为指标，对社会资本进行衡量，并验证了社会网络中心性对员工组织公民行为的积极影响。郑晓涛等（2008）分析了上海市 15 家企业员工的数据，将社会资本界定为员工通过和同事的联系所构成的社会网络。这个网络以员工为中心，能够获取企业发展需要的各类资源。其中，员工的网络特性对情感承诺具有积极的影响；员工社会网络的强联系数量对持续承诺具有积极的影响。

第二，二维结构。里根和麦克阿维（2003）认为，社会资本包括社会网络紧密性和网络范围两个维度，且均会对知识转移产生正向的影响。社会网络紧密性会影响个体之间分享信息的意愿，网络范围会影响个体之间传递复杂信息的效果。周燕华和李季鹏（2012）认为，社会资本包括工具关系和情感关系两个维度，进一步的研究发现外派人员与东道国居民之间的工具性关系对外派人员的一般适应程度和互动适应程度呈正相关关系。在工作适应过程中，母国外派人员之间的情感关系起着重要作用。唐朝永等（2013）通过对科研团队的分析，发现冲突对人才聚集效应的影响也会随着社会资本不同维度特征表现出内在差异。其中，结构资本水平越高，关系冲突与人才聚集效应之间的负相关关系越强。此外，高水平的认知资本削弱了任务冲突与人才聚集效应的正相关关系，也削弱了关系冲突与人才聚集效应的负相关系。曹勇和向阳（2014）认为，社会资本包括关系网络和网络结构两个维度，根据对 336 名企业员工的调查数据，得出社会资本在知识治理与知识共享之间起完全中介作用的结论。淦未宇和徐细雄（2018）将社会资本分为原始社会资本和新型社会资本，分析了 457 份新生代农民工样本数据后发现，新生代农民工的组织支持会消极影响离职意愿，而新生代农民工的社会资本会正向调节这种消极关系。

第三，三维结构。巴特扎尔嘎勒（2003）认为，社会资本包括结构嵌入、关系嵌入和资源嵌入，进一步的研究发现关系嵌入和资源嵌入与企业绩效呈正相关关系，而结构嵌入不会直接作用公司绩效。阿基诺和塞维（2005）以商业环境为背景，模拟团队社会资本的形成，信任和义务代表关系资本，共同知识代表认知资本。进一步的研究发现，团队之间的定期沟通和非正式互动有助于社会资本的积累。若社会资本密度高的开发团队积极履行职责之外的任务，管理团队的绩效会提高。孙元等（2015）构建了员工持续使用企业内部微博与社会资本的互动模型，基于这个模型，通过对样本数据的分析后发现社会交互连接、信任和认同是影响员工使用企业内部微博的重要因素。而员工持续使用企业内部微博，也可以进一步加强社会交互连接、信任和认同。杨德祥等（2017）以成都电子信息企业的员工为研究对象，实证检验社会资本对员工创新行为的影响。结果表明，结构维度、关系维度和认知维度对员工创新行为都有显著的正向影响。

第四，四维结构。何芳蓉（2003）认为，社会资本包括社交互动、外部网络位置、关系质量和认知网络四个维度，进一步的研究发现，社交互动对成员的知识交换意愿有显著的正向影响，而外部网络位置、关系质量和认知网络对成员的知识交换意愿和知识流动意愿有显著的正向影响。周文霞等（2015）用网络规模、网络质量、关系质量和接触的社会资本四种要素来衡量员工社会资本的情况，并以 76 项实证研究（8 个独立样本，21570 名员工）为对象，进行研究并发现人力资本、社会资本和心理资本均能积极地预测主客观职业成功。

3. 社会资本理论研究述评

目前，关于社会资本理论的研究处于发展阶段，研究成果较多。第一，社会资本的研究层次、定义和视角。为全面地研究社会资本，需根据研究目的和研究对象的特点选择相应的层次和角度。不同层次的视角，对社会资本的理解也各不相同。纳哈皮埃特和戈沙尔（1998）基于资源理论视角将社会资本细分为结构维度、关系维度和认知维度，这三个维度的划分得到了学术界的认可；阿德勒和科文（2002）提供的社会资本研究方法，即外部社会资本和内部社会资本，也得到广泛的应用。第二，社会资本与绩效的关系研究。目前，学术界已经验证社会资本对绩效的影响，但不同维度社会资本对绩效具体维度的作用尚需继续探索。

关于社会资本理论的研究也存在一定的局限性：首先，因为一些难以量化的抽象概念，如网络、信任和认知等社会资本的核心要素，并且由于研究的视角、层面和对象的不同，具体衡量社会资本有一定的困难。大多数研究都是基于社会资本的经典三维结构，但是基于不同的研究情境和对象，具体测量有一些差异。其次，对社会资本理论的研究成果比较丰富。尽管社会资本理论起源于新社会经济学，但由于其能够有效地捕捉社会机制在资源的利用和分配，得到许多学者的关注，其研究范围包括多个层面。然而，基于团队的社会资本理论和实证研究相对稀缺，主要还是侧重于个体和组织层面的研究。另外，在社会资本的相关研究中，研究社会资本与绩效关系的文献占比较大，比较一致的结论是外部社会资本促进绩效的实现（Yli‐Renko et al.，2001）。然而，内部社会资本对绩效的作用解释不一。一种观点认为是高内部社会资本促进绩效的实现（Dyer & Singh，1998；屠兴勇等，2018），另一种观点认为高内部社会资本对绩效的实现有负面影响（Aragón et al.，2016）。

社会资本理论作为研究员工信息技术使用的重要理论，有助于为员工与社交媒体间的关系研究提供理论基础，有助于加深对员工在工作场所的社交媒体使用行为的理解。在研究的过程中，应充分考虑社会资本对员工社交媒体使用行为的相对重要性。从现有文献来看，关于社会资本与员工社交媒体使用之间关系的研究不多，未来的研究重点可放在员工社交媒体使用对社会资本的影响机制上。

2.3.3　人—环境匹配理论

1. 人—环境匹配理论概述

人—环境匹配是组织行为学和信息系统领域中的重要概念，衡量的是个人特征和其所处环境特征的匹配程度（Jansen & Kristof，2005）。人—环境匹配理论源于弗兰克（1990）提出的相合性概念，认为每个人的人格都是独一无二的。人格具有异质性，不同的人格特质与不同行业、职业相匹配。完善良好的职业生涯规划依赖于个体如何选择与自身人格相适应的职业，充分发挥人格优势。在此基础上施耐德（1987）提出 A－S－A 模型，该模型成为人—环境匹配模型演化历程中的重要标志，A－S－A 模型将个人目标和价值观与组织目标和价值观的契合描述成"同类人格特征的相斥相吸"。在 A－S－A 模型下，具有相似人格特征的人彼此吸引，进而推动个体选择或自我选择进入组织。在组织社会化到一定阶段，这种人格上的相斥相吸决定着人们留任或离职的选择。最终留在组织的员工，在目标和价值观上具有更强的趋同性。组织/环境内的同质性随时间推移不断增加，环境（environment）是人（person）与行为（behavior）造就的结果，即 E＝f(P，B)。勒温（1993）提出的行为交互理论将个体行为描述成为"人与环境相互作用"的过程，人与环境是否契合一致、人与环境关系的动态变化都将影响个体行为。该理论证明了人为因素和环境因素都对个体行为产生重要影响，即 B＝f(P，E)。在这种理论情境下，个体特征和环境因素之间的相互作用才能最大限度的理解，即个体特质与环境特征相一致，会产生积极影响，最终引发个体积极的态度和行为。随后，行为交互理论逐渐成为研究人—环境互动过程及机理的重要理论基础。人—环境互动过程中个体行为变化也逐渐成为学术研究热点，并不断取得关于人—环境匹配理论的研究成果。

自从人—环境匹配理论提出之后，许多学者从不同的视角探讨该理论的内涵和维度。穆钦斯基和莫纳汉（1987）的研究扩展了人—环境匹配理论的内容。他们认为，人—环境匹配不仅具有相似性匹配，互补性匹配同样可以解释人与环境之间的匹配。查特曼等（1989）将人—环境匹配描述为基于个体和组织特征一致性作用下的结果。员工如果能够在目标、价值观和文化认知上与组织高度趋同，会对员工的个人行为和工作态度产生正向的作用。卡波和德鲁（2002）突破性地将人—环境匹配扩展成为一致性匹配、需要—供给匹配和需求—能力匹配，即广为认知的三因素理论。杰森和克里斯托夫（2005）从更多的视角出发，探索人—环境匹配对其他维度的影响。研究表明，人—环境匹配能够对员工满意度、组织承诺及员工绩效等方面产生正向的作用。克里斯托夫（2010）对人—环境匹配的两个解释即相似性匹配和互补性匹配的观点和研究成果进行整合，进一步提出双因素理论：

人—环境匹配是指个体与工作环境之间的相似性匹配和/或互补性匹配。根据该理论，克里斯托夫（2010）研究了人—环境匹配与员工工作绩效之间的关系。到目前为止，人—环境匹配的研究成果从横向和纵向角度来看都比较完善，对结果变量的初步讨论已基本达成共识。

随着人—环境匹配理论及相关理念的不断发展，我国学者结合国内社会背景为人—环境匹配提供了新的研究视角。魏钧和张德（2006）以中国文化为背景，认为人—环境匹配的组织价值观应包括和谐、仁义、遵守制度、追求卓越、平衡、客户导向、变革中取胜、创新精神和社会责任。张翼等（2010）基于复合的视角进行研究，发现人—环境的匹配过程是通过"和则"和"谐则"来实现的。员工角度的人—环境匹配与组织角度的人—环境匹配是否一致，即是否达到和谐。前者是指通过组织政策、文化等员工的行为引至预期轨道；后者则是整合、优化控制机制。之后，他们提出的三因素理论指出，员工对需求—能力匹配的重视程度低于相似匹配和需求—供给匹配。同时，自我报告的需求—能力匹配的要求更加主观，会随着员工心理的变化而变化，很难得到真实客观的结果。另外，组织和员工对需求—供给匹配的认知不同，无法真实反映员工的需求。因此，从员工和组织的角度综合考虑需求—供给匹配和需求—能力匹配更接近管理实践，更能反映前因变量对结果变量的影响（张翼和樊耘，2011）。

综上所述，人—环境匹配理论重点在于个体特征与工作环境特征相一致，即当前环境是否可以为员工提供各种需求水平。人—环境匹配包含横向匹配和纵向匹配两个维度。横向匹配主要表现在相似性匹配、供给—需求匹配和能力—要求匹配；而纵向匹配主要表现为人与工作、职业、群体和组织等方面的一致性。本书采用人—环境匹配是员工与其所处的环境，即人与职业、人与工作、人与主管、人与群体以及人与组织的符合程度这一定义。

（1）人—职业匹配。

一系列相同或类似的职位组成职务，而职业由具有同样特征的职务组成。同一职业包含的职务其复杂程度各异（罗冠生，1999）。因此，相较于组织中的特定工作，职业可以打破组织界限，同时存在于多个组织中。个体可以在不同的组织，通过相同或者类似的工作构成特定的职业。职业和组织具有截然不同的内涵和特征，直接导致人—职业匹配和人—组织匹配存在根本性的差异。目前，学术界关于人—职业匹配的研究成果主要集中为职业选择和职业调整两个方向（Super & Hall，1978；Kosine & Lewis，2008；Creed

& Hood，2014）。职业选择包括职业发展理论和职业性向理论。职业发展理论认为人们对职位的选择源自个体观念的一致性；职业性向理论则将"个性"作为匹配的基础，认为人与职业之间的匹配取决于个体和职业的"个性"。职业调整理论则认为职业环境能够影响个体工作调整和满意度，更侧重于职业环境对个体需求的满足。

（2）人—工作匹配。

人—工作匹配是人—环境匹配中最广泛和最深入的类型，人—工作匹配是个体与工作之间的兼容性（Heywood，2003）。在人力资源管理领域，工作是指某一特定个体在一定时间期限内承担的任务和责任（罗冠生，1999）。根据这个定义，人—工作匹配往往被描述成工作要求与个体的知识、技能和能力的一致性（Carless，2005；Wheeler et al.，2013；Kooij & Boon，2018）。爱德华（Edwards，1991）将人—工作匹配细分为要求—能力匹配和需要—供给匹配两个维度。其中，个人能力主要包括天赋、经验和学历；工作要求或个人欲望主要包括需求、目标、价值观、兴趣和偏好等。要求—能力匹配侧重于员工特征对组织需求的满足；而需要—供给匹配更侧重于工作本身对员工需求的满足。这种人—工作匹配维度在调整理论、福利理论和工作满意理论的研究中得到广泛运用。但是，部分关于人—环境匹配的文献中，工作与环境、组织的概念并未进行明确区分，这引起了一些混淆（O'Reilly et al.，1991）。作为组织活动的组成部分，工作任务或多或少都会反映组织的某种或某类特征，但这并不意味着在概念上能够将工作和组织进行混同。工作和组织同样是工作环境中相互独立但又相互依存的要素。在工作和组织的不同层面，员工感知的匹配程度差异较大。其中，员工与工作层面的匹配主要体现在以下几个方面：工作任务对员工素质、工作能力的要求与员工实际素质、实际工作能力的匹配；工作报酬、工作满意度与员工需求的匹配；工作职责与员工能力的匹配。然而，工作对员工的要求，如组织价值观是否与员工的个人行为一致、劳动报酬和职位晋升是否能满足员工的需要、人际关系是否紧张等，是否与员工需求的匹配，不应纳入员工与工作层面的匹配范围。本书基于爱德华兹（1991）的观点，将工作定义为雇佣关系中个体期望完成的任务及其任务本身的特征。基于这个观点，人—工作匹配就是工作要求与员工完成工作能力的匹配，工作内容、职责和业绩与员工期望从工作中获得回报的匹配。即人—工作匹配仅与正在执行的任务直接相关，而与执行工作的组织无直接关系。

（3）人—主管匹配。

主管的工作职责包括制定决策、分配资源、指导和协调他人的任务，进而完成工作目标（Harold & Heinz，1998），因此人—主管匹配实际上是指员工与主管之间的兼容性。关于人—主管匹配的研究，集中在领导者—跟随者价值观一致性、主管—下属人格相似性和管理者—员工目标一致性等，主管特征用于代表员工工作环境特征。在现有的相关研究中，相比于其他匹配关系，人—主管匹配的研究数量较少。经过组织社会化过程的演变，主管在观点、价值观等方面与组织高度相似，但仍保持着相对独立的地位。主管是组成组织的重要部分，但同时具备不同于组织的特征。因此，在与主管和组织的匹配方面，个体往往会经历不同程度的匹配。

（4）人—群体匹配。

群体是由两个或两个以上的人以某种方式联系在一起的人群，具有相对一致的目标（Robbins，2003）。因此，人—群体匹配是指个体与群体之间的兼容性。随着组织越来越依赖群体，许多工作角色的成功实现需要群体成员之间的人际互动。因此，人—群体匹配在研究中逐渐受到学者重视（Werbel & Johnson，2010）。哈里森等（1998）指出，虽然这些不同特征对员工的工作态度、行为和结果具有预测能力，但随着时间的推移，深层次特征的匹配将对员工和群体的工作结果产生显著影响。虽然群体结构、规范、价值观和目标在一定程度上能够反映组织特征，但群体结构和组织结构之间往往是存在差异的。因此，个体在与群体和组织的匹配方面往往会感知到不同的匹配水平。

（5）人—组织匹配。

人—组织匹配是指个体与组织之间的兼容性。组织是目标明确、组织结构良好、活动体系协调、与外部环境相关的社会实体，是一个许多要素以某种方式相互联系的系统（罗珉，2004）。从结构维度上来看，组织的内部特征主要体现在标准化、权力等级、复杂性、专业化和人员比例等。从关联维度上来看，组织的总体特征主要体现在规模、技术、环境、目标、战略和文化等。基于系统观点，组织同样由若干子系统构成，个体是构建一个组织的基础要素，是最基本的子系统，直接构成上级系统群体或部门，群体或部门构成组织本身。而多个组织可以基于同样的目标和任务，整合更高层次的系统跨组织集合（曹仰锋，2019）。因此，工作、主管、群体和组织都相对独立。相较于工作、主管和群体而言，组织居于统筹地位，更关注组成组织的子系统之间的关系和组织的总体目标。在此基础上，奚玉芹（2012）将人—组织匹配定义为：人—组织匹配是指员工在下列情况发生时所感知的自我与组织之间的兼容性，一是至少有一方提供对方需要的东西；二是双方具有相似或互补的基本特征；三是两者均符合。

2. 人—环境匹配理论应用现状

众多学者对人—环境匹配的前因变量、结果变量和中介变量做了研究，具体研究成果如下所示。

（1）关于人—环境匹配对结果变量影响的研究。

查特曼等（1989）研究了人和组织的匹配，指出员工的价值观、文化或目标方面如果能与组织的价值观、文化或目标保持一致的话，能够对员工的工作态度和行为产生正向的作用。霍夫曼和沃尔（2006）选择与个体行为结果相关的变量，如工作绩效、组织公民行为和离职行为，结果表明人—环境匹配对结果变量有显著影响。克里斯托夫（2010）通过对不同匹配水平的深入研究，发现人—组织匹配会对离职意愿产生负向影响。并且，人—工作匹配对工作满意度有正向影响，工作压力对离职意愿有正向影响。肖等（2010）将人—环境匹配运用到创造力研究中，发现人—环境匹配对个体创新行为有正向影响。阿比德等（2016）的研究发现，人—主管匹配会影响员工的态度和行为，并与离职行为呈负相关关系。佩里等（2016）研究后发现，人—环境匹配会对个体结果（满意度、承诺和离职）产生积极影响。安兹涅夫斯卡等（2017）预测并发现，员工与组织氛围之间的匹配能够使员工感知到组织的程序公平。朱青松和陈维政（2005）提出了员工—组织价值观的匹配模型，该模型指出，员工—组织价值观匹配分为四种类型：双高型匹配、组织型匹配、员工型匹配和双低型匹配。通过研究后发现，这四种类型均会影响工作满意度、工作绩效、组织效能绩效和组织发展绩效。魏钧和张德（2006）以中国传统文化为背景，研究发现人—组织文化匹配对组织承诺、工作满意度、组织公民行为和离职倾向均会产生影响。陈卫旗和王重鸣（2007）的研究发现，人—岗位匹配和人—组织匹配与工作态度呈正相关关系。赵慧娟（2013）构建了人—组织匹配与新生代员工敬业度关系的模型，对807名新生代员工的样本数据进行研究，发现人—组织匹配会正向影响我国新生代员工的敬业度。邹琼等（2017）的研究表明，价值匹配、能力—需求匹配与创新行为呈显著的正相关，而供给—需求匹配与创新行为呈显著的负相关。

（2）关于人—环境匹配前因变量的研究。

杰森和克里斯托夫（2005）以个体差异（合群性、责任感和价值观）、环境差异（文化强度、规模和层级）、时间阶段（聘用前、招聘、选聘和长期任职）为前因变量，研究对人—环境匹配的影响。徐向龙等（2018）综合组织视角和个人视角，以 490 名新员工为调研对象，研究结果发现组织社会化策略对新员工人—组织匹配呈显著的正相关。

（3）关于人—环境匹配中介变量的研究。

陈卫旗和王重鸣（2007）的研究表明，人—工作匹配和人—组织匹配会通过内部整合影响工作态度，内部整合起完全的中介作用。人—工作匹配和人—组织匹配会通过人际预测影响工作态度，而人际预测起部分的中介作用。王忠和张琳（2010）研究了工作满意度对人—环境匹配与员工离职倾向关系的中介作用，并将工作满意度具体分为工作激励满意度、工作自主性满意度、工作压力满意度和管理因素满意度。结果发现，在人—环境匹配与员工离职倾向关系中，工作压力满意度起部分的中介作用，管理因素满意度起完全的中介作用，工作激励满意度和工作自主性满意度不起中介作用。唐杰等（2012）基于人—环境匹配的角度，通过实证研究后发现，价值观匹配会通过员工变革承诺显著影响员工应对变革的策略选择，而员工变革承诺起部分的中介作用。这一研究结论为企业管理者通过社会化策略来提高员工与组织的价值观匹配提供了理论依据，从而指导员工在变革中选择应对策略。姜道奎等（2018）的研究发现，员工满意在一致性匹配、互补性匹配对工作绩效的影响中起到中介作用，而信任倾向在一致性匹配、互补性匹配对工作绩效的影响过程中起调节作用。

3. 人—环境匹配理论研究述评

人与环境的相互作用会产生积极或消极的影响，因此人—环境匹配理论适用于研究各种问题。其中，人与环境不匹配产生的负面影响受到学者重视。弗兰克等（1982）在前人研究的基础上，基于社会冲突理论，提出了工作压力人—环境匹配模型。当人与工作环境形成的系统平衡被破坏，也就是当人—环境不匹配时，人与工作环境的关系是不合理的，是病态的，个体会有生理和心理上的压力。该模型从冲突的角度定义了人—环境匹配，将工作压力作为人—环境匹配的结果变量，将社会支持、心理防御机制和应对行为作为调节变量。该模型将压力源、压力结果和中间变量整合成一个整体，以解释工作压力的程序性和动态性。工作压力人—环境匹配模型为系统研究工作压力提供了框架，有助于阐明工作压力的产生机理。

工作压力人—环境匹配理论是考察员工信息技术使用消极影响的重要视角，有助于理解员工社交媒体使用带来的负面作用。已有研究表明，对社交媒体引发的工作压力的考察有利于扩展对社交媒体使用效果的理解。在考察过程中应考虑到不同的社交媒体使用行为可能产生的工作压力及其对员工和组织的影响。从现有文献来看，关于社交媒体引发的工作压力与员工绩效和行为的研究仍相对稀缺，未来研究应基于工作压力视角考察社交媒体的负面影响及影响机制。

2.4 研究述评

2.4.1 已有研究述评

通过对媒体同步性理论、社会资本理论、人—环境匹配理论、员工社交媒体使用和工作绩效等概念和理论的总结和梳理，发现关于员工社交媒体使用及其影响的研究取得了许多有价值的成果。

首先，肯定了社交媒体在企业运作过程中的重要性，形成了社交媒体使用研究的理论框架和基础。社交媒体在企业的广泛应用不仅使社会元素的引入让工作变得更加轻松有趣，而且由于协作和沟通的优化设计，原有等级制度森严的企业内部信息流更加快速和充分。社交媒体是在平等和开放的基础上设计的，可以打破企业内部的层级和地理障碍。莱昂纳迪和迈耶（2015）指出，社交媒体允许员工了解同事之间的对话，便于员工掌握"同事熟悉什么以及和谁比较熟悉"之类的信息，这些信息有助于提升员工工作绩效。保加库等（2018）相信，社交媒体使工之间更容易实现知识共享，因为员工之间的关系更密切。在现阶段，组织行为学对社交媒体的研究越来越详细，将员工社会媒体使用的背景、内涵、维度、认知框架、影响因素、影响效果与社会学和心理学等多学科和多领域相结合，进行了广泛而深入的探索，这有利于学者全面系统地理解和把握社会媒体相关理论，为后续的研究提供了基础平台和理论支持。

其次，基于员工社交媒体使用的不同维度，区分对工作绩效产生的不同效应。学者通过实践和理论研究发现，员工社交媒体使用存在多种形式，有学者基于性质将员工的社交媒体使用行为分为积极的社交媒体使用和消极的社交媒体使用，认为不同的社交媒体使用行为会对工作绩效产生不同的影响（Landers & Callan，2014）。也有学者基于目的将员工的社交媒体使用行为分为任务导向的社交媒体使用和关系导向的社交媒体使用，认为任务导向的社交媒体使用会正向影响任务绩效，关系导向的社交媒体使用会正向影响周边绩效（Gonzalez，2012）。还有学者认为，在企业内部使用社交媒体是员工在工作场所的一个压力源（Bucher et al.，2013）。这些都拓展了社交媒体相关理论的研究范围，拓宽了研究思路，为进一步研究员工社交媒体使用行为的效应提供了有价值的线索。

最后，注重不同理论的结合，在社交媒体对工作绩效的作用机制研究方面有一定的理论贡献。比较广泛使用的理论是媒体同步性理论，社交媒体具备五种媒体能力，会影响媒体的同步性，进而影响员工的工作绩效（Charoensukmongkol，2014）。社会资本常被作为中介变量连接输入变量和输出变量，因此有研究以媒体同步性理论和社会资本理论为基础证明了社会资本在员工社交媒体使用和工作绩效之间的重要中介作用（Cao et al.，2012）。还有研究引入干预变量，在人—环境匹配理论的基础上考察工作特征在员工社交媒体使用对工作绩效的影响机制中的干预作用（Stavropoulos et al.，2016）。

2.4.2　以往研究的不足及待解决的问题

虽然现有研究取得了一些进展，但仍有空间值得进一步探索，后续研究可从以下三个方面进行改进和扩展。

第一，关于在工作场所使用社交媒体的研究仍处于起步阶段，对于新技术的学术研究充满了争议，制约了后续研究的发展，研究缺乏系统性。许多研究人员根据兴趣关注不同类型的社交媒体，自发地决定变量如何操作，虽然产生了大量的新知识碎片，但社交媒体相关理论系统性的积累、检验和发展无法实现。因此，后续研究无须特别专注于具体的社交媒体，可以关注社交媒体的各种特征，并在此基础上通过学术讨论确定适用于工作场所的社交媒体实践。只有明确的实践，使学者专注于核心实践进行相关研究，才能产生和积累系统知识，逐步开发稳定和良好的实践方式，促进工作场所中社交媒体研究理论的积累、检验和发展。

第二，在研究设计和测量方法方面，需改进现有的关于验证社交媒体和工作绩效的研究，这是后续研究实现突破的关键所在。客观地说，在大数据环境下，员工社交媒体使用的测量存在难以克服的障碍，严重阻碍了社交媒体实证研究的发展。近年来，学者试图直接测量员工社交媒体使用的强度，但在测量工具和实验操作方面存在争议。因此，后续研究需继续探索可靠的定量评估方式，同时更新研究方法，如实验、编码等方法也值得大胆尝试和探索。此外，可以考虑时间因素，为工作场所中的社交媒体研究开发更多纵向设计，寻找不断更新的社交媒体共性，以明确社交媒体在更长时间内对员工工作绩效和行为的影响。

第三，已有的探索性研究围绕社交媒体与工作绩效的关系已积累了相当的研究成果，但目前的研究尚未全面地分析社交媒体驱动机制和效应机制及其内在机理及边界条件。就效应机制，社交媒体对工作绩效的价值仍存在诸多争议。大多数学者承认，社交媒体可以成为为员工创造和积累社会资本的重要工具，也是提升员工竞争力的重要工具。但是，社交媒体是一把"双刃剑"，现有的研究还没有系统地探索出现积极结果和消极结果的内在因素。因此，后续研究应阐明社交媒体与工作绩效之间的过程机制和效应机制。探索前因与后果之间的有机联系，从本质上挖掘社交媒体及其应用过程至关重要。就驱动机制而言，可以探索哪些员工能力在现今信息环境中最为关键，以及个性如何影响员工对新技术的接受程度。就过程机制而言，内在特征可以从技术压力、组织文化和社会资本等变量中挖掘，这些基本特征是链接驱动机制和效果机制的关键和枢纽。

2.5 本章小结

本章通过对员工社交媒体、工作绩效、媒体同步性理论、社会资本理论和人—环境匹配理论等相关概念以及理论的回顾和总结，阐明本研究的合理性、可行性和价值性，确定了拟解决的研究范围，为后续理论拓展和模型构建提供了文献依据和理论支持。

第 3 章

概念模型与研究假设

3.1 员工社交媒体使用影响工作绩效的双路径模型

基于媒体同步性理论，员工社交媒体使用对工作绩效具有"双刃剑"效应。媒体同步性理论认为，信息收敛过程对媒体的同步性要求较高，社交媒体会对信息收敛过程产生积极作用，从而促进工作绩效的提升；信息发散过程对媒体的同步性要求较低，社交媒体会对信息发散过程产生消极作用，从而导致工作绩效的降低。根据相关理论与以往研究（Kugler et al.，2015；Ayyagari et al.，2011），本书选择社会资本代表信息收敛过程，技术压力代表信息发散过程。因此，本书将理论与实际相结合，以媒体同步性理论为基础，结合社会资本理论和人—环境匹配理论，对深度访谈的内容进行分析，分别从信息收敛过程（社会资本）和信息发散过程（技术压力）两条路径来检验员工社交媒体使用对工作绩效的影响，试图有效分离并系统解释员工社交媒体使用对工作绩效的积极作用和潜在的负面影响。访谈对象为具有社交媒体使用经验的在职员工，在明确访谈聚焦范围的基础上，结合研究目的拟定访谈提纲（附录 A），对员工的社交媒体使用情况进行资料收集。

3.1.1 信息收敛过程：社会资本

如第 2 章所述，基于对传递和处理信息的不同需求，媒体同步性理论识别出两个基本沟通过程：信息发散过程和信息收敛过程。信息收敛过程讨论的是已经在头脑中加工过的信息，这类信息是对特定情形的诊断，并不是原始信息。在信息收敛过程中，主要目的是实现信息的统一，即团队成员对信息的含义达成共识或认可无法达成共识。为实现这一目的，在信息收敛过程中，经过预处理的信息会在成员之间反复传递，这类信息就是个体对某个问题、事件或人的看法。相较于信息传递过程，该过程的信息是经过处理的，因此总量小，一般是语言和文字形式。从信息处理的特点来看，信息反映的是人们对观点的评价和判断，根据其他人的意见调整自己原有的理解，相互之间进行讨论，将不一致的观点最终达成基本统一。该过程的信息处理速度一般会快于信息发散过程，每个人接收的信息是筛选过的，也无须对赞成的信息进行大量处理。因此，信息收敛过程的信息处理范围小于信息发散过程。维克（1985）提出，共同理解的形成需要个体明确他人对信息的理解，相互之间进行讨论以最终达成共识。信息收敛过程注重的是传递精简抽象的信息，需要对信息进行讨论，因此对高速信息传递的要求更高，这些特征意味着信息收敛过程需要更高的同步性支持。而社交媒体的同步性较高，与信息收敛过程所需的同步性匹配，能够更好地履行生产职责和社交职责。

员工在工作场所使用社交媒体，大致可以从三个方面对信息收敛过程产生积极作用。第一，在信息收敛过程中，员工之间流通的信息由多变少，由零散变有序，员工的观点和解决问题的方案也由分歧逐渐走向一致。因此，信息收敛过程强调的是员工之间观点的累积及产生的效应。社交媒体的使用能够增加员工关注、听取甚至采纳同事观点的可能性，这有利于促进信息收敛过程，进而提升工作绩效。第二，信息收敛过程以对观点和方案的评价和选择为主要手段，即决策过程。为了保证有足够的方案可以被比较和选择，员工之间需有充足数量的方案或观点。社交媒体的使用可以提高员工对同事观点的关注，认真听取同事的意见和方案，进而提高方案评价的准确程度，这有利于促进信息收敛过程，进而提升工作绩效。第三，信息收敛过程的主要特征是员工遵从以前的方案，并对过往方案进行"细微修改"。要求员工对问题有一致的认识，愿意为了解决问题进行适度的调整和改变。社交媒体的使用能够促进员工之间的交流与合作，因此更有可能对存在的问题达成一致，共同寻找解决问题的方案，这有利于促进信息收敛过程，进而提升工作绩效。

从前文第2.2.4节可知，部分学者已经注意到了社会资本是社交媒体使用行为对员工个人产生效果的重要变量。另外，对在工作场所使用社交媒体员工的访谈也在一定程度上验证了这一结论。如"社交媒体虽是对工作沟通渠道的一个补充，但没有它的补充，还真会让人觉得没有安全感。可以促进对同事的认识，通过群里偶尔你来我往的互怼，朋友圈点赞评论，可以在一定程度上拉近同事之间的关系""比如说知乎吧，可以跟一些有经验的大神交流，可以学习很多，就知道那些没做过的工作该怎么做，至少会有一些头绪，也可以学习与客户怎么沟通，职业规划等""有空的时候在群里聊聊天，可以拉近同事之间的关系，了解其他同事的想法，对工作建立更全面的认知""可以随时跟团队成员分享工作感想，从而更快地作出统一的决策""在跟相关业务人员沟通的时候，有时在电话上有些事情说不清楚，利用社交媒体进行截图发给对方可以让对方及时直观知道问题所在，并且可以及时解决问题""我是感觉现在工作根本就离不开这些社交媒体，包括微信，还有 QQ。像我们单位这是一个沟通的必要手段，它们对工作效率提高是非常有必要的""我觉得能够提高工作效率和促进交流。比如，在招聘时，我会事先通过 QQ 或者微信和人才市场沟通，了解他们的动向，然后根据公司需要参加招聘会，大大提高了工作效率"。

目前，社会资本作为提供一系列关系描述和特征的基本概念正在受到越来越多的关注（Inkpen & Tsang，2016）。许多研究人员提倡将社会资本作为组织竞争优势的持久来源，可以通过社会关系获取有价值的资源（Krause et al.，2007）。纳哈皮埃特和戈沙尔（1998）的研究中提出，社会资本可划分为：结构资本、认知资本和关系资本。结构资本是指个体自身的网络状态，主要体现在网络参与者的结构布局、多样性、集中度和跨边界角色。认知资本是指个体通过共同的想法、解释和意义向他人提供资源。关系资本包括个体关系的特征和性质，如共同的历史、信任、尊重和友谊。

社会资本是一种社交行为者发展的社交资源，对确保个体和组织的利益是有价值的（Adler & Kwon，2002）。从社交关系中获得的收益可以在个体、组织内部、组织之间和社会层面进行概念化（Tsai & Ghoshal，1998）。社会资本能够促进亲社会行为，具备人力资本和物质资本没有的优势，如促进合作与协调以提供互惠、知识获取并实现信息共享（戴万亮、苏琳和杨皎平，2020）。虽然大多数形式的资本都是以特定资产或人为基础的，但社会资本被视为人际关系网络，嵌入到个体与社区的联系（Wasko & Faraj，2005）。首先，社会资本实现个体之间的自愿互动和合作，因此社会资本在信息系统领域至关重要（Lin，2011）。它通过改进信息系统与用户部门之间的关系来实现信息技术，从而提高工作效率。此外，社会资本也鼓励用户在组织内部接收许多其他的信息系统，如电子交易系统（electronic trading system）和无纸化贷款审批系统（paperless loan-approval system）（Fortin – Bergeron et al.，2018）。其次，随着社交媒体的普及，社会资本是促进协作的关键因素之一。社会资本能够增加员工对组织的承诺，是知识共享的动力因素。威斯克和法拉伊（2005）将信息系统领域的中心性、承诺和互惠、自主专长和任期作为社会资本的结构、关系和认知层面的关键组成部分，并认为中心性和任期会显著影响用户在电子网络中的知识贡献。根据社会资本的三维框架（Nahapiet & Ghoshal，1998），赵等（2007）用社会交互连接、共同愿景和信任来分别代表社会资本的结构、认知和关系层面，验证了社会资本在虚拟社区中产生知识共享的中介作用。常和朱（2012）指出，桥接社会资本对用户的满意度和继续使用社交媒体的意愿有很大的影响。在交易导向型社区中，王和常（2009）基于蔡和戈沙尔（1998）的模型，发现社会资本会影响用户使用在线拍卖平台的持续强度。另外，社会资本是员工社交媒体使用的重要成果。斯坦菲尔德等（2008）在美国一所大学进行了两次调查，发现第一年的 Facebook 使用强度显著影响第二年的桥接社会资本。仅使用互联网不会促进社会资本的积累，但会增加使用社交媒体的意愿（Ellison et al.，2007）。斯坦菲尔德等（2008）探讨了企业社会资本与内部社交媒体使用的关系，结果表明社交媒体使用强度与社会资本的三个维度都呈正相关关系。曹等（2012）的结果显示，社交媒体增强了员工之间的信任。金等（2013）提出，用户的社交媒体使用意图可以加强其社会资本。使用社交媒体最初是为了支持个体之间的社交互动，用户可以互相交谈和留言，并在社交媒体上展示个人资料、状态、友谊、喜好和意见，以满足他们的社交需求。而在企业内部使用社交媒体的主要目的是支持组织任务，员工可以共享数据并发送消息和通知来协调工作，从而提升绩效。

　　社交媒体对于用户社会关系的建立有重要的作用，为员工提供了一个便捷的平台，员工可以快速沟通、扩展关系网络并增强联系。社交媒体能够增强员工社交互动的强度，增加沟通的频率。社交媒体的使用越普遍，员工就越容易了解同事的人格特征，如个性和能力等，从而增强相互间的联系和信任，并确保组织内部的沟通和协作。此外，在个体层面，员工可以通过社交媒体动态了解他人工作的进度，使之处于透明可见的状态。管理者使用社交媒体发布和协调工作任务，了解员工的想法和工作进度并及时采取针对性的管理措施和政策，从而保证团队的凝聚力和向心力。在企业层面，企业内部使用社交媒体可以增强员工的归属感和认同感，使员工更愿意为企业目标而努力。

综合以上分析，本书认为员工社交媒体使用能够有效促进社会资本的积累。基于媒体同步性理论和社会资本理论，由于社交媒体的同步性较高，在信息收敛过程，员工能够有效地对企业内部的各种资源加以收集和利用，从而提高工作绩效。

3.1.2　信息发散过程：技术压力

信息发散过程是指新信息的传递（数量尽可能多），接收者可以根据获取的信息对心智模型进行构建和纠正。该过程中传递的信息对接收者来说是陌生的，需要花费大量时间进行分析和处理，因此持续的时间比较长。这种情况与维克（1985）的研究结论是一致的：在信息发散过程中，先对不同源头和形式的信息加以观察并进行收集，然后对信息进行加工和处理，并利用现有的相关知识对加工和处理后的信息进行分类，最后得出结论。信息发散过程侧重于传输大量原始信息，信息杂糅在一起，意味着个体无法有效处理大量同时传递的信息。而社交媒体的同步性较高，与信息发散过程所需的同步性并不匹配。自社交媒体出现以来，随着相关或潜在的信息增加，在个体层面上，这些具有挑战性的信息和工作量常常导致过载情况（Ragu - Na-than et al.，2008）。社交媒体使人与人之间能够随时随地的互动和连接，在很多情况下，这模糊了工作和生活的界限（Tu et al.，2005）。与任何对话类似，社交媒体中的对话是一个持续的流程，只有当参与者积极参与并投入部分时间和注意力时才有意义。然而，在工作环境中，不断变化的沟通情境及其渠道的扩散造成了很大的不确定性（Tarafdar et al.，2007）。

员工在工作场所使用社交媒体对信息发散过程的负面作用主要体现在三个方面：第一，社交媒体包含各种各样的信息和通信工具，使用不同的工具会使员工接触到不同类型的信息，从而接收到超出原本期望的更多信息。员工不仅需要做更多的工作，而且还必须更快的工作以响应社交媒体提供的信息（Wang et al.，2008）。第二，社交媒体使用户可以随时随地进行交互和连接，尤其是当智能手机和平板电脑等移动设备越来越受欢迎时，这会导致工作和生活界限的模糊（Tarafdar et al.，2007）。这种模糊让员工的休息时间减少，因为工作问题可能会溢出到生活领域（侯娟等，2021）。员工被迫与工作保持联系，甚至牺牲闲暇时间跟进社交媒体的新信息。第三，社交媒体中的对话是一个持续的流程，只有当参与者积极参与并投入部分时间和注意力时才有意义。然而，与现实生活的对话不同，社交媒体对话可以同时发生在多个平台，包括无数的参与者。特别是在工作环境中，不断变化的沟通状况和不断扩散的渠道会导致不确定性。

人—环境匹配理论是研究压力的最普遍的理论之一，人—环境匹配是根据人与环境之间的均衡关系来定义的，换句话说，人与环境之间的高度一致性或适应性会产生积极的结果，而消极的一致性或失调则产生负面的压力（Ayyagari et al.，2011）。已有文献已验证许多压力源与人—环境的不匹配显著相关，包括新技术的使用（Ahuja et al.，2007）。在技术压力的情境下，已有学者就人—技术匹配进行了讨论（Ayyagari et al.，2011）。实质上，人—技术匹配能够解释新技术的特征如何产生与不匹配有关的技术压力。在组织情境中，技术压力被认为是使用信息系统来完成工作任务时出现的压力（Ayyagari et al.，2011）。信息沟通技术可能会对身体产生负面影响，如疲劳、头痛和烦躁不安等。导致这种现象的原因，主要是目前的技术和工作环境的特点。第一，管理者对信息沟通技术（如个人计算机、企业应用程序、制造应用程序、协作应用程序和连接工具）的依赖程度日益提高，并且不断引入新技术。由于信息沟通技术日益复杂，而员工和管理者具备的使用这些新技术的知识水平往往有很大差异。第二，现代信息沟通技术改变了工作环境和组织文化。尽管电子邮件、沟通工具和视频会议使组织的工作时间比较灵活，但它们具有远程监控、多任务处理和社交隔离的功能。第三，新技术消除了传统的工作日与休息日的界限。社交媒体的普及已经将员工的个人生活融入了工作场所，使员工可以在社交网络中随时随地建立和维护人际关系，个人可能会面临越来越多的社交请求而不得不提供社交支持。这三个特点代表了个体与工作场所互动性质的根本转变。由于管理者努力重塑员工的工作习惯，并改变了工作场所的传统定义，导致员工产生技术压力。

另外，对在工作场所使用社交媒体员工的访谈也在一定程度上验证了社交媒体对信息发散过程的负面作用。如"有时候微信群或者QQ群很多人闲聊，信息大量积压，有时候手机不停地响和提醒，看着有点烦；如果是工作群，闲聊的人多的话，很多有需要的信息或资料就被淹没，找起来很麻烦"

"公司会要求全体员工通过微信朋友圈转发公司的业务，并列入考核，这不仅会增加工作量，还会直接影响到与朋友的相处，因为有些好友很反感这些广告，还会让一些很重要的信息被淹没""我偶尔会发朋友圈抱怨工作压力大""有时候会在上班时间使用社交媒体做私人的事情，导致任务无法完成，拖慢同事的工作进程"。

在研究中，将技术环境定位为引发社交媒体技术压力的三个来源：技术过载、技术入侵和技术不确定性，它们是因人—技术不匹配导致的常见压力。首先，通过社交媒体，员工需要面对越来越多的可能有价值的信息，这不仅会导致信息过载，而且会导致工作过载，如同时完成多个工作任务。其次，社交媒体的出现导致生活和工作领域之间的界限模糊，因为社交媒体同步性高，员工可以不间断地接收与工作相关的信息，这很容易导致工作侵入私人生活，减少员工休闲娱乐的时间。最后，社交媒体上的对话可以同时在多个社交媒体平台上进行，使员工难以找到相关信息的来源，这有可能产生高水平的不确定性（Ayyagari et al.，2011）。已有研究表明，在工作场所使用社交媒体与员工工作绩效和工作满意度的降低有关（Andreassen et al.，2014）。

综合以上分析，本书认为员工社交媒体使用会引发技术压力。基于媒体同步性理论和人—环境匹配理论，由于社交媒体的同步性较高，在信息发散过程，员工经历的技术压力会产生负面作用，即会消极作用于工作绩效。

3.1.3　模型构建

本书基于媒体同步性理论，认为员工社交媒体使用影响工作绩效的过程可以分为两条路径，即信息收敛过程和信息发散过程。在信息收敛过程，员工通过社交媒体与同事进行互动。关于接收的信息，员工作为社交媒体用户可以积累并留存下来。因此，员工社交媒体使用促进社会资本的积累，进而提升工作绩效。在信息发散过程，使用社交媒体的环境需求与员工的应对能力不匹配。因此，员工社交媒体使用导致技术压力的出现，进而降低工作绩效。根据上述分析思路，形成员工社交媒体使用——社会资本（收敛）与技术压力（发散）——工作绩效的研究逻辑，进而提出本书的概念模型（见图3.1）。

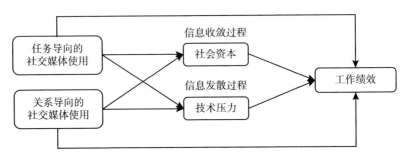

图 3.1　员工社交媒体使用影响工作绩效的双路径模型

3.2　研究假设

3.2.1　员工社交媒体使用对工作绩效的影响作用

随着社交媒体的普及，许多企业已经使用各种社交媒体来支持企业的运作（Wamba & Carter，2014）。与此同时，社交媒体的使用也可以帮助员工提高工作绩效。在人际关系层面上专门针对同事的行为被称为人际公民行为，并且已有研究验证了其与团队绩效和组织效率的关系（Walz & Niehoff，1996）。在广泛的人际公民行为范围内，已经确定了两类行为：任务导向的行为和关系导向的行为。任务导向的人际公民行为与任务绩效和资源交换有关，主要处理面向组织的问题。如与他人一起寻找创造性的解决方案、收集建议和产生新的想法。相比之下，关系导向的人际公民行为是以关系为基础，包括促进友谊和归属感的行为，如与他人交往、了解他人和与他人分享。鉴于本书研究的是员工社交媒体使用对工作绩效的影响，并结合已有的研究，将员工社交媒体使用分为任务导向的社交媒体使用和关系导向的社交媒体使用。工作绩效的影响因素是广大企业管理者最为关心的问题之一，而社交媒体为企业员工带来了一种新的工作方式，使员工能够轻松协作、方便交流，帮助员工更加高效的工作。

任务导向的社交媒体使用主要指员工使用社交媒体安排工作计划、确定工作方式、识别潜在问题和解决问题。许多工作都有明确的工作规范、流程和目标，这些要求描述了员工应达到的知识和技能水平（陈璐等，2018）。

第一，根据目前学术界对绩效影响因素的研究，发现任务绩效取决于知识、技能和能力。任务导向的社交媒体使用主要体现在，员工会在社交媒体上发布与工作任务相关的、强调自身专业性的和展示专长的信息。具体来说，如对工作提出建议、帮助同事解决问题等（Walker，2020），这些与工作任务相关的交流有助于员工与同事建立紧密通畅的联系，获取新的工作技能和专业知识，从而提升获取知识的效率。总而言之，任务导向的社交媒体使用能较方便地获取知识，提升能力，继而积极作用于任务绩效。第二，相对于任务绩效，周边绩效受情境因素影响。原因是任务绩效受制于正式制度，有特定的标准，因此易于观察和衡量。但周边绩效是员工的自我选择行为，具有自主决定性（彭坚和王霄，2016）。任务导向的社交媒体的使用对周边绩效的影响主要体现在社交媒体导致员工与工作的接触在时空上的限制越来越少，员工感知到的工作量增多，负荷更大，而承担工作的额外负荷也是周边绩效的重要部分（Arvey & Mussio，1973）。另外，员工在社交媒体分享与工作、任务和问题相关的信息，这些工作相关的交流被证明有助于增加员工履行实现企业目标责任的可能性（Zoonen & Rice，2017）。总结来看，员工以工作为目的使用社交媒体，在一定程度上能提升自己承担工作负荷的能力，方便与他人进行合作，继而积极作用于周边绩效。

关系导向的社交媒体使用主要是指员工使用社交媒体可以获得情感支持和鼓励、学习和发展技能以及增强凝聚力。员工会在社交媒体发布私人信息（如兴趣爱好、生活状态），也会关注同事的信息（如评论、留言回复），这些以关系为导向的社交媒体使用行为为员工提供支持和鼓励，促进员工自身的提升发展。第一，目前关于整合绩效因素模型的研究结论均认为，环境能够影响员工的知识、动机和能力等个体因素，继而对员工任务绩效产生影响。关系导向的社交媒体使用对任务绩效的影响主要体现在员工可以通过社交媒体与感兴趣的或在某一专业领域突出的同事进行交流（Landers & Callan，2014），员工之间的情感纽带可以有效地促进员工之间隐性知识的分享，从而提升员工自身的能力。并且，当传统的联系方法（如电话、邮件）已经失败但工作需要快速反应时，员工使用社交媒体与同事、主管和下属保持联系被称为"最后手段"，减少阻止工作顺利进行的障碍，有利于工作效率的提升（Cheng et al.，2020）。总结来说，关系导向的社交媒体使用可以促进隐性知识的分享，在紧张工作之后获得放松与休息，促使工作顺利进行，继而积极作用于任务绩效。第二，与任务绩效不同，周边绩效对企业目标的实现并不会直接体现。周边绩效在一定程度上可以减少和消除团队在完成工作的过程中产生的摩擦和矛盾，降低沟通成本，进而提升任务绩效。研究表明，周边绩效能够通过促进社会和组织网络的心理氛围，促进合作、支持和维护组织，自愿完成职责范围外的工作任务来提高业务效率，即周边绩效与业务效率之间紧密联系（陈胜军和冯松，2011）。关系导向的社交媒体使用对周边绩效的影响主要体现在，员工在使用社交媒体的过程中，员工之间可以相互鼓励和支持，与同事发展并保持良好的关系，更愿意接受同事的意见和建议（张新等，2018）。此外，良好的人际关系使员工愿意对同事和团队表现出更多的善意，有助于营造可信赖的工作环境（张辉华和黄婷婷，2015）。在这样的环境，员工不仅乐于接受同事的建议，而且愿意提供真实可靠的建议。总结来说，关系导向的社交媒体使用有利于企业内部良好人际关系的形成，继而积极作用于周边绩效。

基于以上分析和逻辑推断，本书提出以下假设：

H1a：任务导向的社交媒体使用对工作绩效有正向影响。

H1b：关系导向的社交媒体使用对工作绩效有正向影响。

3.2.2 社会资本在员工社交媒体使用和工作绩效关系间的中介作用

1. 员工社交媒体使用对社会资本的影响作用

社会资本可以创造价值，体现为成员身份、社会网络和个人关系，主要包括三个部分：结构资本、认知资本和关系资本（Nahapiet & Ghoshal，1998）。社交媒体最初是为了支持个体之间的社交互动，用户可以在社交媒体上互相交谈和留言，并展示个人资料、状态、喜好和意见，以满足社交需求。然而，企业使用社交媒体主要是为了实现企业目标，员工可以使用社交媒体共享数据并发送消息和通知来协调工作。已有文献对员工社交媒体使用与社会资本之间的关系进行研究，而区分任务导向的社交媒体使用和关系导向的社交媒体使用的原因和影响，可以更细致地分析员工社交媒体使用与社会资本之间的因果关系。

本书认为任务导向的社交媒体使用有利于员工社会资本的积累。首先，用户使用社交媒体的强度越大，就越能够获取有价值的信息、产生新想法。

员工可以使用社交媒体进行文件传输、会议安排和工作组织，为员工之间工作信息的快速交流提供了便利的平台，能加强员工间的社会交互连接强度，增加交流和沟通的频率和时间长度（Steinfield et al.，2008）。其次，社交媒体在工作场所的使用行为能够显著强化员工之间的信任程度（Cao et al.，2012）。员工使用社交媒体与同事进行工作交流的过程中，在一定程度上可以了解同事的背景、性格和工作能力等方面，从而加强彼此间的信任（Parket al.，2013）。最后，社交媒体的互惠知识可以增加用户之间的共同语言（Kurtz，2014）。在工作场所中，社交媒体使员工的工作处于透明可见的状态，员工可以清楚地看到同事的工作进程。从管理者的角度来看，社交媒体可以有效地分配任务，协调工作，让下属为实现共同目标而努力工作。另外，管理者通过社交媒体，可以了解员工的想法和工作进度，进而及时地有针对性地采取管理措施。从企业的角度来看，社交媒体帮助员工努力工作，进而实现企业目标。

同样的，本书认为关系导向的社交媒体使用也有利于员工社会资本的积累。首先，员工能够通过社交媒体建立在线个人资料库、获取或共享信息、通过网络社区与其他员工互动，这些行为有助于员工保持并提升与同事关系的融洽程度（Steinfield et al.，2008）。有研究提出，社会交互连接是员工在社交媒体上与其他使用社交媒体的员工进行沟通所花费的时间和频率（Chiu et al.，2007）。与传统的面对面交流不同，社交媒体可以跨越时间、空间和企业的界限进行非正式的社交互动。关系的维持和发展不再完全依赖于面对面沟通，而是可以依靠社交媒体创造的虚拟社区，特别是当员工分散在不同的地方工作时。通过连接具有相似兴趣和背景的员工，社交媒体有助于维持现有关系并发展潜在关系。社交媒体能够传播有价值的信息和社会资源，建立和加强社交关系，社交媒体创建的在线社交网络是对离线网络的有益补充。其次，当员工以社交为目的使用社交媒体，可以了解同事的详细信息，如个人背景、品格特征和兴趣爱好等方面。信任是从社交互动演变而来的，以信任为前提的相互了解可以减少其他员工行为和意图的不确定性，彼此信任的员工可以通过包括社交媒体在内的各种媒体促进沟通。如有研究发现Facebook 的使用和维护与加强现有的线下关系密切相关（Ellison et al.，2007）。最后，虚拟社区是由社交媒体的用户基于共同利益和目标集聚在一起的群体，共同利益和目标在企业中则代表着共同愿景。共同愿景是企业成员的集体目标和愿望，可以通过合作来实现（Yoganathan et al.，2021）。社交媒体具有空间和时间的独立性,可以进行开放式沟通的特点创造了一种新的合作形式:用户能够随时随地以前所未有的规模进行不同层次的互动(Smith et al.,2015)。社交媒体通过嵌入在非正式社交互动中的协作来积极地吸引员工,使所有员工更容易形成共同愿景。

基于以上分析和逻辑推断,本书提出以下假设:

H2a:任务导向的社交媒体使用对社会资本有正向影响。

H2b:关系导向的社交媒体使用对社会资本有正向影响。

2. 社会资本对工作绩效的影响作用

社会资本理论认为,社会网络、信任和声誉具有一定的生产性,具有资本的属性,能够带来回报。社会资本具有刺激其他形式资本的潜力,能够打破物质资本和人力资本的限制。社会资本作为其他资本发挥作用的基础,若没有社会资本,人力资本和物质资本难以实现其有效性。此外,有学者指出,社会资本可以通过合作来克服经济生活中的机会主义,帮助员工与企业之间的契约的自我实现,能够使员工为实现企业的长期目标作出贡献(徐蕾等,2013)。

社会资本的不同要素不仅建立了员工之间的联系,决定了员工之间的联系状态,而且为员工之间的有效沟通提供了渠道和机会。这些在线渠道能够共享专业知识、业务信息等显性知识,同时也能传递企业价值观和企业规范等隐性要求。在各种显性和隐性知识的作用下,个体会相应的改变自己的动机和行为模式。因此,环境能够直接影响员工的工作绩效。第一,员工特定知识和工作动机直接提高了员工任务效率和创新能力,而社会资本要素构建了企业的内部社会关系环境。从任务绩效的决定因素来看,社会资本对员工心理施加积极影响、拓宽获取专业知识和业务信息的渠道,改变员工的知识储备和工作动力(Inkpen & Tsang,2016)。可见,社会资本能够通过员工动机和员工获取知识的效率对员工工作绩效产生影响。第二,作为一种自愿的选择行为,周边绩效会受到员工工作动机和工作态度的影响。当员工在组织中拥有自主选择权的时候,周边绩效才能体现(张亚莉等,2015)。如果组织重视员工的社会需求,利用现有资源满足员工需求时,基于社会交换原则,员工给予企业更多的支持,为实现企业目标而努力。因此,虽然正式契约中社会资本因素对个体行为的影响尚无定论,但社会资本可以通过影响员工的心理感知,进而影响员工的自主选择行为。在团队中,员工自主选择行为的产生主要是基于社会交换原则。因此，社会资本因素会影响员工的自愿选择行为，即周边绩效。

基于以上分析和逻辑推断，本书提出以下假设：

H3：社会资本对工作绩效有正向影响。

媒体同步性理论认为，在信息收敛过程，媒体的同步性允许用户接收其他人对工作信息的理解，并就当前的信息理解达成一致，从而提升自身的归属感和认同感，为共同目标努力。总结来看，员工社交媒体使用可以通过支持个体之间的社交互动，满足员工的社交需求，从而积极作用于社会资本。而通过社会资本的积累，员工能够增加知识和技能，支持并努力实现企业目标，开发并提升适应能力，从而显著地提升工作绩效。

基于以上分析和逻辑推断，本书提出以下假设：

H4a：社会资本在任务导向的社交媒体使用和工作绩效间起中介作用。

H4b：社会资本在关系导向的社交媒体使用和工作绩效间起中介作用。

3.2.3 技术压力在员工社交媒体使用和工作绩效关系间的中介作用

1. 员工社交媒体使用对技术压力的影响作用

技术压力一词最早出现在病理心理学领域，是指"由于无法以健康的方式应对新技术而导致的现代疾病"。内森等（2008）将其定义为"由信息和通信技术导致用户所遭受的任何压力"。目前的研究集中在通过区分压力源和压力造成的后果，分析构成技术压力的心理状态形式（Tarafdar et al.，2007）。技术压力模型解释了新技术如何创建压力源以及压力源如何影响企业员工（Ayyagari et al.，2011），其原理是当员工意识到他们的能力（如技能、知识、时间和精力）与工作环境对他们的要求的差异时会感受到压力（Lei & Ngai，2014）。自社交媒体在工作场所使用以来，员工之间能够随时随地互动和连接，沟通情境不断的变化，相关或潜在的工作信息量增多，员工可能无法适应，会产生一些负面结果（Tarafdar et al.，2007）。

本书认为任务导向的社交媒体使用会导致员工经历技术压力。首先，微博、微信和 Facebook 等社交媒体为用户提供了前所未有的信息量，信息数量增加，用户过滤和处理信息的能力明显会受到限制。工作时，信息爆炸对于员工来说具有极大的挑战性，会导致技术过载（焦微玲和裴雷，2014）。技术过载会导致员工实际的或感知的工作量增加。员工不仅需要做更多的工作，而且必须更快的工作，才能应对社交媒体提供的各类信息。还会导致员工的工作时间更加紧张，削弱员工作出良好决策的能力。其次，近些年移动设备大受欢迎导致工作和生活界限出现模糊（Fischer & Riedl，2017）。工作和生活界限的模糊减少了员工的休息时间，因为工作问题可能会溢出到生活领域。员工被迫与工作时刻保持联系，甚至需要牺牲闲暇时间来浏览社交媒体的工作信息，进而导致工作入侵（Steyn & Vawda，2014）。最后，与现实生活中的对话不同，社交媒体对话可以同时在多个平台进行，有无数的参与者。员工会接收到来自各个社交媒体各个参与者的工作信息，会出现无法监督和协调的问题。并且，员工对这些信息进行加工的过程中会遇到许多问题，导致技术的不确定性增加。

同样的，本书认为关系导向的社交媒体使用也会导致员工经历技术压力。首先，员工使用社交媒体建立关系的过程中，频繁的互动会增加自由交换的想法和资源，还会导致工作中的日常惯例时常发生变化，员工难以适应（Wang et al.，2008）。员工通过社交媒体建立和维持的社会关系可以是个体关系，也可以是团体关系（Chen et al.，2016）。通过社交媒体建立的群体关系一般是由个体组成的，个体基于相同或相似的兴趣、利益和目的参加团体活动。通过社交媒体建立的个体关系，主要目的是寻求支持和帮助。大部分员工通常同时属于多个团体。每个团体在每个时间段会在社交媒体共享许多信息，包括实时新闻、活动报告、观点、视频和图片等，为了不遗漏社交媒体上的重要信息，员工不得不一一查看，进而导致技术过载。其次，即便员工使用社交媒体跟同事尤其是领导在非工作时间进行社交活动，仍然会让员工误以为处于工作环境中（Yokoyama & Sekiguchi，2014）。社交媒体使员工间能够随时随地进行互动和连接，尤其与任何对话类似，社交媒体中的对话是一个持续的过程，只有当参与者积极参与并投入时间和注意力时才有意义（刘鲁川等，2017）。社交媒体不仅可以用来与同事建立和维持关系，还可以与家人和朋友建立和维持关系。因此，员工会在社交媒体上收到不同好友的不同社交请求。根据社会关系中的互惠法则，员工觉得有义务回应这些社交请求，随时随地提供支持，进而导致技术入侵。最后，不断变化的沟通情境和不断扩散的沟通渠道会让员工疲于社交，无法接收和理解完整的信息（张耀坤等，2016）。社交媒体可以提供各种工具，以促进组织中的沟通。

当员工接收到来自社交媒体的信息时，通常会停止正在处理的业务，并立即阅读信息进行处理。考虑到人类在认知上有一定的局限性，由于使用社交媒体导致的注意力分散和认知负担加重，意外事件引起的沟通会对员工产生干扰。因此，受到沟通过载干扰的员工可能会难以专注于工作，而员工接收的无用和冗余信息会极大地影响员工解决问题、作出决策。在这种情况下，社交媒体在工作场所中的作用变得不可控制和不可预测，这导致了技术上的不确定性。

基于以上分析和逻辑推断，本书提出以下假设：

H5a：任务导向的社交媒体使用对技术压力有正向影响。

H5b：关系导向的社交媒体使用对技术压力有正向影响。

2. 技术压力对工作绩效的影响作用

目前，已有研究关注员工使用社交媒体引起的技术压力对员工的负面影响，如生产力下降、工作参与度降低、组织承诺减少和离职意愿增加（Hung et al., 2016；Srivastava et al., 2015）。特别地，工作绩效的降低是员工使用社交媒体产生压力情形的一个关键工作行为（Cooper et al., 2001）。

根据人—环境匹配理论，在工作场所中，当员工意识到自己的能力与社交媒体的要求之间存在差距时，这种不匹配会导致一些负面结果。首先，技术过载使员工长时间处于紧张的工作环境中，被各种信息淹没。在极端情况下，会损害员工的健康（Brooks，2015）。社交媒体可以提供各种工具，以促进员工之间的沟通。当员工收到社交媒体的信息时，往往会停止正在进行的任务，立即处理信息。之后，员工需要花费额外的时间恢复中断的任务。考虑到人类认知的局限性，由于注意力的分散和认知负担的加重，频繁受到技术过载干扰的员工可能很难专注于工作任务。其次，技术入侵可能会导致员工工作满意度下降，并且员工在完成复杂任务时可能会因倦怠而作出错误决策（Steyn & Vawda，2014）。当工作涉及"更新朋友圈""@""发送微博"和"手机定位考勤"时，其与生活的界限难以明确。由社交媒体代表的新技术提供的持续可用性特征，从根本上改变了工作与家庭之间的界限。当员工体验到技术入侵时，就会承担关心网络朋友的存在及问题的负担。在这种情况下，员工被迫扩大社会联系和互动。当社交需求超过员工的社会交际能力时，会引起个人的消极心理反应，不利于工作任务的完成。最后，将社交媒体引入工作场所会产生不确定性，因为员工需要不断学习新技术，社交媒体不断变化的特征给员工带来使用特定技术和平台的不确定性。为了应对社交媒体带来的不确定性，员工必须不断了解和学习新趋势和新平台，易产生倦怠情绪。由于情绪恢复需要充足的心理资源作为支撑，员工可能没有足够的精力以应对工作任务的要求，这将降低员工对日常工作的投入程度。

基于以上分析和逻辑推断，本书提出以下假设：

H6：技术压力对工作绩效有负向影响。

媒体同步性理论认为，在信息发散过程，个体将从多个信息来源获取大量的、多种形式的信息，常需要花费必要的时间对这些信息进行分析处理，因此信息处理过程较慢。社交媒体的同步性较高，与信息发散过程所需的同步性并不匹配。总结来看，当人—环境不匹配时，即社交媒体的使用与员工的感知出现失衡时，员工便会经历技术压力。而技术压力会降低员工工作的效率、有效性和质量，从而导致工作表现不佳。

基于以上分析和逻辑推断，本书提出以下假设：

H7a：技术压力在任务导向的社交媒体使用和工作绩效间起中介作用。

H7b：技术压力在关系导向的社交媒体使用和工作绩效间起中介作用。

3.3 假设汇总

本书拟在核心变量和相关关系的假设提出基础上，对员工社交媒体使用、工作绩效、社会资本和技术压力的关系进行实证研究，深入探析社交媒体对工作绩效的影响机理和作用机制。基于初始研究框架，最终形成了以下待检验的假设（见表3.1）。

表3.1　　　　　　　　　　研究假设汇总（一）

编号	假设内容
H1a	任务导向的社交媒体使用对工作绩效有正向影响
H1b	关系导向的社交媒体使用对工作绩效有正向影响
H2a	任务导向的社交媒体使用对社会资本有正向影响
H2b	关系导向的社交媒体使用对社会资本有正向影响
H3	社会资本对工作绩效有正向作用

编号	假设内容
H4a	社会资本在任务导向的社交媒体使用和工作绩效间起中介作用
H4b	社会资本在关系导向的社交媒体使用和工作绩效间起中介作用
H5a	任务导向的社交媒体使用对技术压力有正向影响
H5b	关系导向的社交媒体使用对技术压力有正向影响
H6	技术压力对工作绩效有负向影响
H7a	技术压力在任务导向的社交媒体使用和工作绩效间起中介作用
H7b	技术压力在关系导向的社交媒体使用和工作绩效间起中介作用

3.4　本章小结

　　本章基于媒体同步性理论、社会资本理论和人—环境匹配理论，提出了员工社交媒体使用、工作绩效、社会资本和技术压力之间关系的概念模型，将任务导向的社交媒体使用和关系导向的社交媒体使用作为自变量，工作绩效作为因变量，而社会资本和技术压力则作为中介变量。同时，基于相关的理论研究和实证研究提出了本书的研究假设。

第 4 章

研究方法与设计

4.1　问卷设计

4.1.1　问卷设计的原则

问卷调查有标准和统一的收集程序，不够科学严谨的问卷设计过程将导致信息的不完整和数据的不准确，得出的研究结论参考价值较小。因此，笔者遵循荣泰生（2005）关于问卷设计的基本原则，具体如下所示。

（1）问卷设计不应有倾向性，避免诱导回答者。

（2）在设计问卷时，不能出现非互斥问题和未完成问题，不能让答题者无法作答。

（3）对问题进行描述时尽量使用简洁易懂的文字，不能在同一题中出现两个问题，注意回答者对问题的自我思考和回答意愿。

（4）应遵循先解释研究目的、确保匿名性、从易到难排序、把相同主题的题项放一起、把敏感性和威胁性的题项放最后的顺序。

4.1.2　问卷设计的偏差控制

在问卷设计中，社会称许性对调研可靠性和有效性的影响比较明显。马洛和克朗（1961）认为，社会称许性是个体对欣赏和接受的需要，可以通过文化的接受和赞扬来实现。但是在问卷调研中，社会称许性会对样本数据产生一定的负面影响。有学者认为，由禁忌和敏感问题引起的社会期望偏差是社会称许性偏差出现的主要原因。另外，答题者的压力和面子也是两个重要的原因（荣泰生，2005）。

本书使用的研究方法之一是问卷调查法，而收集的问卷会受到社会称许性的影响，因此在问卷设计过程中应考虑以下因素。

（1）提供有效信息以实现研究目标，理论构思和逻辑顺序应严谨。

（2）应尽量避免敏感性、威胁性和诱导性问题。

（3）保证收集问卷的匿名性，尽量消除回答者的戒备心态。

4.1.3　问卷设计的过程

（1）根据本书涉及的变量相关文献，结合本书的研究目的和理论构想，选择国内外学者已经有效使用或比较成熟的测量量表进行编制。

（2）关于英文量表的翻译，针对中国与其他国家在文化、语言、习惯等方面的差异问题，本书采用双译的方法将英文量表翻译成中文量表；首先，请两名英语专业的研究生将原版量表翻译成中文量表；其次，请其他两名管理学专业的研究生将中文量表重新翻译成英文量表。如果两个英文量表之间没有较大差异，则说明翻译后的量表与原版量表相对一致。

（3）根据访谈资料编制量表，并对条款的表达方式进行修改，形成适合中国文化的问卷草稿。

（4）将形成的问卷草稿发给部分研究对象和相关领域专家进行评估。

（5）在进行正式调研之前，先进行预调研，以验证问卷的一致性和稳定性。问卷调研是一项具有挑战性的工作，需要尽可能地改进问卷以提高问卷质量。如果正式调研出现错误，整个调研是无效的。因此，在进行正式调研之前，有必要进行预调研。

4.2　变量测量

关于量表的评分方法，目前有 2 点量表、3 点量表、5 点量表、7 点量表和 10 点量表。2 点和 3 点量表选择空间过小，7 点和 10 点量表可选择范围过大，会影响问卷的信度和效度。因此，本书采用 Likerts 5 点量表，1 表示"完全不同意"，2 表示"比较不同意"，3 表示"一般"，4 表示"比较同意"，5 表示"完全同意"。（初始测量量表见附录 B）

4.2.1 员工社交媒体使用

社交媒体的快速发展，使它们在企业中的应用短时间内以两种主要方式出现。第一种是与外部利益相关者（如客户、供应商和公众）进行交流，第二种则是在企业内部使用社交媒体进行内部沟通和社交互动，也是本书的研究对象。研究社交媒体在企业的内部使用，区分如社交网站、微博和社交标签等意义不大，因此本书不对这些社交媒体进行区分。

在员工社交媒体使用的测量技术上，早期的研究大多是直接测量员工社交媒体的使用强度（Chou & Edge，2012；Bevan et al.，2014），但并不适合任务多变且复杂的组织的实地调研。根据概念界定和相关文献，本书将员工社交媒体使用归纳为两个方面：任务导向的社交媒体使用和关系导向的社交媒体使用。这 2 个前因变量的测量问项参考了冈萨雷斯（2012）的测量量表，该量表已被国内外一些学者使用（Sun & Shang，2014；Kai et al.，2015）。该文献对员工社交媒体使用共设置了 2 个维度，共 13 个问项，其中以任务为导向的社交媒体使用有 8 个问项，以关系为导向的社交媒体使用有 5 个问项，并进行了语言表述方面的修改，具体如表 4.1 所示。

表 4.1 员工社交媒体使用的初始测量项目

项目编号	测量问项
	任务导向的社交媒体使用
WRP1	我会在社交媒体上发布与工作内容相关的信息
WRP2	我会通过社交媒体与同事就工作内容进行讨论
WRP3	我会使用社交媒体跟同事分享与企业目标相关的信息
WRP4	我会使用社交媒体分享我在某一领域的特长
WRP5	我会使用社交媒体为工作提供便利
WRP6	我会使用社交媒体收集可靠的信息以备将来工作需要时使用

续表

项目编号	测量问项
WRP7	我会通过社交媒体分享与企业政策和程序相关的信息
WRP8	我会使用社交媒体与具备某些特长或者技能的人建立联系
关系导向的社交媒体使用	
SRP1	我会使用社交媒体与同事在非工作时间进行社交活动
SRP2	我会使用社交媒体在工作场所中交朋友
SRP3	工作中需要休息时我会使用社交媒体
SRP4	工作中我会使用社交媒体与其他人闲聊
SRP5	我会使用社交媒体寻找与自己有相同兴趣的人

注：WRP 代表任务导向的社交媒体使用，SRP 代表关系导向的社交媒体使用。

4.2.2　社会资本

目前，社会资本作为提供一系列关系描述和特征的基本概念正在受到越来越多的关注（Inkpen & Tsang，2016）。本书认为，虽然学术界对社会资本的定义有许多不同的看法，但这一现象只是学者们依据不同的视角导致的，并不相互排斥。资源观认为，社会资本与物质资本、人力资本本质上相同，重点关注社会资本的构成和使用。能力观关注的是主体，与物质资本和人力资本类似，主体利用社会资本实现目标。规范观认为社会资本是封闭的网络系统，这个系统对于网络行为者来说非常重要。

如前文第 2.3.2 节所述，纳哈皮埃特和戈沙尔（1998）提出的社会资本三维度：结构维度、关系维度和认知维度得到了其他相关学者的认同。结构资本代表了参与者自身的网络状态，会受到参与者的结构性布局、多样性、集中度和跨界角色的影响，涉及参与者之间关系的稳定（Krause et al.，2007）。重点关注社会系统和网络的整体属性，以便网络成员之间的联系影响知识交流的灵活性和自由性（Inkpen & Tsang，2016）。波特（2007）的研究对结构资本进行了讨论，并产生了深远的影响，结构资本解决了想要达到的共识以及如何达成共识。结构资本包括网络成员和合作伙伴之间的连接等方面，例如，网络的结构（组织内的层级）、密切关系、结构洞、不同人员之间的网络连接、网络结构、网络密度和连接性等。社会交互连接表现为，在社交场合参与者花费时间相处，保持一种密切的关系，这种互动可以是正式的（如客户交流、共同工作、定期会议和论坛等）或非正式的（如午餐、聚会等）。社会交互连接也可表现为，社会系统结构和网络作为一个整体，使用与参与者类似的联系方式，联系其他参与者。认知资本是指参与者通过共同的表征、解释和意义向其他参与者提供资源。认知资本根据指定的语言或目标，有助于参与者在实现共同目标和完善社会系统的正确方式上达成共识。网络成员或组织员工的共同目标可以帮助参与者了解资源交换和整合的潜在价值，从而提高知识转移和交换的效率（Yli – Renko et al.，2001）。

从现有的研究成果来看，认知资本在社会资本三维度上的研究成果最少，主要体现在共同规范、制度和价值观念等方面。同样，认知资本可以直接影响社会资本的发展。蔡和戈沙尔（1998）提出，认知资本根植于组织之间的共同视角和集体目标中，包含在共同的感知、期望和解释中。认知资本也可解释为共同愿景，体现在集体目标、成员的愿望和语义共享。其中，语义共享是指参与者不仅使用相似的语言、符号和叙述方式，而且使用相同的词语和方式达成共识。关系资本主要体现在，参与者通过互动发展的关系，即信任、义务和互动（Nahapiet & Ghoshal，1998）。关系资本还体现在个体关系的特征，如共同的历史、信任、尊重和友谊。关系资本主要受参与者之间关系进展的质量的影响，因此，组织现有的关系是以往关系建立和维持的结果，同样也是建立未来关系的基础（Coleman，1988）。关系资本主要关注参与者之间的直接互动，是组织嵌入其关系网络的一种结果。它源于这些关系网络，并直接从这些社会关联的实体为社会行动者提供潜在的利益。为理解关系资本，可以观察和比较网络关系中处于同一状态的不同个体之间的交互行为。个体之间有契约历史，他们的信任程度、行动方式和互动关系完全不同于没有这种联系的其他个体。也就是说，个体之间的互动会受到个体之间以往的关系和交流历史的影响。简而言之，关系资本可被定义为关系的质量，体现在相互信任、相互尊重、互动和承诺。

本书对于团队内社会资本的研究也以三维度为基础，其中社会交互连接、信任和共同愿景分别代表结构维度、关系维度和认知维度。社会交互连接是指员工实际的或感知的社会关系密切程度，包括联系的频率、强度、情感贡献和亲密度等。信任是指共处环境中依据约定的规范和制度等对方行为的可预测性。共同愿景是指组织成员与组织整体形成的本质相同的使命、目标和价值观等，是对组织的综合理解。对于社会资本的测量，借鉴纳哈皮埃和戈沙尔（1998）、赵等（2007）研究中测量量表的指标，共 14 个测量问项，其中社会交互连接有 4 个问项，信任有 6 个问项，共同愿景有 4 个问项，并进行了语言表述方面的修改，具体如表 4.2 所示。

表 4.2　　　　　　　　　　　　社会资本的初始测量项目

项目编号	测量问项
社会交互连接	
SIT1	我与部门同事保持紧密的社交关系
SIT2	我会花时间与部门同事互动
SIT3	我与部门同事有私人交情
SIT4	我与部门同事维持着亲密的互动关系
信任	
TR1	即使有机会，部门同事也不会利用他人
TR2	部门同事始终遵守相互之间的承诺
TR3	同事之间可以自由地交换信息和意见
TR4	同事之间是坦诚相待的
TR5	我在工作中提出的意见和建议会被采纳参考
TR6	当工作内容有变动时，我会在事前得到通知
共同愿景	
SV1	部门同事对集体目标和企业使命的实现充满热情
SV2	同事对部门中的工作重点总是有一致的意见
SV3	部门同事认为帮助他人是愉悦的
SV4	部门同事拥有同一个奋斗目标

注：SIT 代表社会交互连接，TR 代表信任，SV 代表共同愿景。

4.2.3　技术压力

组织心理学的压力"交易理论"（transaction theory of stress）已成为信息系统文献中将技术压力现象概念化的理论基础，它将压力现象描述为压力源与个体应对的组合。因此，技术压力并不是单一的结构。技术压力现象的关键方面包括技术压力创造者（technostress creators）、应变（strain）和技术压力抑制剂（technostress inhibitors）（Ragu‐Nathan et al.，2008）（见表4.3）。技术压力创造者主要包括技术过载、技术复杂性、技术不安全感、技术不确定性和技术入侵。个体使用信息系统相关的应用程序时，出现的多任务行为会导致信息过载，持续的重新学习会导致工作不安全感，频繁的系统升级会导致工作不确定性。技术压力在各种作用条件下表现出更高水平的角色压力，降低工作满意度、组织承诺、生产率。由于现代信息系统的特征，工作家庭冲突、角色模糊、工作不安全和过载会导致工作倦怠和情绪耗竭（Ayyagari et al.，2011）。另外，可缓解技术压力的组织干预措施称为技术压力抑制剂（technostress inhibitors）。

表4.3 技术压力的关键概念和定义

概念	技术压力创造者	应变	技术压力抑制剂
概念起源	压力源： （1）超出个体的处理能力； （2）如果无法处理会产生严重后果	结果： 个体在压力过程中的反应	情境因素： 缓解员工技术压力的组织机制
定义	使用信息沟通技术而导致压力的条件或因素： 技术过载、技术复杂性、技术入侵、技术不安全感、技术不确定性、技术特征（有用性、复杂性、可靠性、变化速度、呈现者、匿名性）	使用信息沟通技术导致压力的结果： 降低工作满意度、生产率、创新能力和组织承诺； 增加角色负荷、角色冲突和社交隔离	缓解因使用信息沟通技术造成压力的组织支持机制： 提升技术素养； 提供技术支持； 增加技术参与

资料来源：根据塔拉夫达尔等（2015）的研究整理。

不断变化的信息环境对员工的日常工作具有相当大的影响。社交媒体通常以提高效率和降低员工压力水平为目标，但有时情况恰恰相反。采用新的信息和通信技术往往会导致组织结构、业务流程和日常生活的重新定义（舒琴，2010）。在这种不断变化的环境中，员工必须不断适应新的应用程序和工作流程。在面对这些具有挑战性的情况，员工可能会焦虑和紧张，从而增加工作压力。本书指的技术压力是技术压力源，即使用信息沟通技术而导致压力的条件或因素。纳森等（2008）、塔拉夫达尔等（2007）研究将技术压力分为5个维度：技术过载、技术入侵、技术安全性、技术复杂性和技术不确定性。在其研究的基础上，根据社交媒体的具体使用情况，参考布赫等（Bucher et al. , 2013）的研究结论，本书最终形成了技术过载、技术入侵和技术不确定性的初始测量问项，并进行了语言表述方面的修改，具体如表4.4 所示。

表 4. 4 技术压力的初始测量项目

项目编号	测量问项
技术过载	
TO1	社交媒体的使用迫使我更快的工作
TO2	由于任务复杂性的提高，我的工作量增加
TO3	社交媒体的使用导致我的工作时间非常紧张
TO4	为了适应社交媒体，我被迫改变工作习惯
TO5	社交媒体的使用迫使我完成超出能力范围的任务数量
技术入侵	
TI1	社交媒体的使用减少了我陪伴家人和朋友的时间
TI2	休假时，我仍然与工作保持接触
TI3	我不得不牺牲假期和周末关注社交媒体中与工作相关的信息
TI4	我的个人生活与工作的界限越来越模糊
技术不确定性	
TU1	因为需要经常使用新的、不同的社交媒体，我很难判断它们之间的关系
TU2	社交媒体迫使我的沟通方式不断改变
TU3	我使用的社交媒体在不断变化
TU4	我使用的社交媒体组合经常更新升级

注：TO 代表技术过载，TI 代表技术入侵，TU 代表技术不确定性。

4.2.4 工作绩效

工作绩效不仅受全球各公司管理者的重视，而且受到管理学、职业健康学和组织心理学等领域的不同学者的重视。有学者认为，工作绩效的评估主要应集中在对生产力的客观测量（如缺勤天数、特定行为的计数和企业记录中保留的成果）或由员工、同事和领导对工作数量和质量的主观判断

（Viswesvaran & Ones，2000）。虽然这些评估方法可以提供一些有价值的信息，但无法直接测量员工在工作中所展现的复杂行为（Campbell，1990；Griffin et al.，2007）。事实上，工作绩效是一个抽象的概念，无法直接测量。它由多个维度组成，且这些维度由可直接测量的指标组成。为了准确归纳员工工作绩效的概念，应阐述工作绩效的构建领域，并确定其维度和指标。

几乎所有学者都将任务绩效作为工作绩效的一个重要方面，任务绩效可以定义为以实现工作任务为目标的行为，如工作数量和质量、任务熟练程度、技术熟练度和角色内绩效（Campbell，1990）。墨菲（1989）将任务绩效标记为员工工作绩效的第一个维度，坎贝尔（1990）认为，特定工作任务的熟练程度（核心工作任务）和非特定工作任务的熟练程度（不是工作中必须完成的任务，但是所有员工期望完成的工作任务）可以代表任务绩效。维斯瓦兰（1993）提出的工作绩效前三个维度，即生产力、质量和工作技能被认为是任务绩效的体现。事实上，工作的核心任务会因工作而异。例如，阿尔维和穆西奥（1973）描述了文书工作者的任务绩效包括工作准确性和对时间、细节、计划的关注程度，贾巴尔沃（1979）将会计师的任务绩效描述为理解、规划和修复工作。恩格尔布雷希特和费希尔（1995）将管理者的任务绩效分为行动导向（如任务完成度和决策力）、任务结构（如领导力和规划）以及探索、综合和判断（解决问题的能力）。虽然任务绩效一直是传统的研究重点，但学者认为工作绩效不仅仅是达到规定的工作目标。周边绩效可以定义为支持组织、社交和核心技术运转的个体行为，主要包括角色外绩效、组织公民行为和人际关系（Murphy，1989）。在坎贝尔（1990）对工作绩效的划分中，8 个维度中有 6 个维度（书面和口头沟通、努力程度、维护纪律、提升同事和团队绩效、监督和领导、管理能力）可以被视为周边绩效。此外，维斯瓦兰（1993）提出的沟通能力、努力程度、领导力、行政能力、处理人际关系能力和接受权威这 6 个维度可以被视为周边绩效。也有许多学者使用多个更具体的维度来描述周边绩效。例如，阿尔维和穆西奥（1973）认为，文书工作者的周边绩效包括合作、承担额外负荷、责任感、主动性、处理组织中与其他人的关系以及处理与公众的关系。坎贝尔等（1990）将一般士兵精神、努力程度、领导力、个人纪律、身体素质和军事素质作为军队周边绩效的一部分。波尔曼和布鲁斯（1993）将领导力、监督、人际交往、沟通能力以及有用的个人行为和技能作为管理者的周边绩效。为了研究工作乐趣对工作绩效的影响，弗鲁格（2009）将工作绩效分为任务绩效、组织公民行为和创新绩效。创新绩效被定义为创造力的行为表现，它指的是创造出新颖有用的想法、程序和产品。

　　基于前文第 2.1.1 节对工作绩效内涵的阐释，将其划分为任务绩效和周边绩效的测度方式是现有研究中较为普遍的方式，得到了许多学者的认可和验证。斯科特和摩特维德勒（1996）在坎贝尔（Campbell，1990）研究的基础上，进行改编补充形成了包括 14 个题项的量表；对于周边绩效的测度主要借鉴波尔曼和摩特维德勒（1993）编制的量表，包括 16 个题项。虽然斯科特和摩特维德勒（1996）关于任务绩效和周边绩效的测量量表得到了其他学者的广泛采用，且具有较高的信度和效度，但由于他们的研究对象与本书的研究对象差异较大，因此在题项设置的表述上不宜过多借鉴，但可在选择题项的思路上适当借鉴。结合研究对象为具有社交媒体使用经验的在职员工，本书参考了部分学者（Bruce & Scott，1994；Oldham & Cummings，1996；高英，2011）关于任务绩效的测量方式。对于周边绩效的测度，参考了部分学者的测量方法（Viswesvaran，1993；汪新艳，2008）。基于本书的特定情境，结合员工和专家的意见，最终形成了工作绩效的初始测量问项，并进行了语言表述方面的修改，具体如表 4.5 所示。

表 4.5　　　　　　　　　　　工作绩效的初始测量项目

项目编号	测量问项
任务绩效	
TP1	相比去年，我认为过去 3 个月我的工作效率更高
TP2	相比去年，我认为过去 3 个月我的工作量更大
TP3	我会做好工作规划以便工作能够按时完成
TP4	我能够用尽可能少的时间和精力完成我的工作
TP5	我会时刻提醒自己必须完成工作
TP6	我会提前对工作中可能会出现的问题找出解决方案
TP7	我能分清工作的轻重缓急
TP8	我会朝着工作的最终结果努力
周边绩效	
CP1	我能够满足我的职位需求

项目编号	测量问项
CP2	我能够履行我的责任
CP3	我能够很好地与他人合作
CP4	我与他人沟通时能够得到预期的结果
CP5	工作中我会提出有创造力的想法
CP6	当工作中有问题出现时我会主动解决
CP7	当有工作或活动时会我主动负责
CP8	当工作任务完成后，我会主动开始新的任务
CP9	我会向其他人寻求工作上的帮助
CP10	我会接受他人对我工作上的批评
CP11	我会从其他人对我工作的反馈中学习
CP12	我会接受具有挑战性的工作任务
CP13	我认为顾客/客户/患者/学生……对我的工作很满意
CP14	我工作时会考虑顾客/客户/患者/学生……的想法

注：TP 代表任务绩效，CP 代表周边绩效。

4.2.5　控制变量

本书主要选取了性别、年龄、学历、任期、行业类型、企业类型和所在部门的人员规模 7 个变量作为控制变量。首先，不同性别、年龄、学历和任期的员工可能会对员工社交媒体使用、社会资本和技术压力的看法不一致，导致员工社交媒体使用的效应差异化。其次，由于样本来自不同行业和不同类型企业，将行业类型和企业类型作为控制变量。最后，部门规模会影响员工的信息交流与协作（Colquitt & Jackson，2006），进而影响员工社交媒体使用的效果，因此将员工所在部门的人员规模作为控制变量。

4.3　预调研与量表修正

本书的相关变量主要采用前人的成熟量表，但是为确保正式调研的进行，测量项的合理性和适用性仍需提前检验。本节基于小样本数据，进行问卷的信度和效度分析，删除不符合要求的条目，以提高研究结论的可信度和稳定性。

4.3.1　样本收集

预调研样本主要在厦门、泉州、漳州、西安、北京、上海和广州等多家企业或组织进行收集，通过随机抽样，笔者选择了 14 家企业或组织，选取其中 1~3 个部门成员填答问卷。共发放问卷 157 份，最终收回 122 份，回收率为 78%。调研对象基本信息的统计说明如表 4.6 所示。

表 4.6　　　　　　　　　　预调研中被调查者的统计特征描述

基本统计信息	分类	样本数目	所占比例（%）
性别	男	54	44.3
	女	68	55.7
年龄	25 岁以下	10	8.2
	25~30 岁	67	54.9
	31~40 岁	37	30.3
	41~50 岁	7	5.8
	50 岁以上	1	0.8
学历	专科及以下	21	17.2
	本科	74	60.7
	硕士研究生或 MBA	25	20.5
	博士研究生	2	1.6
所在岗位任期	1 年以内	17	13.9
	1~3 年	69	56.6
	3~5 年	21	17.2
	5~10 年	12	9.8
	10 年以上	3	2.5

4.3.2 样本检验方法与结果分析

预调研的目的是验证小样本数据的可靠性，找出不符合要求的项目并及时修正，避免大规模调研时出现问题。本书用内部一致性 α 系数（克隆巴赫 α 系数）检验信度，如果删除某个条款后 α 系数增大，则表示该条款可删除。一般来说，认为 0.7 是一个合适的标准阀值，本书也选用 0.7 作为可接受的信度标准，结合修正后项目总相关系数（CITC 值）不小于 0.3 的标准，将不符合要求的测量条款删除。

本书采用主成分分析法进行因子分析，运用主成分分析法抽取特征值大于 1 的因子，运用最大方差法，设置收敛的最大迭代次数为 25 次，因子分数采用回归方法进行计算。在进行因子分析之前，先对变量之间的相关性进行检验。只有当相关性较高时，才适宜进行因子分析。变量之间的相关性检验一般是根据 KMO 样本测量和 Bartlett 球形检验来实现。KMO 值越接近 1，越适合进行因子分析。一般认为，KMO 值在 0.9 以上，非常适合；KMO 值在 0.8 ~ 0.9，很适合；KMO 值在 0.7 ~ 0.8，适合；KMO 值在 0.6 ~ 0.7，不太适合；KMO 值在 0.5 ~ 0.6，很勉强；KMO 值在 0.5 以下，不适合。当 Bartlett 球形检验的统计显著性概率达到或低于设定的显著性水平时，可以进行因子分析。

按照以上标准，本书对预调研问卷进行净化处理。

1. 员工社交媒体使用的信度和效度分析

由表 4.7 可以看出，在员工社交媒体使用的测量中，内部一致性系数为 0.855，大于 0.7，基本符合标准。任务导向的社交媒体使用的测量中，该维度的内部一致性系数为 0.897，基本符合标准，并且"项已删除的 α 值"与"变量的 α 值"很接近，表明任务导向的社交媒体使用的测量题项均符合基本要求。WRP1、WRP2、WRP3、WRP4、WRP5、WRP6、WRP8 修正的项目总相关均大于 0.3，但数据处理结果显示 WRP7 题项的修正项目总相关值为 0.240，不在判断标准范围内，且删除该题项，该维度的内部一致性系数可以提高到 0.922，该变量的内部一致性系数基本不变，因此该题项予以删除。关系导向的社交媒体使用的测量中，该维度的内部一致性系数为 0.838，基本符合标准，并且"项已删除的 α 值"与"变量的 α 值"很接近，表明关系导向的社交媒体使用的测量题项均符合基本要求。修正的项目总相关均大于 0.3，并且"项已删除的 α 值"与"变量的 α 值"很接近，表明关系导向的社交媒体使用的测量题项均符合基本要求。

表 4.7　　　　　　员工社交媒体使用测量条款的信度分析结果

一级变量	二级变量	题号	CITC	项已删除的 α 值	二级变量的 α 值	一级变量的 α 值
员工社交媒体使用	任务导向的社交媒体使用	WRP1	0.729	0.871	0.897 (0.922)	0.855 (0.849)
		WRP2	0.655	0.887		
		WRP3	0.789	0.873		
		WRP4	0.750	0.868		
		WRP5	0.669	0.885		
		WRP6	0.650	0.887		
		WRP7	0.240	0.922		
		WRP8	0.834	0.870		
	关系导向的社交媒体使用	SRP1	0.654	0.804	0.838	
		SRP2	0.527	0.834		
		SRP3	0.675	0.796		
		SRP4	0.676	0.795		
		SRP5	0.693	0.793		

对员工社交媒体使用量表进行 KMO 和 Bartlett 球形检验，判断其是否符合因子分析的条件，结果如表 4.8 所示。

表 4.8　　　　员工社交媒体使用量表的 KMO 和 Bartlett 球形检验

取样足够度的 Kaiser – Meyer – Olkin 度量		0.795
Bartlett 的球形度检验	近似卡方分布	797.164
	自由度	66
	显著性	0.000

根据表 4.8，员工社交媒体使用量表的 KMO 值等于 0.795，即达到适中

的程度并非常接近良好的程度，所以适合进行因子分析。Bartlett 球形检验的近似卡方分布为 797.164，自由度为 66，显著性概率值 p = 0.000 < 0.05，达到显著水平，表示员工社交媒体使用量表的题项有共同因子存在，适合进行因子分析。

在 KMO 和 Bartlett 球形检验的基础上，做进一步的因子分析。运用主成分分析法抽取特征值大于 1 的因子，运用最大方差法，设置收敛的最大迭代次数为 25 次，因子分数采用回归方法进行计算。员工社交媒体使用量表的效度分析结果如表 4.9 所示。

表 4.9　　　　　员工社交媒体使用量表的探索性因子分析结果

二级变量	题号	因子载荷 1	因子载荷 2
任务导向的社交媒体使用	WRP1	0.868	
	WRP2	0.757	
	WRP3	0.856	
	WRP4	0.818	
	WRP5	0.743	
	WRP6	0.736	
	WRP8	0.807	
关系导向的社交媒体使用	SRP1		0.778
	SRP2		0.658
	SRP3		0.804
	SRP4		0.807
	SRP5		0.837
特征值		5.098	2.908
累计解释总体方差（%）		41.013	66.712

由表 4.9 可以看出，通过数据处理与分析，从员工社交媒体使用量表提取了 2 个共同因子，且共同解释了变异量的 66.712%，每个测量条款的因子载荷均超过 0.500，证明员工社交媒体使用量表具有良好的结构效度。

2. 社会资本的信度和效度分析

由表 4.10 可以看出，在社会资本的测量中，内部一致性系数为 0.825，大于 0.7，基本符合标准。社会交互连接的测量中，该维度的内部一致性系数为 0.894，基本符合标准，并且"项已删除的 α 值"与"变量的 α 值"很接近，修正的项目总相关均大于 0.3，表明社会交互连接的测量题项均符合基本要求。信任的测量中，该维度的内部一致性系数为 0.868，大于 0.7，基本符合标准，并且"项已删除的 α 值"与"变量的 α 值"很接近，表明社会交互的测量题项均符合基本要求。TR1、TR2、TR3、TR4 和 TR6 修正的项目总相关均大于 0.3，但数据处理结果显示 TR5 题项的修正项目总相关值为 0.283，不在判断标准范围内，且删除该题项，该维度的内部一致性系数可以提高到 0.899，因此该题项予以删除。共同愿景的测量中，该维度的内部一致性系数为 0.791，大于 0.7，基本符合标准，并且"项已删除的 α 值"与"变量的 α 值"很接近，表明共同愿景的测量题项均符合基本要求。SV1、SV2、SV3 和 SV4 修正的项目总相关均大于 0.3，但数据处理结果显示删除 SV2 题项该维度的内部一致性系数能够上升到 0.874，因此该题项予以删除。将 TR5 和 SV2 题项删除后，社会资本的内部一致性系数提高到 0.828。

表 4.10　　　　　　　社会资本测量条款的信度分析结果

一级变量	二级变量	题号	CITC	项已删除的 α 值	二级变量的 α 值	一级变量的 α 值
社会资本	社会交互连接	SIT1	0.729	0.878	0.894	0.825 (0.828)
		SIT2	0.810	0.847		
		SIT3	0.797	0.853		
		SIT4	0.740	0.876		
	信任	TR1	0.763	0.831	0.868 (0.899)	
		TR2	0.729	0.835		
		TR3	0.756	0.829		
		TR4	0.716	0.837		
		TR5	0.283	0.899		
		TR6	0.756	0.831		
	共同愿景	SV1	0.742	0.672	0.791 (0.874)	
		SV2	0.336	0.874		
		SV3	0.638	0.721		
		SV4	0.747	0.661		

对社会资本量表进行 KMO 和 Bartlett 球形检验，判断其是否符合因子分析的条件，结果如表 4.11 所示。

表 4.11　　　　　社会资本量表的 KMO 和 Bartlett 球形检验

取样足够度的 Kaiser – Meyer – Olkin 度量		0.774
Bartlett 的球形度检验	近似卡方分布	1115.293
	自由度	66
	显著性	0.000

根据表 4.11，社会资本量表的 KMO 值等于 0.774，即达到适中的程度并非常接近良好的程度，适合进行因子分析。Bartlett 球形检验的近似卡方分布为 1115.293，自由度为 66，显著性概率值 p = 0.000 < 0.05，达到显著水平，表示社会资本量表的题项有共同因子存在，适合进行因子分析。

在 KMO 和 Bartlett 球形检验的基础上，做进一步的因子分析。社会资本的效度分析结果如表 4.12 所示。

表 4.12　　　　　社会资本量表的探索性因子分析结果

二级变量	题号	因子载荷 1	因子载荷 2	因子载荷 3
社会交互连接	SIT1		0.724	
	SIT2		0.886	
	SIT3		0.778	
	SIT4		0.810	
信任	TR1	0.858		
	TR2	0.768		
	TR3	0.850		
	TR4	0.860		
	TR6	0.850		

续表

二级变量	题号	因子载荷 1	因子载荷 2	因子载荷 3
共同愿景	SV1			0.855
	SV3			0.719
	SV4			0.810
特征值		4.357	3.806	1.106
累计解释总体方差（%）		30.258	55.362	77.245

由表 4.12 可以看出，通过数据处理与分析，从社会资本量表提取了 3 个共同因子，且共同解释了变异量的 77.245%，每个测量条款的因子载荷均超过 0.500，证明社会资本量表具有良好的结构效度。

3. 技术压力的信度和效度分析

由表 4.13 可以看出，在技术压力的测量中，内部一致性系数为 0.839，大于 0.7，基本符合标准。技术过载的测量中，该维度的内部一致性系数为 0.845，大于 0.7，基本符合标准，并且"项已删除的 α 值"与"变量的 α 值"很接近，表明技术过载的测量题项均符合基本要求。TO1、TO3、TO4 和 TO5 修正的项目总相关均大于 0.3，但数据处理结果显示 TO2 题项的修正的项目总相关值为 0.279，不在判断标准范围内，且删除该题项，该维度的内部一致性系数可以提高到 0.904，该变量的内部一致性可以提高到 0.846，因此该题项予以删除。技术入侵的测量中，该维度的内部一致性系数为 0.845，大于 0.7，基本符合标准，并且"项已删除的 α 值"与"变量的 α 值"很接近，修正的项目总相关均大于 0.3，表明技术入侵的测量题项均符合基本要求。技术不确定性的测量中，该维度的内部一致性系数为 0.914，大于 0.7，基本符合标准，并且"项已删除的 α 值"与"变量的 α 值"很接近，修正的项目总相关均大于 0.3 的判断标准，表明技术不确定性的测量题项均符合基本要求。

表 4.13 技术压力测量条款的信度分析结果

一级变量	二级变量	题号	CITC	项已删除的 α 值	二级变量的 α 值	一级变量的 α 值
技术压力	技术过载	TO1	0.803	0.775	0.845 (0.904)	0.839 (0.846)
		TO2	0.279	0.904		
		TO3	0.798	0.771		
		TO4	0.686	0.804		
		TO5	0.750	0.784		
	技术入侵	TI1	0.645	0.820	0.845	
		TI2	0.707	0.792		
		TI3	0.684	0.803		
		TI4	0.696	0.796		
	技术不确定性	TU1	0.825	0.881	0.914	
		TU2	0.780	0.896		
		TU3	0.834	0.877		
		TU4	0.776	0.897		

对技术压力量表进行 KMO 和 Bartlett 球形检验，判断其是否符合因子分析的条件，结果如表 4.14 所示。

表 4.14 技术压力量表的 KMO 和 Bartlett 球形检验

取样足够度的 Kaiser – Meyer – Olkin 度量		0.854
Bartlett 的球形度检验	近似卡方分布	1063.531
	自由度	66
	显著性	0.000

根据表 4.14，技术压力量表的 KMO 值等于 0.854，即达到良好的程度，适合进行因子分析；Bartlett 球形检验的近似卡方分布为 1063.351，自由度为 66，显著性概率值 $p = 0.000 < 0.05$，达到显著水平，表示技术压力量表的题项有共同因子存在，适合进行因子分析。

在 KMO 和 Bartlett 球形检验的基础上，进一步进行因子分析。技术压力量表的效度分析结果如表4.15所示。

表 4.15　　　　　　　　技术压力量表的探索性因子分析结果

二级变量	题号	因子载荷1	因子载荷2	因子载荷3
技术过载	TO1		0.810	
	TO3		0.819	
	TO4		0.639	
	TO5		0.806	
技术入侵	TI1			0.771
	TI2			0.835
	TI3			0.839
	TI4			0.845
技术不确定性	TU1	0.855		
	TU2	0.771		
	TU3	0.883		
	TU4	0.758		
特征值		5.477	2.873	1.035
累计解释总体方差（%）		28.201	54.538	78.205

由表4.15可以看出，通过数据处理与分析，从技术压力量表提取了3个共同因子，符合之前的研究假设，且共同解释了变异量的78.205%，每个测量条款的因子载荷均超过0.500，证明技术压力量表具有良好的结构效度。

4. 工作绩效的信度和效度分析

由表4.16可以看出，在工作绩效的测量中，内部一致性系数为0.871，大于0.7，基本符合标准。任务绩效的测量中，该维度的内部一致性系数为0.782，大于0.7，基本符合标准，并且"项已删除的α值"与"变量的α值"很接近，表明任务绩效的测量题项均符合基本要求。TP1、TP2、TP3、TP4、TP5、TP6和TP7修正的项目总相关均大于0.3，但数据处理结果显示TP8题项修正的项目总相关值为0.255，不在判断标准范围内，且删除该题项，该维度的内部一致性系数可以提高到0.805，因此该题项予以删除。周边绩效的测量中，该维度的内部一致性系数为0.899，大于0.7，基本符合标准，并且"项已删除的 α 值"与"变量的 α 值"很接近，表明周边绩效的测量题项均符合基本要求。CP1、CP2、CP3、CP4、CP5、CP6、CP9、CP10、CP11、CP12、CP13 和 CP14 修正的项目总相关均大于 0.3，但数据处理结果显示 CP7 和 CP8 题项修正的项目总相关值分别为 0.063 和 0.134，不在判断标准范围内，且删除这两个题项，该维度的内部一致性系数可以提高到 0.920，因此该题项予以删除。

表 4.16　　　　　　　　工作绩效测量条款的信度分析结果

一级变量	二级变量	题号	CITC	项已删除的 α 值	二级变量的 α 值	一级变量的 α 值
工作绩效	任务绩效	TP1	0.682	0.729	0.782 (0.805)	0.871 (0.877)
		TP2	0.479	0.760		
		TP3	0.525	0.752		
		TP4	0.606	0.741		
		TP5	0.511	0.754		
		TP6	0.417	0.769		
		TP7	0.528	0.751		
		TP8	0.255	0.805		
	周边绩效	CP1	0.545	0.894	0.899 (0.920)	
		CP2	0.724	0.886		
		CP3	0.686	0.888		
		CP4	0.737	0.885		
		CP5	0.676	0.889		
		CP6	0.618	0.891		
		CP7	0.063	0.909		
		CP8	0.134	0.907		
		CP9	0.730	0.886		
		CP10	0.764	0.884		
		CP11	0.553	0.894		
		CP12	0.539	0.895		
		CP13	0.735	0.885		
		CP14	0.686	0.888		

对工作绩效量表进行 KMO 和 Bartlett 球形检验，判断其是否符合因子分析的条件，结果如表 4.17 所示。

表 4.17 **工作绩效量表的 KMO 和 Bartlett 球形检验**

取样足够度的 Kaiser – Meyer – Olkin 度量		0.839
Bartlett 的球形度检验	近似卡方分布	3202.001
	自由度	595
	显著性	0.000

根据表 4.17，工作绩效量表的 KMO 值等于 0.839，即达到良好的程度，适合进行因子分析。Bartlett 球形检验的近似卡方分布为 3202.001，自由度为 595，显著性概率值 $p = 0.000 < 0.05$，达到显著水平，表示工作绩效量表的题项有共同因子存在，适合进行因子分析。

在 KMO 和 Bartlett 球形检验的基础上，做进一步的因子分析。工作绩效量表的效度分析结果如表 4.18 所示。

表 4.18 **工作绩效量表的探索性因子分析结果**

二级变量	题号	因子载荷 1	因子载荷 2
任务绩效	TP1		0.866
	TP2		0.704
	TP3		0.816
	TP4		0.831
	TP5		0.635
	TP6		0.836
	TP7		0.787
周边绩效	CP1	0.610	
	CP2	0.808	
	CP3	0.727	
	CP4	0.830	
	CP5	0.624	

续表

二级变量	题号	因子载荷 1	因子载荷 2
	CP6	0.516	
	CP9	0.743	
	CP10	0.800	
周边绩效	CP11	0.626	
	CP12	0.593	
	CP13	0.810	
	CP14	0.698	
特征值		6.104	4.312
累计解释总体方差（%）		43.867	67.397

由表 4.18 可以看出，通过数据处理与分析，从工作绩效量表提取了 2 个共同因子，且共同解释了变异量的 67.397%，每个测量条款的因子载荷均超过 0.500，证明工作绩效量表具有良好的结构效度。

4.3.3 量表修正与补充

对 122 份小样本数据进行分析和处理，对所有题项进行信度、效度的检验。除个别题项不符合要求，问卷整体的设计比较合理。总共删除了 8 个题项，员工社交媒体使用量表删除题项 1 个，为 WRP7；社会资本量表删除题项 2 个，为 TR5 和 SV2；技术压力量表删除 1 个，为 TO2；工作绩效量表删除题项 3 个，为 TP8、CP7 和 CP8。正式问卷的基本结构如表 4.19 所示（正式测量量表见附录 C）。

表 4.19　　　　　　　　　　　正式问卷的调研结构

研究变量	变量维度	测量项目数	Cronbach α 系数	
			维度	变量
员工社交媒体使用	任务导向的社交媒体使用	7	0.922	0.849
	关系导向的社交媒体使用	5	0.838	

续表

研究变量	变量维度	测量项目数	Cronbach α 系数	
			维度	变量
社会资本	社会交互连接	4	0.894	0.828
	信任	5	0.899	
	共同愿景	3	0.874	
技术压力	技术过载	4	0.904	0.839
	技术入侵	4	0.845	
	技术不确定性	4	0.914	
工作绩效	任务绩效	7	0.805	0.877
	周边绩效	12	0.920	

4.4　本章小结

　　本章探讨了本书的研究对象、研究方法和问卷的设计。首先，对量表的设计过程进行了说明，结合相关文献和访谈资料确定了变量的初始测量条款。其次，对预调研样本数据进行描述性统计、信度分析和效度分析，检验了初始量表的信度和效度，并根据结果对问卷予以修正。最后，确定用于正式调研的最终问卷。

第 5 章

数据分析与假设检验

5.1 正式调研样本概况

5.1.1 问卷发放与回收

本书的问卷调查数据主要来自泉州、福州、广州、赣州、北京、上海、昆明和西安等地的 31 家企业或组织，涉及建筑建材、交通运输和金融地产等多个行业。对问卷分两个时间点（T1，T2）收集纵向调查数据，时间间隔约为 3 个月。第一次问卷调查（T1）的内容是个人基本信息、部门基本信息、员工社交媒体使用、社会资本和技术压力，第二次问卷调查（T2）的内容是工作绩效。调研之前，笔者先与相关负责人沟通，选定一名"联络人"协助调研，并对"联络人"进行简单的培训，培训内容包括调研目的、问卷发放和回收方式等注意事项，以便调研能够顺利进行。为尽可能保证收集问卷的有效性，笔者为每份问卷提供了配套信封，填写完毕后员工可自行密封，交予"联络人"寄给笔者。

第一次共调查了 96 个部门，累计发放 579 份问卷。3 个月后，将这些问卷进行第二次发放。问卷收集后，由于一些员工未反馈或信息填写不完整，部门的异质性无法衡量，剔除了相关部门的问卷，最终获得 84 个部门共 496 份有效问卷，回收率为 86%。

5.1.2 描述性统计分析

1. 人口特征统计

（1）性别。

根据表 5.1 可知，调查的部门成员男性为 259 人，约占总量的 52.2%，女性为 237 人，约占总量的 47.8%。

表 5.1 被调查者性别的分布统计

性别	频率	百分比（%）	累积百分比（%）
男	259	52.2	52.2
女	237	47.8	100

（2）年龄。

根据表 5.2 可知，调查对象的年龄 25 岁及以下为 65 人，占 13.1%；26~30 岁为 209 人，占 42.1%；31~35 岁为 115 人，占 23.2%；36~40 岁为 59 人，占 11.9%；41~50 岁为 43 人，占 8.7%；51 岁及以上为 5 人，占 1.0%。从年龄分布来看，调查对象的年龄段主要在 35 岁以下（占 78.4%）。

表 5.2 被调查者年龄的分布统计

性别	频率	百分比（%）	累积百分比（%）
25 岁及以下	65	13.1	13.1
26~30 岁	209	42.1	55.2
31~35 岁	115	23.2	78.4
36~40 岁	59	11.9	90.3
41~50 岁	43	8.7	99.0
51 岁及以上	5	1.0	100

（3）学历。

根据表 5.3 可知，调查对象中本科学历最多，有 259 位，占总数的

52.2%；专科及以下学历有 140 位，占总数的 28.2%；硕士研究生或 MBA
学历有 90 位，占总数的 18.1%；博士研究生学历有 7 位，占 1.4%。总体
上看，本科及本科以上学历占总数的 71.8%。

表5.3　　　　　　　　　　被调查者学历的分布统计

学历	频率	百分比（%）	累积百分比（%）
专科及以下	140	28.2	28.2
本科	259	52.2	80.4
硕士研究生或 MBA	90	18.1	98.5
博士研究生	7	1.4	100

（4）所在岗位任期。

根据表5.4可知，调查的部门成员中岗位任期在 1~3 年的最多，有
271 位，占总数的 54.6%；其他依次是 3~5 年岗位任期的有 89 位，占总数
的 18.0%；1 年以下岗位任期的有 58 位，占总数的 11.7%；5~7 年岗位任
期的有 47 位，占总数的 9.4%；7 年以上岗位任期的有 31 位，占总数的
6.3%。

表5.4　　　　　　　　被调查者所在岗位任期的分布统计

所在岗位任期	频率	百分比（%）	累积百分比（%）
1 年以下	58	11.7	11.7
1~3 年	271	54.6	66.3
3~5 年	89	18.0	84.3
5~7 年	47	9.4	93.7
7 年以上	31	6.3	100

（5）社交媒体使用年限。

根据表5.5可知，调查对象中使用社交媒体 10 年以上的最多，有 336
位，占总数的 67.7%；其他是使用社交媒体 5~10 年的有 145 位，占总数的
29.3%；使用社交媒体 5 年以下的有 15 位，占总数的 3.0%。

表 5.5　　　　　　　　　被调查者社交媒体使用年限的分布统计

社交媒体使用年限	频率	百分比（%）	累积百分比（%）
5 年以下	15	3.0	3.0
5~10 年	145	29.3	32.3
10 年以上	336	67.7	100

（6）平均每天社交媒体使用时间。

根据表 5.6 可知，被调查对象中平均每天使用社交媒体 1~2 小时的最多，有 229 位，占总数的 46.1%；其他是平均每天使用社交媒体 2~3 小时的有 121 位，占总数的 24.4%；平均每天使用社交媒体 1 小时以内的有 93 位，占总数的 18.8%；平均每天使用社交媒体 3~4 小时的有 40 位，占总数 8.1%；平均每天使用社交媒体 4 小时以上的有 13 位，占总数的 2.6%。

表 5.6　　　　　　　被调查者平均每天社交媒体使用时间的分布统计

社交媒体使用年限	频率	百分比（%）	累积百分比（%）
1 小时以内	93	18.8	18.8
1~2 小时	229	46.1	64.9
2~3 小时	121	24.4	89.3
3~4 小时	40	8.1	97.4
4 小时以上	13	2.6	100

2. 部门及所在组织的描述统计

（1）部门规模。

根据表 5.7 可知，规模在 5 人以下的部门最多，有 38 个，占 45.2%；其次是规模在 5~8 人的部门，有 33 个，占 39.3%；规模在 8 人以上的部门有 13 个，占 15.5%。

表5.7 部门规模的分布统计

部门规模	频率	百分比（%）	累积百分比（%）
5人以下	38	45.2	45.2
5~8人	33	39.3	84.5
8人以上	13	15.5	100

（2）企业性质。

根据表5.8可知，民营企业的部门数量最多，有26个，占31%；其次是外资企业，有19个，占22.6%；事业单位和国有企业的部门数量均是17个，占20.2%；最少的是政府部门，有5个，占6%。

表5.8 组织性质的分布统计

组织性质	频率	百分比（%）	累积百分比（%）
政府部门	5	6.0	6.0
事业单位	17	20.2	26.2
国有企业	17	20.2	46.4
民营企业	26	31.0	77.4
外资企业	19	22.6	100

（3）行业类型。

根据表5.9可知，其他行业（含政府部门和事业单位）的部门最多，有22个，占26.2%；其次是制造加工行业，有15个，占17.9%；商贸服务行业，有11个，占13.1%；电子通信和金融地产各有9个，均占10.7%；医药加工行业有7个，占8.3%；建筑建材行业有6个，占7.1%；交通运输行业有5个，占6%。

表5.9 组织所属行业的分布统计

组织所属行业	频率	百分比（%）	累积百分比（%）
制造加工	15	17.9	17.9
电子通信	9	10.7	28.6

组织所属行业	频率	百分比（%）	累积百分比（%）
建筑建材	6	7.1	35.7
商贸服务	11	13.1	48.8
医药加工	7	8.3	57.1
交通运输	5	6.0	63.1
金融地产	9	10.7	73.8
其他	22	26.2	100

5.1.3　同源偏差检验

当使用相同的方法，特别是同一个人来完成问卷时很容易引起共同方法偏差。共同方法偏差作为系统偏差，可能导致变量间关系的偏差，从而影响变量间的真实关系，导致研究结果的准确性和科学性降低。本次调研问卷的填写均来自同一主体，可能存在共同方法偏差。因此，需要运用一些特殊的方法对样本数据加以验证。在研究过程中，提前告知调研目的、保护回答者的隐私、减少对题项的猜度、平衡题项的顺序、小样本调研和分阶段收集问卷，这些程序有利于对同源偏差进行控制。但是在某些情境下，应考虑在数据分析中使用统计方法控制同源偏差。

本书运用 Haraman 单因子检测进行同源偏差检验，将所有变量纳入因子分析，通过 SPSS 统计软件进行探索性因子分析，最终提取了 10 个特征值大于 1 的公因子。这些因子累计解释了总方差的 50.145%，具有最高解释力的因子特征值为 8.848，仅解释了总方差的 17.072，这表明同源性偏差对本研究的影响较小。

另一种方法是添加标签变量（marker），标签变量是指在理论上与问卷中其他变量无关的变量。预先在问卷中添加一个标签变量，如果发现标签变量与其他变量存在相关性，则说明这种相关性是由共同方法偏差引起的。相反，如果发现标签变量与其他变量不存在相关性，则说明研究中没有共同方法偏差。如果存在相关性，可以运用统计方法来消除共同方法偏差对数据的影响。因此，笔者在问卷设计时增加了一个标签变量"我对企业的各项规章制度非常熟悉"。

5.2 数据质量分析

5.2.1 探索性因子分析

本书涉及员工社交媒体使用、社会资本、技术压力和工作绩效 4 个变量，同时纳入整体模型进行探索性因子分析。其中，部分变量的内在结构还需要进一步的确认。对本书涉及的 4 个变量分别进行 KMO 和 Bartlett 球形检验，结果如表 5.10 所示。

表 5.10 所有测量条款的 KMO 和 Bartlett 球形检验

取样足够度的 Kaiser – Meyer – Olkin 度量		0.919
Bartlett 的球形度检验	近似卡方分布	27692.720
	自由度	3655
	显著性	0.000

根据表 5.10，本书涉及变量的测量条款的 KMO 值等于 0.919，即达到非常适合的程度。Bartlett 球形检验的近似卡方分布为 27692.720，自由度为 3655，显著性概率值 $p = 0.000 < 0.05$，达到显著水平，表示量表有共同因子存在，适合进行因子分析。

探索性分析结果如表 5.11 所示。可以看出，整体量表共提取了 12 个共同因子，共同解释了变异量的 60.663%，每个测量条款的因子载荷均超过 0.500，证明整体量表具有良好的结构效度。测量条款进行因子提取分析发现，本书涉及的主要变量（员工社交媒体使用、社会资本、技术压力和工作绩效）较理想地呈现了预期结构，且未发现交叉条款。

表 5.11　所有测量条款的探索性因子分析结果

测量条款	因子											
	1	2	3	4	5	6	7	8	9	10	11	12
WRP1	-0.024	0.026	-0.083	-0.274	0.023	-0.123	0.037	0.654	-0.004	-0.016	-0.038	-0.028
WRP2	-0.033	0.109	-0.058	-0.138	-0.027	-0.153	0.184	0.590	-0.019	0.078	0.243	-0.029
WRP3	-0.257	-0.030	-0.122	-0.320	0.101	-0.046	0.019	0.668	0.032	-0.076	-0.100	-0.012
WRP4	-0.116	0.015	-0.094	-0.174	0.038	-0.142	0.113	0.609	-0.021	-0.025	-0.120	0.035
WRP5	-0.161	0.036	-0.037	-0.230	-0.054	-0.105	0.134	0.547	-0.117	-0.115	0.125	0.048
WRP6	-0.067	0.035	-0.042	-0.257	0.062	-0.164	0.052	0.606	0.052	0.162	0.071	-0.096
WRP7	-0.024	0.033	-0.105	-0.229	0.077	-0.071	0.101	0.640	-0.015	-0.117	-0.045	0.065
SRP1	-0.188	0.077	0.054	0.104	-0.182	0.020	0.058	0.159	0.549	-0.206	-0.017	-0.006
SRP2	-0.114	0.037	0.083	0.060	-0.045	-0.118	-0.076	0.127	0.604	-0.029	-0.054	-0.065
SRP3	-0.135	0.061	0.078	0.040	-0.049	-0.073	0.016	0.121	0.538	-0.089	-0.109	-0.009
SRP4	-0.147	0.049	0.138	0.079	-0.180	0.020	-0.013	0.015	0.579	-0.284	-0.053	-0.019
SRP5	-0.136	0.057	0.076	0.085	-0.097	-0.128	-0.058	0.276	0.625	-0.066	-0.025	-0.101
SIT1	0.555	-0.011	0.133	0.048	-0.025	0.154	0.056	0.000	0.446	-0.270	-0.096	0.039
SIT2	0.581	0.120	0.063	0.139	-0.127	-0.098	0.109	0.076	0.047	-0.178	-0.056	0.045
SIT3	0.595	-0.045	0.071	0.024	-0.009	0.106	0.084	0.014	0.494	-0.164	-0.083	0.072
SIT4	0.573	0.079	0.089	0.124	-0.175	-0.140	0.224	0.068	0.267	-0.102	-0.001	0.013
TR1	0.100	0.521	0.068	0.003	-0.114	-0.043	-0.586	0.033	-0.145	0.010	-0.008	-0.042
TR2	-0.003	0.526	0.147	0.071	-0.099	0.079	-0.458	-0.002	-0.010	-0.067	0.104	0.029
TR3	0.035	0.581	0.056	0.039	-0.081	-0.016	-0.487	-0.054	-0.050	-0.041	0.169	-0.096

续表

测量条款	因子											
	1	2	3	4	5	6	7	8	9	10	11	12
TR4	0.067	0.564	0.101	-0.005	-0.123	-0.163	-0.433	-0.029	-0.004	0.088	0.110	-0.040
TR5	0.117	0.596	0.094	0.061	-0.112	-0.029	-0.438	-0.048	0.000	-0.091	-0.071	0.046
SV1	0.127	0.101	0.583	0.078	-0.102	0.011	0.238	0.018	-0.120	0.062	0.110	0.220
SV2	0.055	-0.006	0.581	0.106	-0.078	-0.042	-0.034	0.099	0.080	0.167	0.085	0.096
SV3	0.115	0.027	0.576	0.090	-0.188	-0.067	0.066	0.095	-0.101	0.231	0.112	0.056
TO1	0.110	-0.047	0.111	0.104	-0.092	0.346	0.122	-0.030	-0.195	0.522	-0.014	-0.124
TO2	0.033	0.051	0.159	0.151	-0.246	-0.023	0.141	-0.256	-0.171	0.552	0.025	-0.003
TO3	0.120	-0.077	0.059	0.152	-0.063	0.309	0.121	-0.048	-0.202	0.524	-0.009	-0.189
TO4	0.034	0.045	0.167	0.182	-0.276	-0.058	0.135	-0.010	-0.123	0.553	0.080	0.019
TI1	-0.056	0.024	0.107	0.019	-0.065	-0.059	0.137	0.302	0.073	-0.088	0.532	-0.066
TI2	-0.045	0.046	0.089	0.082	-0.112	0.178	0.171	0.208	-0.021	0.044	0.528	-0.110
TI3	-0.010	0.029	0.081	0.117	-0.133	-0.034	0.141	0.212	0.117	-0.076	0.551	-0.089
TI4	0.013	0.076	0.104	0.069	-0.125	0.024	0.238	0.196	0.106	-0.048	0.568	-0.121
TU1	-0.233	0.073	0.053	0.088	-0.116	0.018	-0.061	-0.022	-0.094	-0.128	-0.140	0.580
TU2	0.144	0.074	0.136	0.029	-0.084	0.003	-0.060	-0.051	-0.048	-0.173	0.004	0.512
TU3	-0.139	0.077	0.036	0.060	-0.082	-0.057	0.073	0.059	-0.023	-0.088	-0.023	0.537
TU4	-0.193	-0.010	0.105	0.079	-0.176	-0.057	-0.064	-0.050	-0.064	-0.105	-0.128	0.608
TP1	0.486	-0.205	0.243	0.532	0.163	0.283	-0.007	0.098	-0.022	0.040	-0.065	-0.024
TP2	0.464	-0.062	0.209	0.510	-0.031	0.013	-0.049	0.082	-0.095	-0.033	0.123	0.072

续表

测量条款	因子											
	1	2	3	4	5	6	7	8	9	10	11	12
TP3	0.434	-0.222	0.206	0.548	0.184	0.199	0.030	0.069	-0.007	0.040	-0.090	-0.033
TP4	0.489	-0.084	0.247	0.529	-0.075	0.004	0.110	0.155	-0.049	0.079	0.040	-0.003
TP5	0.461	-0.134	0.176	0.595	0.118	0.126	-0.013	0.076	0.001	-0.075	-0.008	0.004
TP6	0.440	-0.182	0.249	0.583	0.030	0.206	0.022	0.010	-0.041	0.032	-0.016	-0.039
TP7	0.480	-0.124	0.235	0.570	0.136	0.077	-0.047	0.187	-0.032	0.062	-0.004	0.031
CP1	0.015	-0.162	-0.099	-0.032	0.594	0.103	0.018	0.025	0.037	0.022	0.048	-0.016
CP2	-0.037	-0.134	-0.112	0.087	0.585	0.022	0.010	0.088	-0.004	0.062	-0.009	-0.007
CP3	0.099	-0.181	-0.119	-0.023	0.599	0.060	0.002	0.063	-0.031	-0.066	0.020	0.006
CP4	0.078	-0.166	-0.077	0.010	0.597	0.141	-0.009	-0.055	-0.041	-0.027	-0.052	0.066
CP5	0.021	-0.097	-0.047	0.033	0.552	0.176	0.008	0.037	-0.142	-0.186	0.059	0.136
CP6	0.005	-0.159	-0.100	0.069	0.522	-0.119	-0.040	0.099	0.132	0.188	0.039	-0.074
CP7	0.040	-0.143	-0.017	0.009	0.599	0.071	0.018	-0.010	0.031	-0.001	-0.006	-0.054
CP8	0.054	-0.154	-0.087	-0.087	0.591	0.109	0.025	-0.041	-0.082	-0.099	-0.021	0.043
CP9	-0.036	-0.133	-0.080	0.044	0.575	0.151	-0.031	0.005	-0.042	-0.043	-0.098	0.043
CP10	0.065	-0.137	-0.083	0.034	0.556	0.034	-0.032	0.115	0.041	0.087	0.048	-0.011
CP11	0.067	-0.191	-0.088	-0.011	0.607	0.046	-0.049	-0.009	-0.032	-0.009	0.098	0.075
CP14	-0.017	-0.100	-0.139	0.045	0.589	0.072	-0.003	0.040	0.047	0.076	-0.070	-0.056
特征根	8.848	7.039	6.523	4.068	2.739	2.297	2.179	1.910	1.775	1.342	1.301	1.208
方差解释量（%）	17.072	10.077	7.585	6.731	4.184	3.671	2.583	2.221	2.036	1.560	1.513	1.404
累计解释方差（%）						60.663						

5.2.2　信度分析

根据第 4.3.2 节的方法对正式调研样本的数据进行信度检验，从表 5.12 可以看出，所有题项的 CITC 值都在 0.612 及以上，所有分量表的克隆巴赫 α 系数都在 0.854 以上，总量表的克隆巴赫 α 系数达到 0.911，可见，分量表和总量表具有较好的信度。

表 5.12　　　　　　　　　量表的信度检验

一级变量	二级变量	题号	CITC	项已删除的 α 值	二级变量的 α 值	一级变量的 α 值
员工社交媒体使用	任务导向的社交媒体使用	WRP1	0.754	0.833	0.801	0.854
		WRP2	0.690	0.875		
		WRP3	0.768	0.828		
		WRP4	0.709	0.862		
		WRP5	0.647	0.888		
		WRP6	0.706	0.865		
		WRP7	0.740	0.847		
	关系导向的社交媒体使用	SRP1	0.649	0.864	0.833	
		SRP2	0.704	0.819		
		SRP3	0.638	0.866		
		SRP4	0.679	0.857		
		SRP5	0.725	0.793		
社会资本	社会交互连接	SIT1	0.755	0.778	0.887	0.899
		SIT2	0.681	0.867		
		SIT3	0.695	0.858		
		SIT4	0.673	0.879		
	信任	TR1	0.721	0.731	0.908	
		TR2	0.626	0.855		
		TR3	0.681	0.829		
		TR4	0.664	0.836		
		TR5	0.696	0.814		

一级变量	二级变量	题号	CITC	项已删除的 α 值	二级变量的 α 值	一级变量的 α 值
社会资本	共同愿景	SV1	0.683	0.724	0.884	0.899
		SV2	0.681	0.731		
		SV3	0.676	0.758		
技术压力	技术过载	TO1	0.722	0.775	0.901	0.887
		TO2	0.652	0.866		
		TO3	0.724	0.769		
		TO4	0.653	0.861		
	技术入侵	TI1	0.632	0.835	0.887	
		TI2	0.628	0.855		
		TI3	0.651	0.803		
		TI4	0.668	0.791		
	技术不确定性	TU1	0.825	0.781	0.866	
		TU2	0.612	0.889		
		TU3	0.637	0.847		
		TU4	0.708	0.801		
工作绩效	任务绩效	TP1	0.727	0.829	0.807	0.898
		TP2	0.804	0.760		
		TP3	0.784	0.774		
		TP4	0.795	0.764		
		TP5	0.759	0.798		
		TP6	0.731	0.824		
		TP7	0.607	0.857		
	周边绩效	CP1	0.749	0.804	0.897	
		CP2	0.659	0.826		
		CP3	0.648	0.831		
		CP4	0.667	0.818		
		CP5	0.652	0.828		
		CP6	0.622	0.897		

续表

一级变量	二级变量	题号	CITC	项已删除的 α 值	二级变量的 α 值	一级变量的 α 值
工作绩效	周边绩效	CP7	0.799	0.786	0.897	0.898
		CP8	0.691	0.804		
		CP9	0.775	0.794		
		CP10	0.756	0.799		
		CP11	0.807	0.785		
		CP12	0.689	0.808		
总量表的克隆巴赫 α 系数						0.911

5.2.3 验证性因子分析

验证性因子分析是对整合模型分析的重要步骤，在探索性因子分析的基础上，通过数据与测量模型的拟合分析，检验观测变量与潜在变量之间的关系与之前的构想是否一致。

1. 员工社交媒体使用

在员工社交媒体使用的结构模型中，包含了任务导向的社交媒体使用和关系导向的社交媒体使用 2 个潜变量和 12 个观测变量。运用 Mplus 统计软件进行数据分析处理，结果如图 5.1 与表 5.13 所示。

由图 5.1 所示，根据 Mplus 软件的改进意见，建立误差项之间的共变关系，经过修正后的员工社交媒体使用整体测量模型（包含任务导向的社交媒体使用模型和关系导向的社交媒体使用模型）的拟合效果较好，其中卡方自由度比值（χ^2/df）为 4.830，小于 5，在可以接受的范围之内；TLI 值为 0.921，CFI 值为 0.942，均大于 0.9；SRMR 值为 0.046，小于 0.08；RMSEA 值为 0.088，小于 0.10，表明修正后的模型整体质量较高。

由表 5.13 所示，从模型的内在适配指标来看，各个测量指标的因子载荷都介于 0.6~0.9；任务导向的社交媒体使用模型和关系导向的社交媒体使用模型的组合信度（CR）均大于 0.6 的判断标准，平均方差抽取量（AVE）均大于 0.50。从整体上看，员工社交媒体使用模型表现出良好的建构信度和收敛效度。综上所述，员工社交媒体使用模型适配度良好，基本拟合。

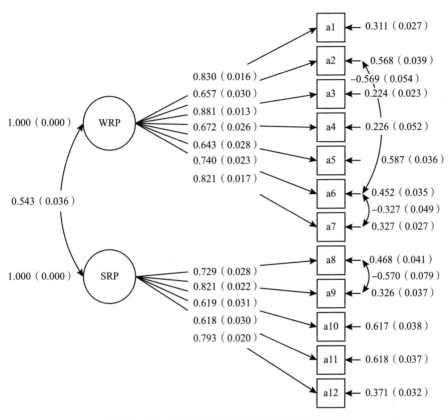

图 5.1　员工社交媒体使用模型验证性因子分析

表 5.13　　　　　　　　员工社交媒体使用模型内在质量检验指标

潜变量	指标	因子载荷	CR	AVE
任务导向的社交媒体使用（WRP）	a1	0.830	0.851	0.569
	a2	0.657		
	a3	0.881		
	a4	0.672		
	a5	0.643		
	a6	0.740		
	a7	0.821		

续表

潜变量	指标	因子载荷	CR	AVE
关系导向的社交媒体使用（SRP）	a8	0.729	0.842	0.520
	a9	0.821		
	a10	0.619		
	a11	0.618		
	a12	0.793		
拟合优度指标值	$\chi^2/df = 236.683/49 = 4.830$；TLI = 0.921；CFI = 0.942；SRMR = 0.046；RMSEA = 0.088			

2. 社会资本

在社会资本的结构模型中，包含了社会交互连接、信任和共同愿景3个潜变量以及12个观测变量。运用 Mplus 统计软件进行数据分析处理，结果如图5.2与表5.14所示。

由图5.2所示，根据 Mplus 软件的改进意见，建立误差项之间的共变关系，经过修正后的社会资本整体测量模型（包含社会交互连接模型、信任模型和共同愿景模型）的拟合效果较好，其中卡方自由度比值（χ^2/df）为3.452，小于5，在可以接受的范围之内；TLI 值为0.933，CFI 值为0.949，均大于0.9；SRMR 值为0.045，小于0.08；RMSEA 值为0.070，小于0.10，表明修正后的模型整体质量较高。

由表5.14所示，从模型的内在适配指标来看，各个测量指标的因子负荷量都介于0.55~0.8；社会交互连接模型、信任模型和共同愿景模型的组合信度（CR）均大于0.6的判断标准，平均方差抽取量（AVE）均大于0.50或接近于0.50，且测量量表较为成熟。从整体上看，社会资本模型表现出良好的建构信度和收敛效度。综上所述，社会资本模型适配度良好，基本拟合。

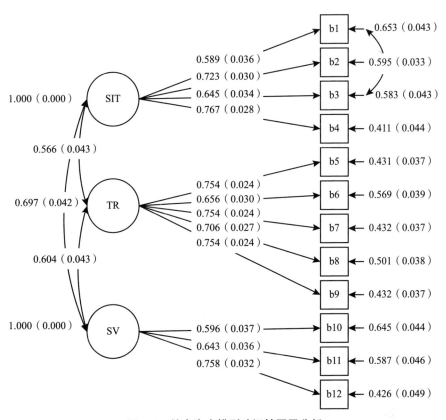

图 5.2　社会资本模型验证性因子分析

表 5.14　　　　　　　　社会资本模型内在质量检验指标

潜变量	指标	因子载荷	CR	AVE
社会交互连接（SIT）	b1	0.589	0.777	0.469
	b2	0.723		
	b3	0.645		
	b4	0.767		
信任（TR）	b5	0.754	0.847	0.527
	b6	0.656		
	b7	0.754		
	b8	0.706		
	b9	0.754		

续表

潜变量	指标	因子载荷	CR	AVE
共同愿景（SV）	b10	0.596	0.707	0.448
	b11	0.643		
	b12	0.758		
拟合优度指标值	$\chi^2/\mathrm{df} = 172.605/50 = 3.452$；$\mathrm{TLI} = 0.933$；$\mathrm{CFI} = 0.949$；$\mathrm{SRMR} = 0.045$；$\mathrm{RMSEA} = 0.070$			

3. 技术压力

在技术压力的结构模型中，包含了技术过载、技术入侵和技术不确定性 3 个潜变量以及 12 个观测变量。运用 Mplus 统计软件进行数据分析处理，结果如图 5.3 与表 5.15 所示。

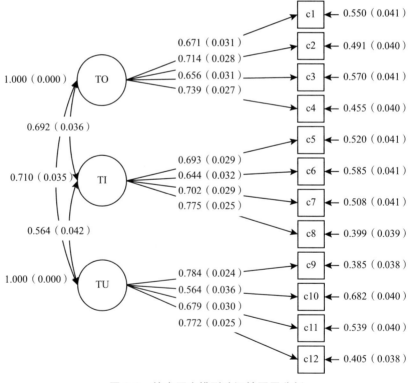

图 5.3　技术压力模型验证性因子分析

由图 5.3 所示，根据 Mplus 软件的运行结果，技术压力整体测量模型（包含技术过载模型、技术入侵模型和技术不确定性模型）的拟合效果较好，其中卡方自由度比值（χ^2/df）为 4.097，小于 5，在可以接受的范围之内；TLI 值为 0.909，CFI 值为 0.929，均大于 0.9；SRMR 值为 0.043，小于 0.08；RMSEA 值为 0.079，小于 0.10，表明修正后的模型整体质量较高。

由表 5.15 所示，从模型的内在适配指标来看，各个测量指标的因子负荷量都介于 0.55 ~ 0.80；技术过载模型、技术入侵模型和技术不确定性模型的组合信度（CR）均大于 0.6 的判断标准，平均方差抽取量（AVE）均接近于 0.50，且测量量表较为成熟。从整体上看，技术压力模型表现出良好的建构信度和收敛效度。综上所述，技术压力模型适配度良好，基本拟合。

表 5.15　　　　　　　　　　技术压力模型内在质量检验指标

潜变量	指标	因素负荷量	CR	AVE
技术过载（TO）	c1	0.671	0.789	0.484
	c2	0.714		
	c3	0.656		
	c4	0.739		
技术入侵（TI）	c5	0.693	0.793	0.490
	c6	0.644		
	c7	0.702		
	c8	0.755		
技术不确定性（TU）	c9	0.784	0.796	0.497
	c10	0.564		
	c11	0.679		
	c12	0.772		
拟合优度指标值	$\chi^2/df = 208.946/51 = 4.097$；TLI $= 0.909$；CFI $= 0.929$；SRMR $= 0.043$；RMSEA $= 0.079$			

4. 工作绩效

在工作绩效的结构模型中，包含了任务绩效和周边绩效 2 个潜变量以及

19 个观测变量。运用 Mplus 统计软件进行数据分析处理，结果如图 5.4 与表 5.16 所示。

由图 5.4 所示，根据 Mplus 软件的改进意见，建立误差项之间的共变关系，经过修正后的工作绩效整体测量模型（包含任务绩效模型和周边绩效模型）的拟合效果较好，其中卡方自由度比值（χ^2/df）为 3.051，小于 5，

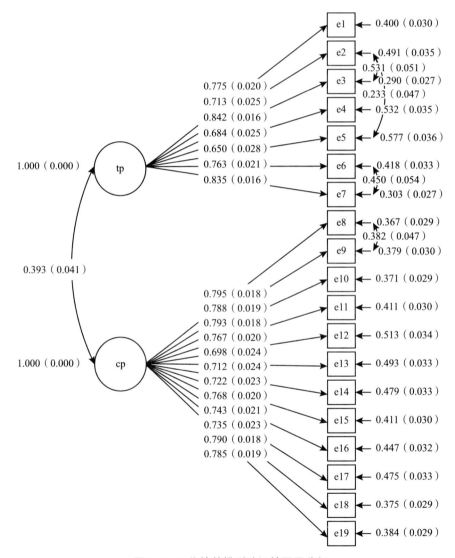

图 5.4　工作绩效模型验证性因子分析

在可以接受的范围之内；TLI 值为 0.903，CFI 值为 0.912，均大于 0.9；SRMR 值为 0.038，小于 0.08；RMSEA 值为 0.064，小于 0.10，表明修正后的模型整体质量较高。

　　由表 5.16 所示，从模型的内在适配指标来看，各个测量指标的因子负荷量都介于 0.6 ~ 0.9；任务绩效模型和周边绩效模型的组合信度（CR）均大于 0.6 的判断标准，平均方差抽取量（AVE）均大于 0.50。从整体上看，工作绩效模型表现出良好的建构信度和收敛效度。综上所述，工作绩效模型适配度良好，基本拟合。

表 5.16　　　　　　　　　工作绩效模型内在质量检验指标

潜变量	指标	因子载荷	CR	AVE
任务绩效（TP）	e1	0.775	0.902	0.570
	e2	0.713		
	e3	0.842		
	e4	0.684		
	e5	0.650		
	e6	0.763		
	e7	0.835		
周边绩效（CP）	e8	0.795	0.842	0.575
	e9	0.788		
	e10	0.793		
	e11	0.767		
	e12	0.698		
	e13	0.712		
	e14	0.722		
	e15	0.768		
	e16	0.743		
	e17	0.735		
	e18	0.790		
	e19	0.785		
拟合优度指标值	$\chi^2/\mathrm{df} = 1647.800/540 = 3.051$；TLI = 0.903；CFI = 0.912；SRMR = 0.038；RMSEA = 0.064			

根据上述变量模型拟合良好的结果，应用 Mplus 软件对整体概念模型进行检验，结果显示五因子模型拟合结果较好（$\chi^2/df = 1.371$，TLI $= 0.902$，CFI $= 0.911$，SRMR $= 0.047$，RMSEA $= 0.053$）。进一步地，比较五因子模型的拟合指数和其他因子模型的拟合指数（如四因子模型、三因子模型等），结果如表 5.17 所示。结果表明，相比于其他模型的拟合指数，五因子模型的拟合指数明显更优。因此，本次测量数据的区分效度比较好。

表 5.17　　　　　　　不同因子模型的验证性因子分析结果比较（一）

模型	χ^2	df	χ^2/df	TLI	CFI	SRMR	RMSEA
五因子模型	1371.904	1001	1.371	0.902	0.911	0.047	0.053
四因子模型 1[a]	1527.597	1018	1.501	0.869	0.879	0.058	0.062
四因子模型 2[a]	1620.110	1018	1.591	0.861	0.872	0.067	0.073
四因子模型 3[a]	1609.424	1018	1.581	0.862	0.874	0.064	0.067
四因子模型 4[a]	1649.595	1018	1.620	0.812	0.824	0.074	0.078
三因子模型 1[b]	2888.545	1022	2.826	0.735	0.750	0.086	0.096
三因子模型 2[b]	2890.961	1022	2.829	0.724	0.726	0.089	0.098
三因子模型 3[b]	3054.399	1022	2.989	0.713	0.725	0.089	0.097
两因子模型 1[c]	4442.229	1039	4.275	0.659	0.672	0.093	0.105
两因子模型 2[c]	4429.438	1039	4.263	0.676	0.690	0.091	0.098
单因子模型[d]	5879.001	1080	5.444	0.624	0.637	0.099	0.109

注：a. 四因子模型 1 将任务导向的社交媒体使用和关系导向的社交媒体使用合并成一个因子；四因子模型 2 将社会资本和技术压力合并成一个因子；四因子模型 3 将社会资本和工作绩效合并成一个因子；四因子模型 4 将技术压力和工作绩效合并成一个因子。

　　b. 三因子模型 1 将任务导向的社交媒体使用、关系导向的社交媒体使用和社会资本合并成一个因子；三因子模型 2 将任务导向的社交媒体使用、关系导向的社交媒体使用和技术压力合并成一个因子；三因子模型 3 将社会资本、技术压力和工作绩效合并成一个因子。

　　c. 两因子模型 1 将任务导向的社交媒体使用和关系导向的社交媒体使用合并成一个因子，社会资本、技术压力和工作绩效合并成一个因子；两因子模型 2 将任务导向的社交媒体使用、关系导向的社交媒体使用、社会资本和技术压力合并成一个因子。

　　d. 单因子模型将任务导向的社交媒体使用、关系导向的社交媒体使用、社会资本、技术压力和工作绩效合并成一个因子。

5.3　实证研究

5.3.1　变量间的相关关系

表 5.18 列出了变量的均值、标准差及相关系数矩阵，可以看出，任务导向的社交媒体使用、关系导向的社交媒体使用与社会资本、技术压力、工作绩效显著正相关，这些结果为以下的假设检验提供了初步支持。

5.3.2　假设检验

本书采用"拔靴法"（bootstrapping method）来检验主效应和中介效应。在控制了性别、年龄、学历、任期、企业性质、行业类型、部门规模和标签变量等变量之后，模型的直接效应和间接效应结果如表 5.19 所示。任务导向的社交媒体使用对工作绩效（$\beta = 0.314$，$p < 0.001$，95% 的置信区间为 $[0.161，0.428]$，不包含 0）具有显著的正向影响，假设 1a 得到支持。关系导向的社交媒体使用对工作绩效（$\beta = 0.113$，$p < 0.01$，95% 的置信区间为 $[0.035，0.224]$，不包含 0）具有显著的正向影响，假设 1b 得到支持。

任务导向的社交媒体使用对社会资本（$\beta = 0.373$，$p < 0.001$，95% 的置信区间为 $[0.247，0.522]$，不包含 0）具有显著的正向影响，假设 2a 得到支持。关系导向的社交媒体使用对社会资本（$\beta = 0.461$，$p < 0.001$，95% 的置信区间为 $[0.330，0.606]$，不包含 0）具有显著的正向影响，假设 2b 得到支持。社会资本对工作绩效（$\beta = 0.265$，$p < 0.001$，95% 的置信区间为 $[0.116，0.410]$，不包含 0）具有显著的正向影响，假设 3 得到支持。"任务导向的社交媒体使用→社会资本→工作绩效"三者之间的间接效应（$\beta = 0.074$，$p < 0.05$，95% 的置信区间为 $[0.021，0.203]$，不包含 0）显著正相关，因而社会资本在任务导向的社交媒体使用与工作绩效关系中的中介作用得到验证，假设 4a 得到支持。"关系导向的社交媒体使用→社会资本→工作绩效"三者之间的间接效应（$\beta = 0.128$，$p < 0.01$，95% 的置信区间为 $[0.044，0.323]$，不包含 0）显著正相关，因而社会资本在关系导向的社交媒体使用与工作绩效关系中的中介作用得到验证，假设 4b 得到支持。

表 5.18

变量间的相关系数

变量	均值	标准差	1	2	3	4	5	6	7	8	9	10	11	12
1 性别	1.478	0.500												
2 年龄	31.399	6.365	0.013											
3 学历	1.927	0.718	0.097*	0.199***										
4 任期	2.377	0.886	−0.006	0.393***	0.110*									
5 企业性质	3.494	1.149	0.000	−0.015	−0.027	0.072								
6 行业类型	4.645	2.637	−0.050	0.022	0.084	0.020	−0.022							
7 部门规模	6.758	2.262	0.013	0.084	−0.043	0.070	0.059	−0.023						
8 任务导向的社交媒体使用	3.918	0.786	0.057	0.026	0.066	0.026	0.016	0.009	−0.038					
9 关系导向的社交媒体使用	3.956	0.785	0.009	−0.027	0.041	0.013	−0.014	0.003	−0.014	0.335***				
10 社会资本	3.944	0.659	0.034	−0.055	0.080	0.052	0.030	0.015	−0.023	0.320***	0.358***			
11 技术压力	3.942	0.653	0.048	−0.030	−0.028	−0.022	0.009	0.019	−0.018	0.301***	0.342***	0.076		
12 工作绩效	3.909	0.812	0.034	−0.014	0.090	0.090	0.029	0.010	−0.047	0.340***	0.256***	0.332***	−0.175**	
13 标签变量	3.645	0.559	0.023	0.095*	−0.14	0.101*	0.027	0.020	−0.059	0.048	−0.106*	0.035	−0.054	0.013

注：* 表示 p<0.05，** 表示 p<0.01，*** 表示 p<0.001。

任务导向的社交媒体使用对技术压力（$\beta = 0.352$，$p < 0.001$，95% 的置信区间为 [0.214，0.464]，不包含 0）具有显著的正向影响，假设 5a 得到支持。关系导向的社交媒体使用对技术压力（$\beta = 0.157$，$p < 0.01$，95% 的置信区间为 [0.124，0.416]，不包含 0）具有显著的正向影响，假设 5b 得到支持。技术压力对工作绩效（$\beta = -0.175$，$p < 0.01$，95% 的置信区间为 [-0.492，-0.172]，不包含 0）具有显著的负向影响，假设 6 得到支持。"任务导向的社交媒体使用→技术压力→工作绩效"三者之间的间接效应（$\beta = -0.066$，$p < 0.05$，95% 的置信区间为 [-0.191，-0.070]，不包含 0）显著负相关，因而技术压力在任务导向的社交媒体使用与工作绩效关系中的中介作用得到验证，假设 7a 得到支持。"关系导向的社交媒体使用→技术压力→工作绩效"三者之间的间接效应（$\beta = -0.036$，95% 的置信区间为 [-0.017，0.033]，包含 0）不显著，因而技术压力在关系导向的社交媒体使用与工作绩效关系中的中介作用并未得到验证，假设 7b 未获得支持。

表 5.19 模型的直接效应和间接效应

	路径	路径系数	标准差	95% 的置信区间
直接效应	任务导向的社交媒体使用→工作绩效	0.314 ***	0.066	[0.161，0.428]
	关系导向的社交媒体使用→工作绩效	0.113 **	0.036	[0.035，0.224]
	任务导向的社交媒体使用→社会资本	0.373 ***	0.052	[0.247，0.522]
	关系导向的社交媒体使用→社会资本	0.461 ***	0.053	[0.330，0.606]
	任务导向的社交媒体使用→技术压力	0.352 ***	0.054	[0.214，0.464]
	关系导向的社交媒体使用→技术压力	0.157 **	0.055	[0.124，0.416]
	社会资本→工作绩效	0.265 ***	0.057	[0.116，0.410]
	技术压力→工作绩效	-0.175 **	0.041	[-0.492，-0.172]
间接效应	任务导向的社交媒体使用→社会资本→工作绩效	0.074 *	0.033	[0.021，0.203]
	关系导向的社交媒体使用→社会资本→工作绩效	0.128 **	0.017	[0.044，0.323]
	任务导向的社交媒体使用→技术压力→工作绩效	-0.066 *	0.062	[-0.191，-0.070]
	关系导向的社交媒体使用→技术压力→工作绩效	-0.036	0.033	[-0.017，0.033]

注：该表格的结果是基于 Mplus 的处理结果。所有的路径系数都是基于 bootstrap 抽样 5000 次得到的。控制变量为性别、年龄、学历、任期、企业性质、行业类型、部门规模和标签变量。

综上所述，将以上关于员工社交媒体使用对工作绩效作用机制的理论框架验证部分的假设检验结果汇总于表5.20。

表 5.20 假设检验结果汇总（一）

编号	假设内容	结论
H1a	任务导向的社交媒体使用对工作绩效有正向影响	支持
H1b	关系导向的社交媒体使用对工作绩效有正向影响	支持
H2a	任务导向的社交媒体使用对社会资本有正向影响	支持
H2b	关系导向的社交媒体使用对社会资本有正向影响	支持
H3	社会资本对工作绩效有正向影响	支持
H4a	社会资本在任务导向的社交媒体使用和工作绩效间起中介作用	支持
H4b	社会资本在关系导向的社交媒体使用和工作绩效间起中介作用	支持
H5a	任务导向的社交媒体使用对技术压力有正向影响	支持
H5b	关系导向的社交媒体使用对技术压力有正向影响	支持
H6	技术压力对工作绩效有负向影响	支持
H7a	技术压力在任务导向的社交媒体使用和工作绩效间起中介作用	支持
H7b	技术压力在关系导向的社交媒体使用和工作绩效间起中介作用	不支持

5.4 研究结果与讨论

5.4.1 实证结果

本书的实证分析表明，主要研究假设基本通过验证。第一，员工社交媒体使用正向影响工作绩效。任务导向的社交媒体使用主要指员工使用社交媒体安排工作计划、确定工作方式、识别潜在问题以及解决问题，而工作绩效取决于员工的知识、技能和能力。员工之间使用社交媒体进行与工作相关的交流越多，越有助于建立更紧密更通畅的联系，获取新的工作技能和专业知识，提升知识获取的效率，工作绩效就越高。员工之间使用社交媒体进行与工作相关的交流越多，员工承担额外工作负荷的能力就越强，越便于与同事进行合作，工作绩效就越高。关系导向的社交媒体使用主要是指社交媒体为员工提供情感支持和鼓励，学习发展技能和培养团队凝聚力等。环境影响员工的知识、动机和能力等，继而对工作绩效产生影响。员工以社交为目的使用社交媒体越多，越便于分享隐性知识，在紧张工作之后获得放松与休息，越有利于工作的顺利进行，工作绩效就越高。工作绩效包括减少和消除完成任务过程中出现的摩擦和矛盾，降低沟通成本。员工以社交为目的使用社交媒体越多，越有利于企业内部良好人际关系的形成，工作绩效就越高。同时，本书的实证结果发现，相比于关系导向的社交媒体使用，任务导向的社交媒体使用对工作绩效的影响更大。

第二，社会资本在员工社交媒体使用与工作绩效间起中介作用。其逻辑在于社交媒体可以通过支持个体之间的社交互动，满足员工的社交需求，从而积极作用于社会资本。而通过社会资本的积累，员工能够增加知识和技能，支持并努力实现企业目标，开发并提升适应能力，从而提升工作。

第三，技术压力在任务导向的社交媒体使用与工作绩效间起中介作用，而在关系导向的社交媒体使用与工作绩效间不起中介作用。其逻辑在于当人—环境不匹配时，即任务导向的社交媒体使用与员工的感知出现失衡时，员工便会经历技术压力，压力易对工作绩效产生负面作用，员工的压力越大，工作绩效降低的可能性就越大。

5.4.2　分析讨论

1. 员工社交媒体使用与员工工作绩效的关系讨论

实证分析的结果表明，任务导向的社交媒体使用与工作绩效呈正相关关系。大部分员工会在工作场所中不同程度地使用社交媒体，并认为以工作为目的使用社交媒体会对自己的绩效和行为产生显著的影响。这种积极作用产生的可能原因在于：第一，员工使用社交媒体安排计划、确定工作方式、识别问题和解决问题。根据以往绩效影响因素的研究可知，知识、技能和能力是任务绩效的决定因素。社交媒体可以使员工收集更多的知识和信息，学习更合适的技能，也可以快速提高自身的能力。并且，员工在社交媒体上发布与工作任务相关的信息，强调自己的专业，展示自己的专长。这些交流有助于员工更加直接准确地了解同事的知识，提升员工知识获取的效率和效果。

一个可能的原因是，社交媒体传递的与工作相关的信息在工作时需要立即处理，而与社交相关的信息主要集中在员工的私人事情上，在工作时间可暂时忽略，员工可在工作结束后对相关请求进行回应。尤其是员工觉得在工作中难以回应的社交要求，更可能在工作场所之外进行回应。因此，在工作场所中员工使用社交媒体处理建立和维持关系的请求时，员工会较少将技术压力的负面影响体现在工作绩效上。

5.5 本章小结

本章为本书概念模型的分析、检验和讨论部分。根据实证结果，问卷的测量项目具有一定的效度和信度。并且，整体测量模型的拟合度和结构适配度也较好。在此基础上，采用"拔靴法"对概念模型进行了拟合与检验。结果显示，模型与数据的拟合程度良好，基于媒体同步性理论的社会资本、技术压力对于员工社交媒体使用与工作绩效关系的中介效应也基本得到了检验。之后，在数据分析的基础上，对结果进行了总结与讨论。

第 6 章

拓展研究：员工社会网络异质性
与工作特征的调节作用

根据第 3 章的理论分析和第 5 章的实证检验，本书逐渐打开了员工社交媒体使用对工作绩效作用机制的黑箱，验证了社交媒体在工作场所的重要地位和作用。同时，基于社会资本理论和人—环境匹配理论，我们认为员工社交媒体使用对社会资本和技术压力的影响会分别受到员工所在团队特征和工作特征的影响。因此本章在验证员工社会网络异质性和工作特征的调节作用的基础上，进一步探究这两种调节作用对社会资本和技术压力中介作用的影响。

6.1　理论分析与研究假设

6.1.1　员工社会网络异质性的调节作用

随着市场竞争和全球化进程，企业有意识地关注内部网络差异的程度（包括背景、知识和专业性等）——员工社会网络异质性，以提高企业内部的运作效率，增强竞争力（Horwitz et al.，2007）。有研究发现，团队成员在性别、年龄、学历和经验等方面的异质性会造成团队中的人际冲突和价值观冲突，降低团队凝聚力（Kilduff & Tsai，2003）。个体为了维持自我认同，习惯于否定个人特质与自己不一致的人，导致团队内部可能缺少沟通交流，不利于扩展团队成员间的人际关系，降低有效社会资本的积累效率。因此，社交媒体作为员工之间进行沟通交流的工具，由于自我认同和社会认同的心理机制，员工社会网络异质性理论上会限制社交媒体对团队成员内部社会资本的形成。

1. 性别异质性

性别异质性意味着团队成员之间性别构成的差异。结合相似—吸引理论和社会认同理论，人们倾向于被具有相似属性的人吸引，性别会影响员工如何对待他人、如何看待工作（Wang & Lin，2011）。一方面，社交媒体的使用可以使团队成员从他人那里获得知识和经验，并在工作中使用这些知识和经验，但是性别异质性的存在可能会导致成员之间的误解，不利于工作的开展。另一方面，团队成员可以通过社交媒体参与社交活动，与高层管理人员建立联系，并与同事建立友谊，但是性别异质性的存在可能会导致相互间观点和看法难以统一，会产生较大的冲突成本，不利于员工内部社会资本的积累。基于以上理论分析和逻辑推断，本书提出以下假设：

H8a：性别异质性负向调节任务导向的社交媒体使用与社会资本的关系。

H8b：性别异质性负向调节关系导向的社交媒体使用与社会资本的关系。

2. 年龄异质性

目前的研究表明，同一年龄段的人更容易产生共鸣，找到愿意沟通的话题（McGrath et al.，1996）。处于不同年龄段的团队成员，其成长环境和生活经历会有所不同，团队成员在沟通过程中易出现意见和观点不一致的情况，导致团队分化的问题。就年龄异质性而言，年轻的团队成员基于自身年龄特点，精力充沛，具备较强的接受新事物的能力，愿意在社交媒体上收集并学习与工作相关的新知识和新技能，也愿意在社交媒体上与同事、主管进行沟通交流，寻找与自己有相同兴趣的朋友（Deng，2021）。而年长的团队成员，经历的是相对稳定的人生时段，在各方面偏向于保守，并且没有足够的精力积极参与并投入时间和注意力到社交媒体上。他们更愿意用传统且熟悉的方法进行工作内容的讨论，更愿意追求关系的和谐、融洽。因此，年龄异质性的存在可能会导致团队成员之间对社交媒体使用上的分歧，不利于员工内部社会资本的积累。基于以上理论分析和逻辑推断，本书提出以下假设：

H8c：年龄异质性负向调节任务导向的社交媒体使用与社会资本的关系。

H8d：年龄异质性负向调节关系导向的社交媒体使用与社会资本的关系。

3. 学历异质性

一个人的观念、认知和素质可以通过学历在一定程度上得到反映。团队成员如果在学历方面有较大的差异，在使用社交媒体处理工作的过程中可能无法达成认识上的一致，不利于团队协作，也容易形成小团体，不利于团队共同愿景的形成。团队成员使用社交媒体的重要原因就是建立自己的社交网络，了解最新的资讯，提升信息共享的能力（Duthler & Dhanesh，2018），而学历异质性造成的小团体会限制社交媒体在社交上的作用。总之，学历异质性的存在在一定程度上会降低整个团队的融合度，从而影响到团队成员内部社会资本的积累。基于以上理论分析和逻辑推断，本书提出以下假设：

H8e：学历异质性负向调节任务导向的社交媒体使用与社会资本的关系。

H8f：学历异质性负向调节关系导向的社交媒体使用与社会资本的关系。

4. 经验异质性

普费弗（1983）指出，员工在某一行业工作时间达到一定年限后，能够与同行业其他员工分享的共同话题、见闻越多，越容易与同行业员工进行顺利的沟通，消除人际摩擦，从而提高合作效率。因此，大部分学者认为团队成员在一起合作的时间越长，彼此的信任度和默契度越高。所以说，相互熟悉的团队成员在社交媒体使用上更容易形成相似的习惯和喜好，不需要花费额外的时间收集并分析社交媒体上发布的特定工作信息（Te'eni，2001），也可以依据已有的社交规范实现较少的社交交互便可创建匹配的个人角色和一致的互动期望（Chen，2016）。另外，社交媒体使用经验越丰富的员工，越能够充分发挥社交媒体的优势（Huang et al.，2017）。如果经验差异性太大，则会制约社交媒体使用的效果，使员工间的工作沟通和社交活动更加不畅通。基于以上理论分析和逻辑推断，本书提出以下假设：

H8g：经验异质性负向调节任务导向的社交媒体使用与社会资本的关系。

H8h：经验异质性负向调节关系导向的社交媒体使用与社会资本的关系。

6.1.2　员工社交媒体使用、社会资本与工作绩效的关系：员工社会网络异质性的调节中介作用

综合社会资本对员工工作绩效的积极意义，本书认为，借由社会资本，

员工社交媒体使用和员工社会网络异质性的交互能够对工作绩效产生影响。一方面，国外学者班泰尔和杰克逊（1989）认为，创新和发展能力很大程度上取决于团队成员之间的差异程度。团队成员异质性越高，越能够促进组织整体绩效的提升。而拜恩（1997）则提出了相似—吸引观点理论。该理论认为，人们往往会被具有相同或类似特征的人吸引。因此，团队成员的价值观和认知的相似性取决于其外部特征趋同性并进一步作用于团队的工作效率。同时，共同工作时间的增加，能够提升成员之间价值观和认知的相似性。从沟通角度来看，曾格和劳蕾妮（1989）提出，群体具有相同的特征是进行顺畅沟通的前提条件。如果成员具有相似的经历、年龄和学历或其他类似的特征，则在日常交流中可以分享的共同话题就多，团队良好的沟通氛围有利于合作关系的建立和巩固。另一方面，部分学者对团队成员的异质性与团队成员冲突之间的关系进行了探讨（Simons et al.，2021）。相关研究结果表明，团队成员的异质性主要作用于创新和发展，但可能会对其他方面产生消极的作用。例如，团队成员异质性太高，价值观的不同可能导致日常交流中出现许多不必要的冲突和摩擦，这种异质性导致人际关系的紧张，不利于提高团队决策的效率。因此，在研究过程中，应注重员工社会网络异质性影响的过程和背景。企业管理者可以利用员工社会网络异质性的优势积极影响员工行为，提高企业绩效。同时，企业管理者也需采取措施避免员工社交网络异质性的负面影响（Tufan et al.，2017）。

在第 6.1.1 节的基础上，本书进一步发展出一个被员工社会网络异质性调节的社会资本中介效应模型。具体而言，社会资本在员工社交媒体使用和工作绩效的关系中起中介作用，此中介作用的大小又分别受到调节变量员工社会网络异质性各维度的影响。当员工社会网络异质性较低时，员工社交媒体使用对社会资本的影响比较大，因此社会资本更多地传导或中介了员工社交媒体使用对工作绩效的影响；与此相对应，当员工社会网络异质性水平较高，由于员工社交媒体使用对社会资本的影响较低，因此员工社交媒体使用对工作绩效的影响也较少通过社会资本来传导。基于以上理论分析和逻辑推断，本书提出以下假设。

H9a：员工社会网络异质性各维度会调节社会资本在任务导向的社交媒体使用和工作绩效关系中所起的中介作用。当员工社会网络异质性程度较低时，任务导向的社交媒体使用可以通过积极影响社会资本的方式来提高工作绩效；当员工社会网络异质性程度较高时，社会资本在任务导向的社交媒体使用和工作绩效关系中的中介作用可能不显著。

H9b：员工社会网络异质性各维度会调节社会资本在关系导向的社交媒体使用和工作绩效关系中所起的中介作用。当员工社会网络异质性程度较低时，关系导向的社交媒体使用可以通过积极影响社会资本的方式来提高工作绩效；当员工社会网络异质性程度较高时，社会资本在关系导向的社交媒体使用和工作绩效关系中的中介作用可能不显著。

6.1.3　工作特征的调节作用

虽然人—环境匹配理论认为，个体与技术的失衡会影响员工的工作表现，但技术压力的负面效应并非在任何情况下都是不变的。已有研究证明，工作特征会显著调节影响员工绩效和行为的变量与员工绩效和行为之间的关系（吴亮等，2010）。在技术压力的研究情境下，这种调节作用仍存在（Ashraf，2014）。

1. 工作自主性

有研究表明，高水平的工作自主性一般与低水平的压力相关（Steyn & Vawda，2014）。具有较高工作自主权的员工可以进行生产决策和管理安排，并可根据实际工作情况处理异常事件。所以，员工的工作自主性越高，越有可能实现工作与自身偏好及需求的匹配（Stavropoulos et al.，2016）。在使用社交媒体的过程中，随着嵌入的关系数量的增加，员工会收到大量信息。为维持社交网络以获得支持和归属感，员工会随时查看社交媒体的信息，避免错过重要信息。这类行为会分散员工的注意力，中断员工正在进行的工作，增加按时完成工作的难度。而工作自主性高的员工处理工作更加灵活，能够减轻技术压力带来的负面影响（Ahuja et al.，2007）。因此，工作具有较高自主权的员工更不容易出现人与工作的失衡，并且能够缓和员工社交媒体使用与工作绩效的关系。基于以上理论分析和逻辑推断，本书提出以下假设：

H10a：工作自主性负向调节任务导向的社交媒体使用与技术压力的关系。

H10b：工作自主性负向调节关系导向的社交媒体使用与技术压力的关系。

2. 技能多样性

技能多样性高的员工具备在工作中开展各种不同的活动时需要的多种技

能，其组织、管理、协调、沟通和心理承受能力普遍会高于技能多样性低的员工。随着社交媒体使用的增加，社交网络越来越大，员工可能面临越来越多的社交支持请求。若社交媒体上好友要求的社交支持数量超过了员工所能提供的范围，员工可能会因为负担过重以及感知到对社交状况失去控制，而对社交关系产生压力感。因此，技能多样性高的员工在面对技术压力时更有可能调整自己的情绪，并找出应对压力的办法。另外，相较于从事任务常规性强、技能要求单一工作的员工而言，从事技能多样性高的员工更容易从工作中获得满足（吴亮等，2010）。感觉到工作有意义这一关键心理状态会产生比较积极的影响，员工会对感知到的技术压力有一个正面的回应，能够缓和员工社交媒体使用与技术压力的关系。基于以上理论分析和逻辑推断，本书提出以下假设：

H10c：技能多样性负向调节任务导向的社交媒体使用与技术压力的关系。

H10d：技能多样性负向调节关系导向的社交媒体使用与技术压力的关系。

3. 工作重要性

工作重要性体现在自身的工作会对其他人的生活和工作产生重要影响，是影响员工日常工作的变量（吴亮等，2010）。工作重要性程度更高的员工，自身具备的能力使其对工作的适应程度也更高，尤其是适应并解决工作中出现的压力问题。员工在工作场所合理地使用社交媒体用于娱乐，员工可以体验到愉悦、快乐和好奇等情绪，社交媒体本质上令人愉悦的性质吸引了员工的参与和使用，员工可以通过这种满足和愉悦的感觉进行自我激励，而那些从事简单和重复性工作的员工更容易通过休假、缺勤等方式试图摆脱单调。因此，工作重要性程度更高的员工会主动忽略工作和环境带来的困难，更不容易受到技术压力的影响。基于以上理论分析和逻辑推断，本书提出以下假设：

H10e：工作重要性负向调节任务导向的社交媒体使用与技术压力的关系。

H10f：工作重要性负向调节关系导向的社交媒体使用与技术压力的关系。

4. 任务完整性

任务完整性体现了工作的意义，是对员工胜任需求的体现。如果欠缺完成任务目标的足够信息，导致员工对完成整个工作的需求无法满足，员工会产生心情低落和压抑情绪，就可能经历技术压力。员工使用社交媒体获取和交换信息，能接触到比其所需的更深入、更广泛的信息。因此，高水平的任务完整性一般与低水平的压力相关（Stavropoulos et al.，2016），充足的任务信息可以缓解员工在经历技术压力时的低落情绪。因此，任务完整性程度越高，员工越能够实现人与工作的匹配，能够缓和员工社交媒体使用与技术压力的关系。基于以上理论分析和逻辑推断，本书提出以下假设：

H10g：任务完整性负向调节任务导向的社交媒体使用与技术压力的关系。

H10h：任务完整性负向调节关系导向的社交媒体使用与技术压力的关系。

5. 工作反馈性

工作反馈性高的员工在工作时可以直接而明确地获得相关信息，这些信息或许来源于工作本身，或许来源于主管的信息交流或同事的建议。工作反馈性与工作满意度高度相关，而工作满意度越高，工作压力水平越低（甘怡群，2006）。员工完成某一阶段的工作任务后，得到领导、同事和客户等的认可和反馈时，可以感受到尊重。而当员工在工作过程中感知到技术压力时，工作态度极易偏离企业对员工提出的要求。通过领导、同事和客户的反馈，员工可以认识到自己在工作过程中出现的问题，并加以及时改正。由于员工的时间和精力有限，当员工认识到他们的能力与社交媒体在工作环境中的要求之间存在差距时，出于不同动机的社交定期获得工作反馈，员工可了解工作要求并将新技术融入工作中。因此，工作具有较高反馈性的员工更能够缓和员工社交媒体使用与技术压力的关系。基于以上理论分析和逻辑推断，本书提出以下假设。

H10i：工作反馈性负向调节任务导向的社交媒体使用与技术压力的关系。

H10j：工作反馈性负向调节关系导向的社交媒体使用与技术压力的关系。

6.1.4　员工社交媒体使用、技术压力与工作绩效的关系：工作特征的调节中介作用

20 世纪 60 年代，学者开始关注工作特征如何影响员工持久有效的工作。胡琳等（1966）创立的必要任务属性理论是最早的工作特征理论。该理论认为，工作包括自主性、多样性、知识和技能、责任感、必要的互动和可选的互动。并且，研究进一步验证了工作满意度和工作属性的关系。之后，相关领域的学者对工作特征展开深入研究。哈克曼和劳勒（1971）在前人的基础上发展了工作特征理论，提出工作特征包括技能多样性、任务完

整性、自主性和反馈性等。工作特征理论提出，工作特征可以激励员工行为，并且成长需求在两者关系中起调节作用。随后，哈克曼和奥德姆（1975）开发了广泛使用的工作特征模型，它解释了工作特征如何影响员工满意度、动机和生产率。在工作场所使用社交媒体可能会使员工面临技术压力，当员工无法应对技术压力时会产生负面情绪，从而降低工作绩效。根据以往的研究可知，工作自主性差、工作简单和工作反馈差是导致工作压力的常见因素。据此可推测，工作具有上述工作自主性差、工作重复简单和工作反馈差等特征，员工更易感觉到企业施加的压力，会有心理上的失落或压抑，在这种情况下员工的工作效率可能会下降。

在第 6.1.3 节的基础上，本书进一步发展出一个被工作特征调节的技术压力中介效应模型。具体而言，技术压力中介了员工社交媒体使用对工作绩效的影响，此中介作用的大小又分别受到了工作特征各维度调节变量的影响。当工作特征水平较低时，员工社交媒体使用对技术压力的影响比较大，因此技术压力更多地传导或中介了员工社交媒体使用对工作绩效的影响；与此相对应，当工作特征水平较高，由于员工社交媒体使用对技术压力的影响较低，因此员工社交媒体使用对工作绩效的影响也较少通过技术压力来传导。基于以上理论分析和逻辑推断，本书提出以下假设。

H11a：工作特征各维度会调节技术压力在任务导向的社交媒体使用和工作绩效关系中所起的中介作用。当工作特征程度较低时，任务导向的社交媒体使用会引发技术压力从而降低工作绩效；当工作特征程度较高时，技术压力在任务导向的社交媒体使用和工作绩效关系中的中介作用可能不显著。

H11b：工作特征各维度会调节技术压力在关系导向的社交媒体使用和工作绩效关系中所起的中介作用。当工作特征程度较低时，关系导向的社交媒体使用会引发技术压力从而降低工作绩效；当工作特征程度较高时，技术压力在关系导向的社交媒体使用和工作绩效关系中的中介作用可能不显著。

研究假设汇总如表 6.1 所示。

表 6.1　　　　　　　　　研究假设汇总表（二）

编号	假设内容
H8a	性别异质性负向调节任务导向的社交媒体使用与社会资本的关系
H8b	性别异质性负向调节关系导向的社交媒体使用与社会资本的关系

续表

编号	假设内容
H8c	年龄异质性负向调节任务导向的社交媒体使用与社会资本的关系
H8d	年龄异质性负向调节关系导向的社交媒体使用与社会资本的关系
H8e	学历异质性负向调节任务导向的社交媒体使用与社会资本的关系
H8f	学历异质性负向调节关系导向的社交媒体使用与社会资本的关系
H8g	经验异质性负向调节任务导向的社交媒体使用与社会资本的关系
H8h	经验异质性负向调节关系导向的社交媒体使用与社会资本的关系
H9a	员工社会网络异质性各维度会调节社会资本在任务导向的社交媒体使用和工作绩效关系中所起的中介作用
H9b	员工社会网络异质性各维度会调节社会资本在关系导向的社交媒体使用和工作绩效关系中所起的中介作用
H10a	工作自主性负向调节任务导向的社交媒体使用与技术压力的关系
H10b	工作自主性负向调节关系导向的社交媒体使用与技术压力的关系
H10c	技能多样性负向调节任务导向的社交媒体使用与技术压力的关系
H10d	技能多样性负向调节关系导向的社交媒体使用与技术压力的关系
H10e	工作重要性负向调节任务导向的社交媒体使用与技术压力的关系
H10f	工作重要性负向调节关系导向的社交媒体使用与技术压力的关系
H10g	任务完整性负向调节任务导向的社交媒体使用与技术压力的关系
H10h	任务完整性负向调节关系导向的社交媒体使用与技术压力的关系
H10i	工作反馈性负向调节任务导向的社交媒体使用与技术压力的关系
H10j	工作反馈性负向调节关系导向的社交媒体使用与技术压力的关系
H11a	工作特征各维度会调节技术压力在任务导向的社交媒体使用和工作绩效关系中所起的中介作用
H12b	工作特征各维度会调节技术压力在关系导向的社交媒体使用和工作绩效关系中所起的中介作用

6.2　变量测量

在第 5 章研究成果的基础上开展更为具体、更为深层次的验证分析与讨论，即通过实证研究检验员工社会网络异质性对员工社交媒体使用和社会资本间的调节作用及对社会资本中介作用的调节作用、工作特征对员工社交媒体使用和技术压力间的调节作用及对技术压力中介作用的调节作用。本研究采用问卷调查的方式进行数据收集，研究对象、问卷设计与数据收集方法与第 4.1 节和第 5.1 节所述相同，此处不再赘述。

　　本章涉及的员工社交媒体使用、社会资本、技术压力、工作绩效和控制变量等变量的测度方法、效度与信度分析已在第 4.2 节和第 5.1 节论述，故此处也不再赘述。而员工社会网络异质性和工作特征是本章研究模型引入的两个调节变量，以下将对这两个变量的测度进行详细说明。

6.2.1　员工社会网络异质性

　　"社会网络"一词最早由班尼斯（1954）在《挪威岛教区的等级与委员会》一书中提出后，一些学者进行了进一步的扩展。米切尔（1969）在研究中指出，社会网络是由一群特定的个体形成的一系列特定的联系。威瑟和米拉比尔（2004）认为，社会网络是某个环境下行动者关系连续的结构。通过不断的研究和发展，社会网络已成为一个重要的研究领域。同时，社会网络的内在特征使得其相关理论和分析方法成为跨学科研究的重要基础。从员工的角度来看，社会网络有外部社会网络和内部社会网络的区别。员工外部社交网络一般是以个人偏好为主，跟与员工自身具有相似特征的个体联结在一起的交际网络。而在员工内部社交网络，员工一般无法自由选择交际对象。这是因为在组织内部员工的角色安排和岗位需求相对稳定。此外，如果有员工选择退出组织内部社交网络，他还需要支付相应的成本。为了激发组织环境的活跃性，许多管理者倾向于招聘与组织内部现有员工相比差异性较大的外部人员。因此，大部分组织的内部社会网络存在异质性。本书主要研究员工内部社会网络，若无特别说明，下文提及的员工社会网络是员工的组织内部社会网络。

　　在 19 世纪 60 年代的美国黑人运动上，第一次提出了异质性（heterogeneity）这一概念。根据当时的现实情况，异质性研究主要集中在种族和性别上。基于不同的研究对象和研究视角，学者们对异质性的定义并不一致。布劳（1977）的研究指出，异质性是个体与个体之间人口统计学特征上的差异程度。杰克逊等（1993）则认为，异质性是个体属性的差异程度，除了性别、年龄和种族等人口统计学变量，个性、专业技能和教育背景等也是异质性研究需考虑的。卡曾巴雷尔和史密斯克（1993）认为，异质性是个体特征、技能和观念的差异程度，会作用于团队目标的实现。约翰等（1999）认为，异质性是指团队故意采用一些手段或措施来避免单一和僵化的团队属性，以节省运营成本和提高管理效率。培养那些原本不受重视的团队成员，努力激发他们的潜力，就是一种手段和措施。之后，我国学者根据管理实践也对异质性作了一些定义。王成成（2011）在研究中指出，团队异质性是团队成员在年龄、性别、种族、职业、经历和人格态度等方面的差异程度。王国锋（2009）以在汶川地震中参与救援的医疗团队为研究对象，认为团队异质性是团队成员在性别、年龄、任期和教育背景等方面的差异程度。本书借鉴王成园（2016）对异质性概念的解释，主要基于两个方面。首先，从差异性角度，杰克逊等（2003）认为，差异性就是团队成员各种不同属性的分布。克尼彭贝格与席普斯（2007）认为，差异性是指个体的不同特征可能导致对其他人不同的看法。其次，从同质性角度，怀特（2010）指出，在社会网络中，个体之间无论是经常互动还是较少互动，都会对信仰、决策和行为产生影响。相关研究表明，个体愿意选择与自己具有相似特征的人建立社会网络。例如，费斯汀格（1954）指出，相似的人能够较快地对自己的想法和能力作出评估，尤其在关键时刻能够帮助自己作出科学合理的决策。基尔达夫与蔡（2003）指出，大部分人希望找到一个属于自己的小团队，其中每个人都有类似的特征。拉扎斯菲尔德与默顿（1954）认为，同质性包括地位同质性和价值同质性。地位同质性，即人口统计学特征，包括种族、性别、年龄、地域、教育背景和职业等。价值同质性，即各种内在状态，可以描述个体未来的行为方向，包括态度、能力、信念和欲望等。一般而言，异质性是指上述各种社会化属性（包括地位和价值维度）中个体之间的差异。

社会网络内部异质性可以从两个角度进行分类：个体层面异质性和组织层面异质性。个体层面异质性以个体为中心，侧重于个体与社会网络内部其他个体属性的差异性。组织层面异质性就是本书涉及的员工社会网络异质性，侧重于社会网络内部个体属性的离散情况，是一种整体差异性。基于本书的研究问题，应关注员工在任务属性和关系属性上的异质性，即员工的信息差异和社会类别差异（Hambrick et al.，1996）。信息差异包括学历和经验的差异程度，社会类别差异包括性别和年龄的差异程度。

具体来说，员工社会网络异质性的测量可以分为三种情况，包括信息差异、社会类别差异和价值观差异。对于信息差异和社会类别差异，可分为连续变量和分类变量。连续变量，如年龄异质性和任期异质性可以通过全距、方差（方差越大，异质程度越高）和差异系数（差异系数越大，异质程度越高）来测量。差异系数的测量公式为：差异系数 = 样本标准差/样本均值 × 100%。分类变量异质性如性别、种族和岗位等一般用两种方式进行测量。一种是 Blau 系数，计算公式为 $B = 1 - \sum p_i^2$，其中，B 表示 Blau 系数，i 表示该异质性特征的第 i 个类别（如性别中的男、女），p_i 表示第 i 个类别所占全体数量的比例。另一种是 T 系数，计算公式为 $T = -\sum p_i(\ln p_i)$，i 表示该异质性特征的第 i 个类别，p_i 表示第 i 个类别所占全体数量的比例。而价值观异质性一般是使用量表问卷进行测量。本研究将员工社会网络异质性划分为性别异质性、年龄异质性、学历异质性和经验异质性。其中经验异质性包括任期异质性和社交媒体使用经验异质性，其中社交媒体使用经验异质性借鉴周和埃治（2012）、沙伦苏克蒙戈尔（2014）的测量方式，主要包括两个问项：您已使用社交媒体多少年和您每天使用社交媒体多长时间。年龄异质性和经验异质性是连续变量，采用差异系数进行测量。差异系数越大，表示异质性越大；差异系数越小，表示异质性越小。性别异质性和学历异质性是分类变量，采用 Blau 系数进行测量。Blau 系数越大，表示异质性越大；Blau 系数越小，表示异质性越小。

6.2.2　工作特征

早在科学管理时期，工作特征的研究就已开始。泰勒（Taylor）最早进行工作设计的研究，目的在于根据统一的标准完成工作，简化工作流程，进而提高员工工作绩效。作为工作分析和工作设计的重要组成部分，工作特征会直接影响员工的工作态度和行为。在现有研究中，工作特征广泛应用于组织行为学、管理学和心理学等不同的领域。

工作特征，即工作本身的属性，工作自主性、工作安全性、工作反馈性、工作挑战性、工作性质、工作环境及工作回报等都属于工作特征。总之，工作特征是工作本身的属性。根据海克曼和劳勒（1971）的研究，工作特征包括核心工作维度和人际关系维度。其中，核心工作维度包括工作完整性、技能多样性、工作自主性和工作反馈性等，人际关系维度包括处理与他人的关系和交友机会等。之后，海克曼和奥海姆（1975）补充了原有的工作特征理论。工作完整性、技能多样性、工作自主性、工作反馈和工作重要性是工作特征的核心维度，来自他人的反馈和处理与他人的关系是工作特征的辅助维度。盖特伍德等（1982）进一步提出，工作压力和工作依赖也属于工作特征的范畴。古恩等（1996）在研究中指出，工作的主要特征是报酬、改善前景和自主性。甘怡群（2006）以我国农村中学教师为研究对象，提出的工作特征包括缺乏支持和公平感、忙碌感、人际消耗和社会偏见。吴亮等（2010）指出，根据要求—控制模型工作特征分为相对具体的工作要求、工作控制和社会支持，根据要求—资源模型工作特征分为相对概括的工作要求和工作资源。

对于工作特征的定义，海克曼和奥海姆（1975）的五个核心维度观点最为相关学者认可，许多与工作特征相关的研究以这种观点为基础进行扩展。因此结合研究目的，本书将工作特征定义为：工作本身的属性，包括工作重要性、工作自主性、技能多样性、任务完整性和工作反馈性。工作重要性是指工作影响他人生活和工作的程度，不仅包括对同事或其他利益相关者的影响，还包括对团队和组织的影响。工作自主性是指工作本身对员工提供的自由、独立和决策的程度，员工可否独立作出生产决策和管理安排，可否根据实际情况处理工作中出现的意外情况，可否自由地表达意见等。研究表明，工作自主性对员工内在激励非常有效。技能多样性是指员工在开展各种工作活动时必须具备的技能的程度，包括专业能力、组织能力、管理能力、协调能力和沟通能力等。对于员工和管理者，技能多样性的表现形式有所不同。相较于普通员工，管理者需具备更加复杂和多样的技能，还需具备卓越的整合能力和良好的综合素质。任务完整性是指员工在工作中所承担的任务需要具备完整性和可识别性的程度，即从头到尾地参与工作且有具体的结果。值得注意的是，要根据岗位特点设置不同程度的完整性，程度过高或过低都有可能产生负面影响。工作反馈性是指员工在工作过程中可以直接和清楚地获得有关其工作绩效的信息的程度。例如，在生产性企业中，产品的残次品率可以直接反映员工的工作投入程度。另外，也可从主管或同事处获得反馈。运用严谨合理的绩效考核系统也是对工作进行反馈的重要方法，对员工的表现和成果进行评价，员工可以及时调整工作态度和工作方法。

本书采用海克曼和奥海姆于1975年编制的工作特征问卷，许多学者已经使用和验证过该问卷。在最初的研究中，海克曼和奥海姆开发了两个版本

的工作特征问卷。本书采用的是短题版本，也是学者使用较多的版本。问卷
包括工作自主性、技能多样性、工作重要性、任务完整性、工作反馈性 5 个
维度，共 15 个测量题项。基于本书的特定情境，结合员工和专家的意见，
最终形成了工作特征的初始测量问项，并进行了语言表述方面的修改，具体
如表 6.2 所示。

表 6.2　　　　　　　　　　　　　工作特征的测量项目

项目编号	测量问项
	工作自主性
JA1	我可以自主决定如何完成我的工作
JA2	我拥有利用主动性和判断力来完成我的工作的机会
JA3	在如何完成工作方面，我的工作给了我相当大的独立和自由
	技能多样性
SD1	我需要具备多种技能才能完成我的工作
SD2	我的工作要求我使用大量复杂或高水平的技能
SD3	我的工作允许我使用许多复杂或高水平的技能
	工作重要性
JI1	我的工作结果会影响其他人的生活或幸福
JI2	我的工作完成得好坏会对许多人产生影响
JI3	我的工作在许多方面都是非常重要的
	任务完整性
WI1	我的工作是一项完整的、可识别的工作
WI2	我的工作安排允许我从头到尾地完成整个工作
WI3	我的工作为我提供了完成由我开始的各部分任务的机会
	工作反馈性
JF1	我的工作任务本身可以随时让我了解工作的进展
JF2	在完成一项工作后，我能够知道自己干得好不好
JF3	在完成工作任务的过程中，有许多机会让我知道自己表现得怎么样

注：JA 代表工作自主性，SD 代表技能多样性，JI 代表工作重要性，WI 代表任务完整性，JF 代表工作反馈性。

6.3　数据质量分析

6.3.1　探索性因子分析

员工社会网络异质性采用的是指数型测量，因此没有被纳入探索性因子分析中。

工作特征包含的五个变量：工作自主性、技能多样性、工作重要性、任务完整性和工作反馈性，分别进行 KMO 和 Bartlett 球形检验，判断其是否符合因子分析的条件，结果如表 6.3 所示。

表 6.3　　　　　　　　　工作特征量表的 KMO 和 Bartlett 球形检验

取样足够度的 Kaiser – Meyer – Olkin 度量		0.717
Bartlett 的球形度检验	近似卡方分布	877.287
	自由度	105
	显著性	0.000

根据表 6.3，工作特征量表的 KMO 值等于 0.717，表示达到适中的程度，即工作特征量表适合进行因子分析；Bartlett 球形检验的近似卡方分布为 877.287，自由度为 105，显著性概率值 $p = 0.000 < 0.05$，达到显著水平，表示工作特征量表的 12 个题项有共同因子存在，适合进行因子分析。

在 KMO 和 Bartlett 球形检验的基础上，进一步进行因子分析。工作特征量表的效度分析结果如表 6.4 所示。

表 6.4　　　　　　　　　工作特征量表探索性因子分析结果

二级变量	题号	因子载荷				
		1	2	3	4	5
工作自主性	JA1	0.867				
	JA2	0.895				
	JA3	0.913				

续表

二级变量	题号	因子载荷				
		1	2	3	4	5
技能多样性	SV1				0.805	
	SV2				0.841	
	SV3				0.877	
工作重要性	JI1					0.831
	JI2					0.783
	JI3					0.833
任务完整性	TI1			0.895		
	TI2			0.830		
	TI3			0.878		
工作反馈性	JF1		0.891			
	JF2		0.809			
	JF3		0.873			
特征值		3.699	2.577	2.231	1.750	1.324
累计解释总体方差（%）		16.806	32.763	48.571	63.411	77.202

由表 6.4 可以看出，通过数据处理与分析，从工作特征量表提取了 5 个共同因子，且共同解释了变异量的 77.202%，每个测量条款的因子载荷均超过 0.500，证明工作特征量表具有良好的结构效度。

6.3.2　信度分析

员工社会网络异质性采用的是指数型测量，因此没有被纳入信度检验中。本节同样运用 SPSS 软件对工作特征进行信度检验。由表 6.5 可以看出，在工作特征的测量中，内部一致性系数为 0.766，大于 0.7，基本符合标准。工作自主性的测量中，该维度的内部一致性系数为 0.894，大于 0.7，基本符合标准，并且"项已删除的 α 值"与"变量的 α 值"很接近，修正的项目总相关均大于 0.3，表明工作自主性的测量题项均符合基本要求。技能多样性的测量中，该维度的内部一致性系数为 0.810，大于 0.7，基本符合标准，并且"项已删除的 α 值"与"变量的 α 值"很接近，修正的项目总相关均大于 0.3，表明技能多样性的测量题项均符合基本要求。工作重要性的测量中，该维度的内部一致性系数为 0.761，大于 0.7，基本符合标准，并且"项已删除的 α 值"与"变量的 α 值"很接近，修正的项目总相关均大于 0.3，表明工作重要性的测量题项均符合基本要求。任务完整性的测量中，该维度的内部一致性系数为 0.853，大于 0.7，基本符合标准，并且"项已删除的 α 值"与"变量的 α 值"很接近，修正的项目总相关均大于 0.3，表明工作完整性的测量题项均符合基本要求。工作反馈性的测量中，该维度的内部一致性系数为 0.860，大于 0.7 基本符合标准，并且"项已删除的 α 值"与"变量的 α 值"很接近，修正的项目总相关均大于 0.3，表明工作反馈性的测量题项均符合基本要求。

表 6.5　　　　　　　　　　工作特征测量条款的信度分析结果

一级变量	二级变量	题号	修正的项目总相关	项已删除的 α 值	二级变量的 α 值	一级变量的 α 值
工作特征	工作自主性	JA1	0.788	0.851	0.894	0.766
		JA2	0.763	0.873		
		JA3	0.829	0.816		
	技能多样性	SD1	0.640	0.765	0.810	
		SD2	0.644	0.754		
		SD3	0.710	0.688		
	工作重要性	JI1	0.630	0.643	0.761	
		JI2	0.561	0.715		
		JI3	0.601	0.680		
	任务完整性	WI1	0.789	0.732	0.853	
		WI2	0.693	0.825		
		WI3	0.698	0.823		
	工作反馈性	JF1	0.800	0.743	0.860	
		JF2	0.677	0.858		
		JF3	0.745	0.796		

6.3.3 验证性因子分析

员工社会网络异质性采用的是指数型测量，因此没有被纳入验证性因子分析中。

在工作特征的结构模型中，包含了工作自主性、技能多样性、工作重要性、任务完整性和工作反馈性 5 个潜变量和 15 个观测变量。运用 Mplus 统计软件进行数据分析处理，结果如图 6.1 与表 6.6 所示。

由图 6.1 所示，根据 Mplus 软件的运行结果，工作特征整体测量模型（包含工作自主性模型、技能多样性模型、工作重要性模型、任务完整性模型和工作反馈性模型）的拟合效果较好，其中卡方自由度比值（χ^2/df）为 2.896，小于 5，在可以接受的范围之内；TLI 值为 0.916，CFI 值为 0.936，均大于 0.9；SRMR 值为 0.045，小于 0.08；RMSEA 值为 0.062，小于 0.10，表明模型整体质量较高。

由表 6.6 所示，从模型的内在适配指标来看，各个测量指标的因子负荷量都介于 0.55~0.9；工作自主性模型、技能多样性模型、工作重要性模型、任务完整性模型和工作反馈性模型的组合信度（CR）均大于 0.6 的判断标准，平均方差抽取量（AVE）均大于 0.50 或接近于 0.50，且测量量表较为成熟。从整体上看，工作特征模型表现出良好的建构信度和收敛效度。综上所述，工作特征模型适配度良好，基本拟合。

表 6.6 工作特征模型内在质量检验指标

潜变量	指标	因子载荷	CR	AVE
工作自主性（JA）	d1	0.856	0.813	0.592
	d2	0.584		
	d3	0.849		
技能多样性（SV）	d4	0.643	0.702	0.441
	d5	0.648		
	d6	0.699		
工作重要性（JI）	d7	0.751	0.708	0.450
	d8	0.589		
	d9	0.662		

续表

潜变量	指标	因子载荷	CR	AVE
任务完整性 （TI）	d10	0.761	0.753	0.505
	d11	0.704		
	d12	0.664		
工作反馈性 （JF）	d13	0.734	0.746	0.496
	d14	0.662		
	d15	0.714		
拟合优度指标值	$\chi^2/df = 231.676/80 = 2.896$；TLI = 0.916；CFI = 0.936；SRMR = 0.045；RMSEA = 0.062			

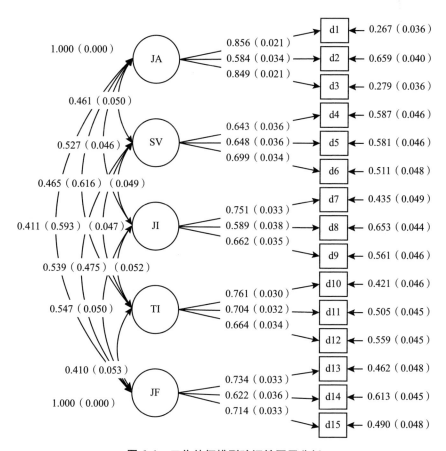

图 6.1 工作特征模型验证性因子分析

在上述测量模型拟合良好的基础上，应用 Mplus 软件对整体概念模型进行检验，对任务导向的社交媒体使用、关系导向的社交媒体使用、社会资本、技术压力、工作特征和工作绩效 6 个主要变量之间的区分效度进行验证性因子分析（员工社会网络异质性采用的是指数型测量，因此没有被纳入信度检验中）。分析结果显示，六因子模型能较好地拟合此次调研所获得的数据（$\chi^2/df = 1.845$，$TLI = 0.903$，$CFI = 0.910$，$SRMR = 0.042$，$RMSEA = 0.041$）。

进一步地，比较六因子模型的拟合指数和其他因子模型的拟合指数（如五因子模型、四因子模型等），结果如表 6.7 所示。结果表明，相比于其他模型的拟合指数，六因子模型的拟合指数明显更优。因此，本次测量数据的区分效度较好。

表 6.7　　　　　不同因子模型的验证性因子分析结果比较（二）

模型	χ^2	df	χ^2/df	TLI	CFI	SRMR	RMSEA
六因子模型	2538.065	1376	1.845	0.903	0.910	0.042	0.041
五因子模型 1[a]	3609.008	1401	2.576	0.823	0.833	0.056	0.056
五因子模型 2[a]	3396.650	1401	2.424	0.840	0.849	0.046	0.054
五因子模型 3[a]	3505.751	1401	2.502	0.831	0.841	0.049	0.055
五因子模型 4[a]	3524.202	1401	2.502	0.830	0.839	0.048	0.055
五因子模型 5[a]	3371.904	1401	2.407	0.842	0.851	0.047	0.053
四因子模型 1[b]	4127.177	1418	2.911	0.769	0.779	0.058	0.062
四因子模型 2[b]	4220.110	1418	2.976	0.761	0.772	0.057	0.063
四因子模型 3[b]	4202.924	1418	2.964	0.762	0.774	0.054	0.067
四因子模型 4[b]	4149.595	1418	2.926	0.762	0.774	0.054	0.068
三因子模型 1[c]	4486.645	1423	3.153	0.735	0.750	0.056	0.066
三因子模型 2[c]	4662.967	1423	3.277	0.724	0.726	0.056	0.068
三因子模型 3[c]	4554.763	1423	3.201	0.733	0.745	0.055	0.067
两因子模型 1[d]	5452.129	1429	3.812	0.659	0.672	0.063	0.075

模型	χ^2	df	χ^2/df	TLI	CFI	SRMR	RMSEA
两因子模型 2^d	5728.458	1429	4.009	0.636	0.650	0.061	0.078
单因子模型^e	5879.008	1430	4.111	0.624	0.637	0.061	0.079

注：a. 五因子模型 1 将任务导向的社交媒体使用和关系导向的社交媒体使用合并成一个因子；五因子模型 2 将社会资本和技术压力合并成一个因子；五因子模型 3 将任务导向的社交媒体使用和技术压力合并成一个因子；五因子模型 4 将关系导向的社交媒体使用和社会资本合并成一个因子；五因子模型 5 将工作特征和工作绩效合并成一个因子。

b. 四因子模型 1 将任务导向的社交媒体使用、关系导向的社交媒体使用和社会资本合并成一个因子；四因子模型 2 将任务导向的社交媒体使用、关系导向的社交媒体使用和技术压力合并成一个因子；四因子模型 3 将任务导向的社交媒体使用、关系导向的社交媒体使用和工作特征合并成一个因子；四因子模型 4 将任务导向的社交媒体使用、关系导向的社交媒体使用和工作绩效合并成一个因子。

c. 三因子模型 1 将任务导向的社交媒体使用和关系导向的社交媒体使用合并成一个因子，社会资本、技术压力和工作绩效合并成一个因子；三因子模型 2 将任务导向的社交媒体使用、关系导向的社交媒体使用、社会资本和技术压力合并成一个因子；三因子模型 3 将任务导向的社交媒体使用、关系导向的社交媒体使用、技术压力和工作特征合并成一个因子。

d. 两因子模型 1 将任务导向的社交媒体使用和关系导向的社交媒体使用合并成一个因子；两因子模型 2 将任务导向的社交媒体使用、关系导向的社交媒体使用、社会资本、技术压力和工作绩效合并成一个因子。

e. 单因子模型将任务导向的社交媒体使用、关系导向的社交媒体使用、社会资本、技术压力、工作特征和工作绩效合并成一个因子。

6.4 实证研究

6.4.1 变量间的相关关系

表 6.8 列出了变量的均值、标准差及相关系数矩阵，可以看出，调节变量员工社会网络异质性和工作特征与解释变量、被解释变量存在显著相关关系，初步验证了本章的研究假设。

6.4.2 假设检验

1. 员工社会网络异质性的调节效应检验

为探究员工社会网络异质性在员工社交媒体使用与社会资本间的调节作

表6.8 变量间的相关系数

变量	均值	标准差	1	2	3	4	5	6	7	8	9	10	11	12	13	14
1 性别	1.478	0.500														
2 年龄	31.399	6.365	0.013													
3 学历	1.927	0.718	0.097*	0.199***												
4 任期	2.377	0.886	-0.006	0.393***	0.110*											
5 企业性质	3.494	1.149	0.000	-0.015	-0.027	0.072										
6 行业类型	4.645	2.637	-0.050	0.022	0.084	0.020	-0.022									
7 部门规模	6.758	2.262	0.013	0.084	-0.043	0.070	0.059	-0.023								
8 工作使用	3.918	0.786	0.057	-0.026	0.066	-0.026	0.016	0.009	-0.038							
9 社交使用	3.956	0.785	0.009	-0.027	0.041	0.013	-0.014	0.003	-0.014	0.335***						
10 社会资本	3.944	0.659	0.034	-0.055	-0.010	-0.052	0.030	0.015	-0.023	0.320***	0.358***					
11 技术压力	3.942	0.653	0.048	-0.030	0.028	-0.022	0.009	0.019	-0.018	0.301***	0.342***	0.076				
12 工作绩效	3.909	0.812	0.034	-0.014	0.010	0.010	0.029	0.010	-0.047	0.340***	0.256***	0.332***	-0.119*			
13 员工社会网络异质性	0.320	0.049	0.075	0.161*	0.078	0.116*	0.072	-0.010	0.056	-0.019	-0.062	-0.106*	-0.073	-0.109*		
14 工作特征	3.973	0.899	-0.005	-0.065	-0.008	-0.072	0.023	-0.004	-0.045	0.130*	0.122*	0.053	-0.130*	0.127*	0.096*	
15 标签变量	3.645	0.559	0.023	0.095*	-0.14	0.101*	0.027	0.020	-0.059	0.048	-0.106*	0.035	-0.054	0.113*	0.003	0.010

注: * 表示 $p < 0.05$, ** 表示 $p < 0.01$, *** 表示 $p < 0.001$。

用，采用层次回归法，模型 1 加入了所有的控制变量，模型 2 在模型 1 的基础上加入了变量：任务导向的社交媒体使用和关系导向的社交媒体使用，模型 3 在模型 2 的基础上加入了变量：员工社会网络异质性各维度，模型 4 在模型 3 的基础上加入了员工社会网络异质性各维度和任务导向的社交媒体使用、关系导向的社交媒体使用的交互项。

从表 6.9 模型 4 可以看出，任务导向的社交媒体使用和性别异质性的交互项对社会资本的影响不显著（β = − 0.058），表明性别异质性对任务导向的社交媒体使用和社会资本的调节效应不显著，假设 8a 未得到支持。关系导向的社交媒体使用和性别异质性的交互项对社会资本的影响不显著（β = − 0.060），表明性别异质性对关系导向的社交媒体使用和社会资本的调节效应不显著，假设 8b 未得到支持。

任务导向的社交媒体使用和年龄异质性的交互项对社会资本的影响不显著（β = − 0.035），表明年龄异质性对任务导向的社交媒体使用和社会资本的调节效应不显著，假设 8c 未得到支持。关系导向的社交媒体使用和年龄异质性的交互项对社会资本的影响显著（β = − 0.119，p < 0.01），表明年龄异质性对关系导向的社交媒体使用和社会资本的调节效应显著，假设 8d 得到支持。从图 6.2 中可以直观地看出，年龄异质性水平在关系导向的社交媒体使用与社会资本之间的正向关系中起到负向的阻碍作用。也就是说，年龄异质性越低，关系导向的社交媒体使用与社会资本之间的正向关系就越明显。

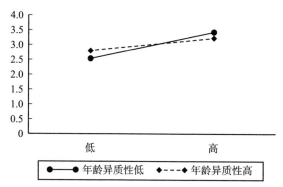

图 6.2　年龄异质性对关系导向的社交媒体使用与社会资本间的调节效应

注：图中变量的高低水平是基于自变量和调节变量在加、减一个标准差获得的。

任务导向的社交媒体使用和学历异质性的交互项对社会资本的影响不显著（β＝－0.064），表明学历异质性对任务导向的社交媒体使用和社会资本的调节效应不显著，假设 8e 未得到支持。关系导向的社交媒体使用和学历异质性的交互项对社会资本的影响显著（β＝－0.047），表明学历异质性对关系导向的社交媒体使用和社会资本的调节效应不显著，假设 8f 未得到支持。

任务导向的社交媒体使用和经验异质性的交互项对社会资本的影响显著（β＝－0.198，p＜0.001），表明经验异质性对任务导向的社交媒体使用和社会资本的调节效应显著，假设 8g 得到支持。从图 6.3 中可以直观地看出，经验异质性水平在任务导向的社交媒体使用与社会资本之间的正向关系中起到负向的阻碍作用。也就是说，经验异质性越低，工作使用与社会资本之间的正向关系就越明显。关系导向的社交媒体使用和经验异质性的交互项对社会资本的影响显著（β＝－0.183，p＜0.001），表明经验异质性对关系导向的社交媒体使用和社会资本的调节效应显著，假设 8h 得到支持。从图 6.4 中可以直观地看出，经验异质性水平在关系导向的社交媒体使用与社会资本之间的正向关系中起到负向的阻碍作用。也就是说，经验异质性越低，关系导向的社交媒体使用与社会资本之间的正向关系就越明显。

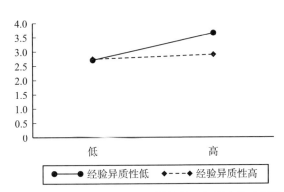

图 6.3　经验异质性对任务导向的社交媒体使用与社会资本间的调节效应

注：图中变量的高低水平是基于自变量和调节变量在加、减一个标准差获得的。

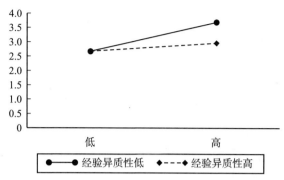

图 6.4　经验异质性对关系导向的社交媒体使用与社会资本间的调节效应

注：图中变量的高低水平是基于自变量和调节变量在加、减一个标准差获得的。

表 6.9　　　　　　　　　员工社会网络异质性的调节效应检验

变量	模型 1	模型 2	模型 3	模型 4
控制变量				
性别	0.039	0.018	0.011	−0.001
年龄	−0.039	0.011	−0.001	−0.003
学历	−0.011	−0.065	−0.073 *	−0.069 *
任期	−0.017	−0.046	−0.044	−0.054
行业类型	0.067	0.054	0.014	0.028
企业性质	0.062	0.071 *	0.047	0.042
部门规模	−0.017	−0.009	0.008	−0.014
标签变量	0.025	0.021	0.033	0.020
自变量				
任务导向的社交媒体使用		0.374 ***	0.339 ***	0.276 ***
关系导向的社交媒体使用		0.462 ***	0.426 ***	0.328 ***
调节变量				
性别异质性			0.007	0.035
年龄异质性			0.015	0.017
学历异质性			−0.003	−0.018
经验异质性			−0.208 ***	−0.180 ***

变量	模型1	模型2	模型3	模型4
交互项				
任务导向的社交媒体使用×性别异质性				-0.058
关系导向的社交媒体使用×性别异质性				-0.060
任务导向的社交媒体使用×年龄异质性				-0.035
关系导向的社交媒体使用×年龄异质性				-0.119**
任务导向的社交媒体使用×学历异质性				-0.064
关系导向的社交媒体使用×学历异质性				-0.047
任务导向的社交媒体使用×经验异质性				-0.198***
关系导向的社交媒体使用×经验异质性				-0.183***
R^2	0.008	0.541	0.579	0.647
ΔR^2	0.008	0.533	0.038	0.068
F	0.994	17.861***	20.117***	25.333***

注：* 表示 $p < 0.05$，** 表示 $p < 0.01$，*** 表示 $p < 0.001$。

2. 员工社交媒体使用、社会资本与工作绩效的关系：员工社会网络异质性的调节中介效应检验

为了检验有调节的中介模型是否成立，采用"拔靴法"分析社会资本在员工社交媒体使用和工作绩效之间的中介效应是否会因员工社会网络异质性水平的不同而有所差异。从表6.10中可以看出，在经验异质性的低、高水平下，任务导向的社交媒体使用经由社会资本影响工作绩效的间接效应存在显著差异（95%的置信区间为 [-0.103，-0.036]，置信区间内不包含0），该被调节的中介模型成立。具体来看，当经验异质性水平低时，社会资本在任务导向的社交媒体使用与工作绩效关系的中介效应显著（95%的置信区间为 [0.033，0.161]，置信区间内不包含0）；当经验异质性水平高时，社会资本在任务导向的社交媒体使用与工作绩效关系的中介效应不显著（95%的置信区间为 [-0.044，0.047]，置信区间内包含0）。因此，本研究中的H9a得到部分支持。

在年龄异质性的低、高水平下，关系导向的社交媒体使用经由社会资本

影响工作绩效的间接效应不存在显著差异（95% 的置信区间为 ［ － 0.047，0.054］，置信区间内包含 0），该被调节的中介模型不成立。在经验异质性的低、高水平下，关系导向的社交媒体使用经由社会资本影响工作绩效的间接效应存在显著差异（95% 的置信区间为 ［ － 0.117， － 0.027］，置信区间内不包含 0），该被调节的中介模型成立。具体来看，当经验异质性水平低时，社会资本在关系导向的社交媒体使用与工作绩效关系的中介效应显著（95% 的置信区间为 ［0.048，0.165］，置信区间内不包含 0）；当经验异质性水平高时，社会资本在关系导向的社交媒体使用与工作绩效关系的中介效应不显著（95% 的置信区间为 ［ － 0.020，0.131］，置信区间内包含 0）。因此，本研究中的 H9b 得到部分支持。

表 6.10　　　　　被员工社会网络异质性调节的中介效应检验

自变量	调节变量	效应值（标准差）	95% 的置信区间
任务导向的社交媒体使用	经验异质性低	0.144（0.043）	［0.033，0.161］
任务导向的社交媒体使用	经验异质性高	0.040（0.026）	［ － 0.044，0.047］
间接效应的差异		－ 0.104（0.026）	［ － 0.103， － 0.036］
关系导向的社交媒体使用	年龄异质性低	0.295（0.044）	［0.180，0.402］
关系导向的社交媒体使用	年龄异质性高	0.253（0.045）	［0.137，0.363］
间接效应的差异		－ 0.042（0.029）	［ － 0.047，0.054］
关系导向的社交媒体使用	经验异质性低	0.156（0.043）	［0.048，0.165］
关系导向的社交媒体使用	经验异质性高	0.019（0.041）	［ － 0.020，0.131］
间接效应的差异		－ 0.137（0.026）	［ － 0.117， － 0.027］

注：该表格的结果是基于 Mplus 软件的处理结果。所有的效应值都是基于 bootstrap 抽样 5000 次得到的。

3. 工作特征的调节效应检验

为探究工作特征在员工社交媒体使用与技术压力的调节作用，采用层次回归法，模型 5 加入了所有的控制变量，模型 6 在模型 5 的基础上加入了任务导向的社交媒体使用和关系导向的社交媒体使用，模型 7 在模型 6 的基础上加入了工作特征各维度，模型 8 在模型 7 的基础上加入了工作特征各维度和任务导向的社交媒体使用、关系导向的社交媒体使用的交互项。

从表 6.11 模型 8 可以看出，在控制了员工性别、年龄等变量之后，任务导向的社交媒体使用和工作自主性的交互项对技术压力的影响显著（β = −0.134，p < 0.01），表明工作自主性对任务导向的社交媒体使用和技术压力的调节效应显著，假设 10a 得到支持。从图 6.5 中可以直观地看出，工作自主性水平在任务导向的社交媒体使用和技术压力之间的正向关系中起到负向的阻碍作用。也就是说，工作自主性越低，任务导向的社交媒体使用和技术压力之间的正向关系就越明显。关系导向的社交媒体使用和工作自主性的交互项对技术压力的影响显著（β = −0.089，p < 0.05），表明工作自主性对关系导向的社交媒体使用和技术压力的调节效应显著，假设 10b 得到支持。从图 6.6 中可以直观地看出，工作自主性水平在关系导向的社交媒体使用和技术压力之间的正向关系中起到负向的阻碍作用。也就是说，工作自主性越低，关系导向的社交媒体使用和技术压力之间的正向关系就越明显。

表 6.11　　　　　　　　　　工作特征的调节效应检验

变量	模型 5	模型 6	模型 7	模型 8
控制变量				
性别	−0.008	−0.015	−0.015	−0.010
年龄	−0.012	−0.079*	−0.079*	−0.078*
学历	0.018	−0.008	0.002	−0.005
任期	−0.005	−0.007	−0.005	−0.001
行业类型	0.029	0.028	0.030	0.043
企业性质	0.004	0.004	0.002	0.003
部门规模	−0.013	−0.029	−0.027	−0.034
标签变量	−0.041	−0.029	−0.021	−0.027
自变量				
任务导向的社交媒体使用		0.348***	0.246***	0.228***
关系导向的社交媒体使用		0.321***	0.239***	0.205***
调节变量				
工作自主性			−0.119**	−0.148**
技能多样性			−0.135**	−0.187**
工作重要性			−0.003	−0.035

续表

变量	模型5	模型6	模型7	模型8
任务完整性			-0.018	-0.084
工作反馈性			-0.059	-0.039
交互项				
任务导向的社交媒体使用×工作自主性				-0.134**
关系导向的社交媒体使用×工作自主性				-0.089*
任务导向的社交媒体使用×技能多样性				-0.102**
关系导向的社交媒体使用×技能多样性				-0.100**
任务导向的社交媒体使用×工作重要性				-0.060
关系导向的社交媒体使用×工作重要性				-0.061
任务导向的社交媒体使用×任务完整性				-0.024
关系导向的社交媒体使用×任务完整性				0.019
任务导向的社交媒体使用×工作反馈性				-0.036
关系导向的社交媒体使用×工作反馈性				0.021
R^2	0.011	0.063	0.112	0.125
ΔR^2	0.011	0.052	0.049	0.013
F	1.171	2.973*	4.118**	4.490**

注：* 表示 $p < 0.05$，** 表示 $p < 0.01$，*** 表示 $p < 0.001$。

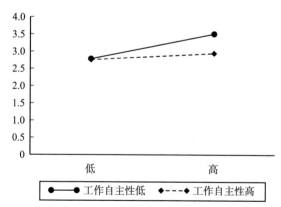

图6.5　工作自主性对任务导向的社交媒体使用与技术压力间的调节效应

注：图中变量的高低水平是基于自变量和调节变量在加、减一个标准差获得的。

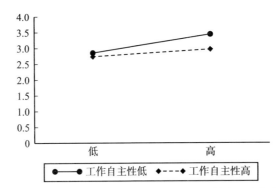

图6.6　工作自主性对关系导向的社交媒体使用与技术压力间的调节效应

注：图中变量的高低水平是基于自变量和调节变量在加、减一个标准差获得的。

　　任务导向的社交媒体使用和技能多样性的交互项对技术压力的影响显著（$\beta = -0.102$，$p < 0.01$），表明技能多样性对任务导向的社交媒体使用和技术压力的调节效应显著，假设10c得到支持。从图6.7中可以直观地看出，技能多样性水平在任务导向的社交媒体使用和技术压力之间的正向关系中起到负向的阻碍作用。也就是说，技能多样性越低，任务导向的社交媒体使用和技术压力之间的正向关系就越明显。关系导向的社交媒体使用和技能多样性的交互项对技术压力的影响显著（$\beta = -0.100$，$p < 0.01$），表明技能多样性对关系导向的社交媒体使用和技术压力的调节效应显著，假设10d得到支持。从图6.8中可以直观地看出，技能多样性水平在关系导向的社交媒体使用和技术压力之间的正向关系中起到负向的阻碍作用。也就是说，技能多样性越低，关系导向的社交媒体使用和技术压力之间的正向关系就越明显。

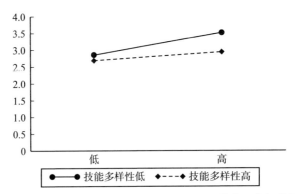

图6.7　技能多样性对任务导向的社交媒体使用与技术压力间的调节效应

注：图中变量的高低水平是基于自变量和调节变量在加、减一个标准差获得的。

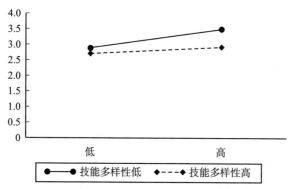

图 6.8 技能多样性对关系导向的社交媒体使用与技术压力间的调节效应

注：图中变量的高低水平是基于自变量和调节变量在加、减一个标准差获得的。

　　任务导向的社交媒体使用和工作重要性的交互项对技术压力的影响不显著（$\beta = -0.060$），表明工作重要性对任务导向的社交媒体使用与技术压力的调节效应不显著，假设 10e 未得到支持。关系导向的社交媒体使用和工作重要性的交互项对技术压力的影响不显著（$\beta = -0.061$），表明工作重要性对关系导向的社交媒体使用与技术压力的调节效应不显著，假设 10f 未得到支持。

　　任务导向的社交媒体使用和任务完整性的交互项对技术压力的影响不显著（$\beta = -0.024$），表明任务完整性对任务导向的社交媒体使用与技术压力的调节效应不显著，假设 10g 未得到支持。关系导向的社交媒体使用和任务完整性的交互项对技术压力的影响不显著（$\beta = 0.019$），表明任务完整性对关系导向的社交媒体使用与技术压力的调节效应不显著，假设 10h 未得到支持。

　　任务导向的社交媒体使用和工作反馈性的交互项对技术压力的影响不显著（$\beta = -0.036$），表明工作反馈性对任务导向的社交媒体使用与技术压力的调节效应不显著，假设 10i 未得到支持。关系导向的社交媒体使用和工作反馈性的交互项对技术压力的影响不显著（$\beta = 0.021$），表明工作反馈性对关系导向的社交媒体使用与技术压力的调节效应不显著，假设 10j 未得到支持。

4. 员工社交媒体使用、技术压力与工作绩效的关系：工作特征的调节中介效应检验

　　据第 5.2.2 节的结论，技术压力在关系导向的社交媒体使用与工作绩效间的中介作用不成立，而据上一节的结论，工作重要性、任务完整性和工作反馈性在任务导向的社交媒体使用与技术压力间的调节作用不成立，因此本节仅分析技术压力在任务导向的社交媒体使用和工作绩效之间的中介效应是否会因工作自主性、技能多样性水平的不同而有所差异。从表 6.12 中可以看出，在工作自主性的低、高水平下，任务导向的社交媒体使用经由技术压力影响工作绩效的间接效应存在显著差异（95% 的置信区间为 ［－0.098，－0.022］，置信区间内不包含 0），该被调节的中介模型成立。具体来看，当工作自主性水平低时，技术压力在任务导向的社交媒体使用与工作绩效关系的中介效应显著（95% 的置信区间为 ［－0.111，－0.014］，置信区间内不包含 0）；当工作自主性水平高时，技术压力在任务导向的社交媒体使用与工作绩效关系的中介效应不显著（95% 的置信区间为 ［－0.055，0.028］，置信区间内包含 0）。在技能多样性的低、高水平下，任务导向的社交媒体使用经由技术压力影响工作绩效的间接效应存在显著差异（95% 的置信区间为 ［－0.117，－0.011］，置信区间内不包含 0），该被调节的中介模型成立。具体来看，当技能多样性水平低时，技术压力在任务导向的社交媒体使用与工作绩效关系的中介效应显著（95% 的置信区间为 ［－0.137，－0.004］，置信区间内不包含 0）；当技能多样性水平高时，技术压力在任务导向的社交媒体使用与工作绩效关系的中介效应不显著（95% 的置信区间为 ［－0.055，0.030］，置信区间内包含 0）。因此，本书的假设 H11a 得到部分支持，假设 H11b 未得到支持。

表 6.12 　　　　　　　　　被工作特征调节的中介效应检验

自变量	调节变量	效应值（标准误）	95% 的置信区间
任务导向的社交媒体使用	工作自主性低	－0.118（0.017）	［－0.111，－0.014］
任务导向的社交媒体使用	工作自主性高	－0.024（0.009）	［－0.055，0.028］
间接效应的差异		－0.094（0.009）	［－0.098，－0.022］
任务导向的社交媒体使用	技能多样性低	－0.147（0.016）	［－0.137，－0.004］
任务导向的社交媒体使用	技能多样性高	－0.024（0.009）	［－0.055，0.030］
间接效应的差异		－0.123（0.008）	［－0.117，－0.011］

注：该表格的结果是基于 Mplus 软件的处理结果。所有的效应值都是基于 bootstrap 抽样 5000 次得到的。

综上所述，将以上关于本章的假设检验结果汇总于表 6.13。

表 6.13 假设检验结果汇总（二）

编号	假设内容	结论
H8a	性别异质性会负向调节任务导向的社交媒体使用和社会资本的关系	不支持
H8b	性别异质性会负向调节关系导向的社交媒体使用和社会资本的关系	不支持
H8c	年龄异质性会负向调节任务导向的社交媒体使用和社会资本的关系	不支持
H8d	年龄异质性会负向调节关系导向的社交媒体使用和社会资本的关系	支持
H8e	学历异质性会负向调节任务导向的社交媒体使用和社会资本的关系	不支持
H8f	学历异质性会负向调节关系导向的社交媒体使用和社会资本的关系	不支持
H8g	经验异质性会负向调节任务导向的社交媒体使用和社会资本的关系	支持
H8h	经验异质性会负向调节关系导向的社交媒体使用和社会资本的关系	支持
H9a	员工社会网络异质性各维度会调节社会资本在任务导向的社交媒体使用和工作绩效关系中所起的中介作用	部分支持
H9b	员工社会网络异质性各维度会调节社会资本在关系导向的社交媒体使用和工作绩效关系中所起的中介作用	部分支持
H10a	工作自主性会负向调节任务导向的社交媒体使用和技术压力的关系	支持
H10b	工作自主性会负向调节关系导向的社交媒体使用和技术压力的关系	支持
H10c	技能多样性会负向调节任务导向的社交媒体使用和技术压力的关系	支持
H10d	技能多样性会负向调节关系导向的社交媒体使用和技术压力的关系	支持
H10e	工作重要性会负向调节任务导向的社交媒体使用和技术压力的关系	不支持
H10f	工作重要性会负向调节关系导向的社交媒体使用和技术压力的关系	不支持
H10g	任务完整性会负向调节任务导向的社交媒体使用和技术压力的关系	不支持
H10h	任务完整性会负向调节关系导向的社交媒体使用和技术压力的关系	不支持
H10i	工作反馈性会负向调节任务导向的社交媒体使用和技术压力的关系	不支持
H10j	工作反馈性会负向调节关系导向的社交媒体使用和技术压力的关系	不支持
H11a	工作特征各维度会调节技术压力在任务导向的社交媒体使用和工作绩效关系中所起的中介作用	部分支持
H12b	工作特征各维度会调节技术压力在关系导向的社交媒体使用和工作绩效关系中所起的中介作用	部分支持

6.5 研究结果与讨论

6.5.1 实证结果

本章的实证分析表明，主要研究假设基本通过验证。第一，员工社交媒体使用对社会资本的影响会受到员工社会网络异质性的调节。如果团队成员存在较大的差异，则团队成员之间的沟通和交流会受到影响，不利于成员之间的团结。实证分析结果显示，经验异质性在"员工社交媒体使用——社会资本"之间的关系中体现出明显的调节作用，即经验异质性的提高会削弱员工社交媒体使用对社会资本的正面作用。年龄异质性在"关系导向的社交媒体使用——社会资本"之间的关系中体现出明显的调节作用，即年龄异质性的提高会削弱关系导向的社交媒体使用对社会资本的正面作用。性别异质性、学历异质性在"员工社交媒体使用——社会资本"之间的调节作用并不显著。另外，仅有经验异质性会对社会资本的中介作用产生调节作用。当经验异质性程度较低时，员工社交媒体使用可以通过积极影响社会资本的方式来提高工作绩效；当经验异质性程度较高时，社会资本在员工社交媒体使用和工作绩效关系中的中介作用不显著。

第二，员工社交媒体使用对技术压力的影响会受到工作特征的调节。员工若从事自主性差、简单重复和反馈性差等特征的工作，有可能在工作过程中经历压力。当员工感知到压力时易产生消极情绪，在心理失落或压抑情绪的状态下，员工的工作绩效会降低。实证结果分析显示，工作自主性和技能多样性在"员工社交媒体使用——技术压力"之间的影响关系体现出明显的调节作用，即工作自主性和技能多样性的提高会削弱员工社交媒体使用对技术压力的正向作用。但是，工作重要性、任务完整性和工作反馈性在"员工社交媒体使用——技术压力"之间的影响关系并未体现出明显的调节作用。另外，工作自主性和技能多样性会对技术压力的中介作用产生调节作用。当工作自主性和技能多样性程度较低时，任务导向的社交媒体使用会引发技术压力从而降低工作绩效；当工作自主性和技能多样性程度较高时，技术压力在任务导向的社交媒体使用和工作绩效关系中的中介作用不显著。

6.5.2 分析讨论

1. 员工社会网络异质性的影响讨论

实证结果的分析表明，员工社交媒体使用对社会资本的影响会受到员工社会网络异质性的调节。这表明，员工社交媒体使用的有效性是具有一定边界条件的，其有效实施需要一定的条件。媒体同步性理论认为，个体使用社交媒体的方式会影响他们的沟通绩效和工作绩效。不同的个体使用社交媒体的方式会有很大差异。如果团队成员存在较大的差异，则团队成员之间的沟通和交流会受到影响，不利于成员之间的团结。根据本书的研究，经验异质性在"员工社交媒体使用——社会资本"之间的关系中体现出明显的调节作用，即经验异质性的降低会提升员工社交媒体使用对社会资本的正面作用。由于员工社交媒体使用经验和工作经验的差异，在一定程度上说明成员之间具有认知差异，对问题有不同的理解和看法，不利于成员之间社会资本的形成。年龄异质性在"员工社交媒体使用——社会资本"之间的关系体现出明显的调节作用，即年龄异质性的降低会提升社交使用对社会资本的正面作用。在中国情境中，对年长者的反驳会被视为"顶撞长辈"的无理行为，年龄差距会带来认知观念等"代沟"，从而妨碍有效沟通。但是，性别异质性和学历异质性在"员工社交媒体使用——社会资本"之间的影响关系并未体现出明显的调节作用，说明员工之间性别和学历的差异对员工社交媒体使用效果的影响并不明显。一个可能的原因是我国网民以中等教育水平的学历为主，本书研究对象的学历水平基本是中等教育水平以上，相对其他几种差异性来说，学历异质性表现得不是那么明显。另一个可能的原因是，研究样本中同一部门员工的入职门槛比较统一，学历相对集中，导致部门员工的学历并没有太大的异质性。而性别差异水平与社交媒体使用和社会资本的紧密程度较低，因此淡化了性别异质性带来的影响。另外，仅有经验异质性会对社会资本的中介作用产生调节作用。具体来说，当经验异质性较低时，通过促进社会资本的形成，员工社交媒体使用会由于员工之间的协同合作而提高对任务绩效和周边绩效的积极作用。拓展至最新的研究领域来看，学者认为在使用社交媒体的过程中，用户不仅可以从具有相似经历和观点的其他用户中获得情感上的益处，还可以减少社交焦虑，收集各种信息和知识，促进社会资本的形成，从而实现沟通效率的提升和幸福感的提高（Zhang & Jung，2021）。该研究也进一步从理论上支持了本书的研究结果。

2. 工作特征的影响讨论

实证结果的分析表明，员工社交媒体使用对技术压力的影响会受到工作特征的调节。这表明，员工社交媒体使用的负面作用是具有一定边界条件的。媒体同步性理论认为，不同的工作对媒体同步性的要求也不同。员工工作具有丰富化特征，对工作满意度较高时，员工会积极进取热爱工作，强烈的责任感让员工愿意自觉约束自己的行为，为提升工作绩效而努力。根据本书的研究，工作自主性和技能多样性在"员工社交媒体使用——技术压力"之间的影响关系体现出明显的调节作用，即工作自主性和技能多样性的降低会增强员工社交媒体使用对技术压力的正面作用。说明工作如果缺乏自主性，不能自行决定完成工作的方法和进度，工作简单重复员工无须具备多种技能，即出现人—环境匹配理论中的人—工作失衡，会使员工认为自己无足轻重，产生挫败感和消极情绪，员工就有可能不努力工作。工作重要性、任务完整性和工作反馈性在"员工社交媒体使用——技术压力"之间的影响关系并未体现出明显的调节作用，说明工作重要性、任务完整性和工作反馈性可能使员工感知不到技术压力的负面效应，也有可能使员工感知到工作压力从而对工作不满意，导致工作重要性、任务完整性和工作反馈性对"员工社交媒体使用——技术压力"之间的影响并不显著。并且，工作自主性和技能多样性会对技术压力的中介作用产生调节作用。具体来说，当员工的工作自主性较低时，不可能实现工作与自身偏好及需求的匹配。当员工的技能多样性较低时，对工作的适应程度也较低。因此，更容易经历社交媒体带来的技术压力，从而导致工作绩效的降低。拓展至最新的研究领域来看，学者认为在使用社交媒体的过程中，技术压力会对员工的工作造成很大困扰，如增加员工的工作疲惫感。并且，工作特征程度低时在一定程度上会加强技术压力的负面作用（Yang et al.，2021）。该研究也进一步从理论上支持了本书的研究结果。

6.6　本章小结

本章是在第 5 章研究结果基础上的拓展性研究，通过理论分析，提出研究假设，并根据实证研究验证了员工社会网络异质性在员工社交媒体使用、社会资本和工作绩效间的调节作用，以及工作特征在员工社交媒体使用、技术压力和工作绩效间的调节作用。

第 7 章

研究结论与展望

7.1 研究结论

基于媒体同步性理论，社交媒体作为一种典型的沟通工具，可以对员工的绩效和行为起到重要的作用。但是，关于二者关系的研究一直没有得到足够的重视，对二者关系的认识也不一致。在工作场所使用社交媒体一方面被认为有利于员工有效获取信息提升工作效率，另一方面也被发现可能会对工作绩效产生负面影响。

针对员工绩效和行为对企业的重要性和国内社交媒体的普及，研究员工社交媒体使用对员工绩效和行为的影响，明确二者关系的中间机理和边界条件，分析影响员工绩效和行为的深层原因，为管理工作提供指导。本书总结和归纳了员工社交媒体使用、工作绩效、社会资本和技术压力等领域的相关研究文献，在肯定和继承前人研究成果的基础上，基于媒体同步性理论，在定性分析的基础上，结合社会资本理论和人—环境匹配理论，构建了"社交媒体对工作绩效影响"的研究模型，综合运用不同学科的理论知识和分析方法，借助 SPSS、Mplus 等分析工具，同时对具有丰富社交媒体使用经验的员工进行深度访谈，深入了解员工在工作场所使用社交媒体的现象及产生的效果。对收集的 84 个部门共 496 份正式有效的调研问卷进行实证分析，对员工社交媒体使用影响工作绩效的机制展开层层递进的分析，主要研究结论可归纳为以下六个方面。

（1）验证了员工社交媒体使用的二维结构：任务导向的社交媒体使用

和关系导向的社交媒体使用。基于理论分析和实证检验,对员工社交媒体使用的二维度划分是符合逻辑的,细化了员工社交媒体使用及其效应发挥领域的研究。

（2）员工社交媒体使用直接影响工作绩效。任务导向的社交媒体使用和关系导向的社交媒体使用对工作绩效均是正相关关系,由此可见无论员工出于何种目的使用社交媒体对其绩效和行为会产生积极影响。企业内部社交媒体从 2012 年开始步入我国社交媒体格局,至今为止仍旧是社交媒体格局中不可或缺的一部分。

（3）社会资本作为信息收敛过程的代表变量,在员工社交媒体使用对工作绩效的影响中发挥着重要的中介作用。员工社交媒体使用能够积极影响社会资本,在此基础上对工作绩效产生积极作用。

（4）技术压力作为信息发散过程的代表变量,在任务导向的社交媒体使用对工作绩效的影响中发挥着重要的中介作用。在工作场所中,员工以完成工作任务为目的使用社交媒体导致的技术压力会对员工造成很大困扰,在此基础上对工作绩效产生了消极作用。

（5）年龄异质性会调节关系导向的社交媒体使用对社会资本的影响,经验异质性会调节任务导向的社交媒体使用、关系导向的社交媒体使用对社会资本的影响,并且经验异质性会对社会资本的中介作用产生调节作用。这表明,员工社交媒体使用的有效性是具有一定边界条件的,其有效实施需要一定的条件。

（6）工作自主性、技能多样性会调节员工社交媒体使用对技术压力的影响,并且工作自主性、技能多样性会对技术压力的中介作用产生调节作用。这表明,员工社交媒体使用的负面效应是具有一定边界条件的,如工作缺乏自主性、员工无须具备多种技能即能完成工作任务,在一定程度上会导致员工社交媒体使用产生负面影响。

7.2　理论贡献

本书探究了员工社交媒体使用对工作绩效的影响作用,并基于媒体同步性理论,从信息收敛过程和信息发散过程两条路径详细考察了社会资本、技术压力的中介作用,进一步对员工社交媒体使用对工作绩效的影响作用进行了拓展研究，分析员工社交媒体使用影响工作绩效的调节机制。总体来看，本书的理论贡献体现在以下五个方面。

（1）充实了连接媒体、沟通过程和绩效的媒体同步性理论。

本书在媒体同步性理论的基础上，结合社会资本理论和人—环境匹配理论，分析了这些理论的相互关系，形成了新的理论视角。本书认为，员工社交媒体使用能够有效促进员工社会资本的积累。基于媒体同步性理论和社会资本理论，由于社交媒体的同步性较高，在信息收敛过程，员工能够有效地对各种资源加以收集和利用，从而提高工作绩效。另外，本书认为在社交媒体使用过程中，技术压力是存在的。基于媒体同步性理论和人—环境匹配理论，由于社交媒体的同步性较高，在信息传递过程，员工经历的技术压力不利于员工工作绩效的提升。因此，为了科学、全面地揭示其机理，有必要对这些观点进行整合。根据本书的研究主题，以媒体同步性理论为基础，结合社会资本理论和人—环境匹配理论。本书在这一整合框架下进行研究，丰富了媒体同步性理论，揭示了社交媒体的属性和应用规律，既丰富了社交媒体的结果研究，又扩充了员工工作绩效的前因研究。

（2）识别了员工社交媒体使用的维度构成，揭示了其对工作绩效的作用机理。

关于员工社交媒体使用及其效应研究中，往往将员工社交媒体使用作为一个单一维度的变量进行研究。这种单一维度的测量不仅比较片面，而且也不适合对任务多变且结构复杂的组织进行调研。所以，本书基于媒体同步性理论与使用和满足理论，并结合访谈内容，从社交媒体的使用动机角度，确定了员工社交媒体使用的二维结构：任务导向的社交媒体使用和关系导向的社交媒体使用。为社交媒体使用的构念研究和内涵的深入挖掘提供了新思路。实证结果表明：任务导向的社交媒体使用和关系导向的社交媒体使用对工作绩效均有正向影响。本书对员工社交媒体使用与绩效关系的探讨，为理解和揭示新技术对员工和企业的影响研究提供了支持。

（3）将社会资本和技术压力引入"员工社交媒体使用—工作绩效"模型中，提出并检验了社交媒体影响工作绩效的模型。

本书认为，员工社交媒体使用会通过社会资本和技术压力的中介作用进而影响工作绩效。结果表明，员工社交媒体使用通过促进社会资本的形成间接地对工作绩效产生积极影响，关系导向的社交媒体使用引发的技术压力会对工作绩效产生消极影响。员工社交媒体使用—工作绩效模型，丰富了媒体同步性理论。对以往关于二者关系的矛盾观点进行梳理，未来的研究可以根据不同的研究重点选择不同的过程机制以解释员工社交媒体使用对工作绩效的影响。更重要的是，不论是信息发散过程还是信息收敛过程，工作绩效的提升都是关键且不可或缺的。以往对于"员工社交媒体和工作绩效关系"的探索大多只关注了其中一种路径，得到的结论可能是不严谨的。除了单条信息沟通过程，本书提供了一个较为全面的分析思路。

（4）探明了员工社会网络异质性在员工社交媒体使用和社会资本间的调节作用。

本书从社会网络角度考察了员工社会网络异质性在员工社交媒体使用和社会资本间的调节作用。结果显示，经验异质性会调节任务导向的社交媒体使用和社会资本的关系，年龄异质性和经验异质性会调节关系导向的社交媒体使用和社会资本的关系。并且，在员工社交媒体使用与经验异质性的交互作用下，员工社交媒体使用经由社会资本影响工作绩效的间接效应存在显著差异，因此该被调节的中介作用成立。当员工社会网络异质性程度较低时，员工社交媒体使用经由社会资本对工作绩效的正向促进作用会增强；当员工社会网络异质性程度较高时，员工社交媒体使用经由社会资本对工作绩效的正向促进作用可能不显著。这意味着使用社交媒体的员工更有可能与自己相似的尤其是经验相似的同事亲近。因此异质性不能盲目增加，应结合实际情况利用其优势避免其弊端。对研究涉及的团队层面的员工社会网络异质性进行分析，拓宽了社会媒体边界条件的讨论范围，为后续研究关注团队层面特征对员工社会媒体使用的影响提供了参考。

（5）在特定情境中捕捉到了员工社交媒体使用潜在的负面效应。

以往实证研究表明了员工社交媒体使用对员工产出的积极作用，但这些一面倒的研究证据也让学者和管理者颇为担忧。虽然社交媒体不会过多地对员工产出产生直接的负面影响，但若使用不当，社交媒体的作用就可能变得更加复杂。考虑到这种研究现状，本书在讨论员工社交媒体使用和员工绩效与行为的关系时，也重点讨论了员工社交媒体使用的负面作用，并对负面作用产生的原因和情境也一并进行了讨论。研究结果显示，由于社交媒体的同步性高，在信息发散过程会导致员工感受到技术压力，而技术压力会对工作绩效起负作用。但是，研究结果也显示员工社交媒体使用的负面作用会受到工作自主性和技能多样性的调节。也就是说，当员工的工作自主性和技能多样性水平程度较高时，员工社交媒体使用引发的负面影响会削弱。研究结果也显示，技术压力在关系导向的社交媒体使用与工作绩效的中介作用会受到工作自主性和技能多样性的调节。也就是说，员工的工作自主性和技能多样性水平越高，员工社交媒体使用经由技术压力对工作绩效的负向作用会削弱。这一研究结论验证了以往研究的结论，同时为预防和减少社交媒体带来的负面作用指明了可行方向。另外，现有的研究结论有不平衡的情况，即社交媒体正面效应的研究要明显多于社交媒体负面效应的研究。因此，未来可在适当的情境下讨论在工作场所使用社交媒体的负面机制。这不仅可以更全面地解释员工社交媒体使用，也有助于企业、管理者和员工采取适当的措施来管理和避免社交媒体的负面作用。

7.3 实践启示

本书在社交媒体和工作绩效相关领域取得了一些有意义的研究结论，结合实际应用，为企业和员工提供一些参考建议。研究成果落实于管理实践中，主要启示体现在以下两个方面。

（1）对企业的启示。

首先，对社交媒体的态度。目前，企业对社交媒体的态度主要有允许使用、限制使用和禁止使用三种。允许使用社交媒体的企业，充分认可社交媒体的价值，本书研究了社交媒体在增加员工社会资本中的价值，为进一步优化社交媒体的使用提供参考。限制使用和禁止使用社交媒体的企业可综合衡量社交媒体的价值及其对社交媒体的顾虑，进一步调整政策，在某些方面鼓励和接受社交媒体的使用。

其次，对社交媒体的选取。一是应该选择互动性强、能够共享信息和促进协同工作的社交媒体。二是重视社交媒体的便捷性。便捷性是指社交媒体具备能够满足员工需求、为员工提供便利的功能。因此，从企业的角度来说，选择社交媒体应注意其多样性和便捷性。从访谈结果来看，我国企业内部使用的社交媒体主要包括QQ、微信和自主开发平台。在选择或开发社交媒体时，应关注互动性、功能多样性和便捷性等特征。

再次，对社交媒体的使用。在企业内部使用社交媒体有助于确保信息传播的效率，活跃沟通和交流氛围，弥补书面和文件等正式沟通方式的不足。因此，企业应采取行动支持社交媒体的推广和应用。例如，对员工进行关于社交媒体使用和功能的培训，使员工能够更熟练地使用社交媒体，尤其是企业自主开发的社交媒体；还可以在社交媒体上发布活动，让具有相似想法或兴趣的成员形成多个小团体。

最后，对社会关系的管理。社交媒体的引入使员工间的联系更加密切，通过社交媒体形成的非正式网络比正式网络更为紧密。社交媒体的引入可以打破正式组织的层级，促进组织结构扁平化，缩短沟通的距离，提高信息和知识传播的效率。在商务沟通中利用社交媒体的协作共享和方便快捷等特征，重新组织和设计原有的业务流程，将一些传统业务转移到线上，联系和沟通更加多样化、方便和快捷，在一定程度上可以提高业务沟通的效率和满意度；在人际交往上通过社交媒体了解员工形成的社交网络，重视社交网络中的关键人物，实现线上和线下的有效结合，员工能够在各个层面进行有效沟通。

事实上，在员工进入组织的早期阶段，他们通常会根据组织的特点进行自我标记，并寻找与组织环境相匹配的特征，增加他们的归属感。许多管理者认为组织内部的异质性可以提升员工的竞争意愿，从而提高整体绩效。然而，紧密的内部社会关系会增强组织凝聚力。因此，合理保持并利用员工社会网络异质性显得尤为重要。另外，企业应尽量确保员工的工作特征符合他们的需求和愿望。例如，若员工认为自己的工作自主性高，管理者可以考虑赋予员工更多的工作自主权。因为工作自主性高的员工更有可能控制自己的工作时间和工作量，可以自主分配时间浏览社交媒体的信息。因此，管理者在人力资源管理实践中应重视工作特征，合理利用工作特征的优势，约束员工的工作行为，促进员工工作效率的提升。

（2）对员工的启示。

首先，加强社会资本建设。员工积累社会资本的主要途径是合理的自我表露和积极沟通，社交媒体就是一个便于表露和沟通的平台。在使用社交媒体的过程中，员工将信息和状态的更新控制在合理的数量和频率范围内，有利于社会资本的积累。因此，员工应适度的自我表露，维持和改善工作关系，实现社会资本的最大化。对员工而言，这是一种主动有意识地接近和获取社会资本的有效行为。因此，员工可以通过点赞、简单评论和转发等行为来表达对他人的关心、关注，这是一种互惠双赢地获取社会资本的策略。员工使用社交媒体能够加强与其他员工之间的关系，增加沟通的频率和时间；员工使用社交媒体能够了解其他使用社交媒体员工的各方面信息，易于预测其他员工在工作场所的行为，加强信任，全体员工愿意朝着企业的共同目标和愿景而努力工作；员工之间使用社交媒体可以共享信息和学习知识，帮助对方解决问题；通过社交媒体，员工可以发展和形成自己的人际关系，增强对团队和企业的归属感。建立员工社交媒体使用和社会资本的良性关系，可以为员工、团队和企业提供额外的竞争优势。

其次，积极应对技术压力。为了解决过载问题，有两个主要策略：减少传入信息量和提升信息处理能力。但是，这些策略可能仅适用于信息传播较少的企业。在社交媒体时代引发的信息爆炸背景下，这些策略的实际适用性是有限的。在这种情况下，员工可以考虑改变处理过载的心理策略，而不仅是试图消除过载环境本身。例如，有意识地关注当前任务，明确目标并输出最大的时间或资源开展工作。实际上，处理不同渠道的信息比仅处理来自一个渠道的信息经历更少的过载。因此，员工可以使用不同的社交媒体和不同的格式（音频、视频和文本等）。在现有的工作环境中，入侵问题无法完全解决。如果工作完全侵入私人生活，会产生严重的负面后果。如果专门制定应对策略，则可以有效限制入侵。防止入侵的一个策略是让员工明确地将他们的生活从工作中转移出去，并培养适应这种界限的工作习惯。例如，与同事明确工作时间和非工作时间，并严格权衡跨越边界的额外投入。社交媒体不断更新，现有平台不断开发新功能，员工可以使用对策来应对不确定的工作环境。例如，借鉴过去媒体平台的经验，因为不存在任何新的社交媒体平台与其他媒体完全不同；计划学习和分析新的社交媒体平台和功能，基于工作的学习可以最有效地呈现并适应社交媒体的实际变化。

7.4 研究局限与展望

本书涉及管理学、心理学、哲学和社会学等几大学科的知识和理论，以媒体同步性理论为基础，与社会资本理论和人—环境匹配理论整合，在对社交媒体和工作绩效进行构思剖析的基础上，揭示了两者之间的内在作用机理。由于可供参考的研究成果比较有限，加之时间和经验的限制，虽然在研究过程中努力遵循规范的科学研究范式，但仍有许多重要的理论和实践问题有待进一步探讨。

第一，本书采用社会资本和技术压力来描述信息收敛过程和信息发散过程。未来的研究可以选择一些更加多样化的过程机制，根据信息收敛过程和信息发散过程的特点，讨论社交媒体与员工绩效和行为之间的关系。在许多情况下，信息发散过程在后续信息收敛过程中提供了足够的可变性，信息收敛过程最终决定员工和团队的有效产出，信息发散过程和信息收敛过程实际上是共同影响员工绩效和行为。本书没有讨论信息发散过程和信息收敛过程之间复杂的互动关系，未来可以对这一方面进行探索，以更清楚地解释员工绩效和行为的影响过程。

第二，从研究的实际操作过程来看，由于调研中的条件限制，本书虽然采用两个时间节点收集数据，也得出基本符合期望的研究结论，但是仍有一些需要改进之处。首先，由于问卷中所有的题项都是由员工自己完成的，因此收集的数据仍存在一定的共同方法偏差。如果条件允许，未来的研究可以选择多个时间点的配对问卷。其次，收集的数据可能会存在一定程度的社会称许性问题。虽然已经采用了一些方法来确保答题者信息的保密性，但由于技术压力等概念较为敏感，员工仍然会担心他们的答案会被主管知道。因此，数据还是会存在社会称许性问题。在未来的研究中，可以采用纵向跟踪的方法获取客观数据或其他有效的方法减少社会称许性问题。

第三，本书实证分析的概念模型实质上构成了一个跨层次的框架，其中，员工社交媒体使用、社会资本、技术压力、工作绩效和工作特征是个体层面因素，员工社会网络异质性是组织层面因素。因此，下一步研究可以采用跨层次分析方法进行分析。并且，本书采用的问卷法存在许多不可抗拒的缺陷，后续可进一步采用实验法、文本挖掘等方法对研究结论进行验证。

第四，本书虽然借鉴了媒体同步性理论、社会资本理论和人—环境匹配理论等对企业社交媒体的作用效应进行了探讨，也在实际研究中对具有社交媒体使用经验的在职员工进行调研，但以后可增加相关的案例研究，增强研究结论的说服力和科学性。

第五，本书借鉴的量表主要是在别国情境下开发设计的，虽然根据国人的语言和阅读习惯对量表进行了适当的修正，但仍与中国组织的工作方式和管理情境有所差异。在未来的研究中，有必要结合具体的中国情境，开发适合国人的测量量表。

参 考 文 献

[1] 边燕杰，丘海雄. 企业的社会资本及其功效 [J]. 中国社会科学，2000（2）：87－99.

[2] 曹仰锋. 生态型组织：物联网时代的管理新范式 [J]. 清华管理评论，2019，69（3）：75－86.

[3] 曹勇，向阳. 企业知识治理、知识共享与员工创新行为：社会资本的中介作用与吸收能力的调节效应 [J]. 科学学研究，2014，32（1）：92－102.

[4] 陈健民，丘海雄. 社团、社会资本与政经发展 [J]. 社会学研究，1999（4）：66－76.

[5] 陈璐，瞿鑫，杨百寅. 自恋的下属更沉默？：自恋领导对下属工作绩效的破坏性效应研究 [J]. 预测，2018（2）：9－14.

[6] 陈强. 社交媒体使用对公务员创新绩效的影响 [D]. 武汉：华中科技大学，2016.

[7] 陈胜军，冯松. 周边绩效及其和晋升的关系研究 [J]. 管理世界，2011（2）：180－181.

[8] 陈婷，李霞，段尧清. 短视频社交媒体用户不持续使用意向研究：整合认知失调与自我效能双重视角 [J]. 情报杂志，2022，41（10）：199－206.

[9] 陈卫旗，王重鸣. 人—职务匹配、人—组织匹配对员工工作态度的效应机制研究 [J]. 心理科学，2007，30（4）：979－981.

[10] 陈晓红，吴小瑾. 中小企业社会资本的构成及其与信用水平关系的实证研究 [J]. 管理世界，2007（1）：153－155.

[11] 陈业华，田子州. 组织"力场"对 AMT 环境下员工行为的影响 [J]. 科学学与科学技术管理，2012，33（2）：159 – 166.

[12] 戴万亮，苏琳，杨皎平. 心理所有权、知识分享与团队成员创新行为：同事间信任的跨层次调节作用 [J]. 科研管理，2020，41（12）：246 – 256.

[13] 丁冠琪. 企业社交媒体、知识分享和员工创造力 [D]. 北京：中国科学技术大学，2019.

[14] 方来坛，时勘，张风华，高鹏. 员工敬业度、工作绩效与工作满意度的关系研究 [J]. 管理评论，2011，23（12）：108 – 115.

[15] 甘怡群，王晓春，张轶文，张莹. 工作特征对农村中学教师职业倦怠的影响 [J]. 心理学报，2006，38（1）：92 – 98.

[16] 淦未宇，徐细雄. 组织支持、社会资本与新生代农民工离职意愿 [J]. 管理科学，2018，31（1）：79 – 89.

[17] 高英. 心理资本对知识型员工工作绩效影响的实证研究 [D]. 大连：辽宁大学，2011.

[18] 顾新，郭耀煌，李久平. 社会资本及其在知识链中的作用 [J]. 科研管理，2003，24（5）：44 – 48.

[19] 哈罗德·孔茨，海因茨·韦里克. 管理学（第二版）[M]. 张晓君，等译. 北京：经济科学出版社，1998.

[20] 韩翼，廖建桥. 员工离职影响因素的实证研究 [J]. 经济管理，2007（11）：60 – 65.

[21] 何芳蓉. 新产品开发与团队之社会资本、知识分享与绩效的实证研究 [D]. 高雄：国立高雄第一科技大学，2003.

[22] 侯娟，朱英格，方晓义. 手机成瘾与抑郁：社交焦虑和负性情绪信息注意偏向的多重中介作用 [J]. 心理学报，2021，53（4），362 – 373.

[23] 姜道奎，于梦晓，柏群. 人与组织匹配、信任倾向与工作绩效：一个有调节的中介模型 [J]. 中国人力资源开发，2018，35（1）：37 – 47.

[24] 焦微玲，裴雷. 社会化媒体应用背景下的竞争情报研究：基于员工竞争知识共享视角 [J]. 情报杂志，2014（8）：37 – 41.

[25] 黎娟. 工作绩效：工作压力与应对方式的影响研究 [J]. 社会心理科学，2014（10）：49 – 53.

[26] 李伟，梅继霞. 内在动机与员工绩效：基于工作投入的中介效应

[J]. 管理评论, 2013, 25 (8): 160 -167.

[27] 李晓玉, 高冬东, 赵申苒. 仁慈领导对乡镇公务员工作绩效的影响: 建言行为和组织支持感的作用 [J]. 心理研究, 2016, 9 (6): 52 -59.

[28] 李永周, 黄薇, 刘旸. 高新技术企业研发人员工作嵌入对创新绩效的影响: 以创新能力为中介变量 [J]. 科学学与科学技术管理, 2014 (3): 135 -143.

[29] 刘鲁川, 李旭, 张冰倩. 基于扎根理论的社交媒体用户倦怠与消极使用研究 [J]. 情报理论与实践, 2017, 40 (12): 100 -106.

[30] 罗冠生. 人力资源开发与管理 [M]. 上海: 上海大学出版社, 1999.

[31] 罗珉. 组织概念的后现代图景 [J]. 管理科学, 2004, 17 (3): 16 -20.

[32] 罗念龙, 郭迅华, 陈国青. 企业内部博客的持续使用模式分析 [J]. 信息资源管理学报, 2012 (2): 30 -39.

[33] 彭坚, 王霄. 与上司 "心有灵犀" 会让你的工作更出色吗?: 追随原型一致性、工作投入与工作绩效 [J]. 心理学报, 2016, 48 (9): 1151 -1162.

[34] 饶征, 孙波. 以 KPI 为核心的绩效管理 [M]. 北京: 中国人民大学出版社, 2002: 78.

[35] 荣泰生. 企业研究方法 [M]. 北京: 中国税务出版社, 2005.

[36] 申恩平, 马凤英. 社交媒体对知识分享的影响作用研究 [J]. 情报理论与实践, 2018 (3): 106 -110.

[37] 舒琴. 计算机技术压力影响角色压力的实证研究: 基于组织支持理论视角 [J]. 情报杂志, 2010 (4): 62 -67.

[38] 斯蒂芬·P. 罗宾斯. 组织行为学 (第七版) [M]. 北京: 中国人民大学出版社, 2003.

[39] 孙健敏, 焦长泉. 对管理者工作绩效结构的探索性研究 [J]. 人类工效学, 2002, 8 (3): 1 -10.

[40] 孙元, 彭新敏, 潘绵臻. 员工持续使用企业内部微博与社会资本互动影响机制研究 [J]. 商业经济与管理, 2015 (2): 27 -35.

[41] 唐朝永, 陈万明, 牛冲槐. 冲突、社会资本与科研团队人才聚集效应 [J]. 商业经济与管理, 2013 (10): 54 -62.

[42] 唐杰，林志扬，石冠峰．价值观匹配对员工应对组织变革的影响研究：多个模型的比较 [J]．华东经济管理，2012，26（8）：147–151.

[43] 屠兴勇，赵紫薇，王泽英．情绪智力如何驱动员工角色内绩效?：中介作用的调节效应模型 [J]．管理评论，2018，30（7）：175–184.

[44] 万建香，钟以婷．社会资本对企业绩效的影响：基于中国经济转型阶段的研究 [J]．管理评论，2018，30（1）：60–66.

[45] 汪新艳．知识员工组织公平感对工作绩效的影响机制研究 [D]．武汉：华中科技大学，2008.

[46] 王成成．IT 企业研发团队异质性与团队创新气氛的关系研究 [D]．杭州：浙江工商大学，2011.

[47] 王成园．社会网络视角下考虑异质性员工应得关切的行为契约模型及实证研究 [D]．北京：中国科学技术大学，2016.

[48] 王国锋．危机情境下团队领导力的前因及其影响研究 [D]．成都：电子科技大学，2009.

[49] 王辉，李晓轩，罗胜强．任务绩效与情境绩效二因素绩效模型的验证 [J]．中国管理科学，2003，11（4）：79–84.

[50] 王三义，何风林．社会资本的认知维度对知识转移的影响路径研究 [J]．统计与决策，2007（5）：122–123.

[51] 王玉峰，金叶欣．变革的积极应对、工作投入对员工绩效的影响：技能的调节作用 [J]．科学学与科学技术管理，2016，37（4）：158–171.

[52] 王忠，张琳．个人—组织匹配、工作满意度与员工离职意向关系的实证研究 [J]．管理学报，2010，7（3）：379–385.

[53] 魏钧，张德．中国传统文化影响下的个人与组织契合度研究 [J]．管理科学学报，2006，9（6）：87–96.

[54] 温碧燕，周小曼，吴秀梅．服务性企业员工正面心理资本、敬业度与工作绩效的关系研究 [J]．经济经纬，2017（5）：93–98.

[55] 温志毅．工作绩效的四因素结构模型 [J]．首都师范大学学报，2005（5）：105–111.

[56] 吴亮，张迪，伍新春．工作特征对工作者的影响：要求—控制模型与工作要求—资源模型的比较 [J]．心理科学进展，2010，18（2）：348–355.

［57］奚玉芹. 人—组织匹配感知：维度结构及对员工工作绩效的作用机制［D］. 上海：东华大学，2012.

［58］徐蕾，魏江，石俊娜. 双重社会资本、组织学习与突破式创新关系研究［J］. 科研管理，2013，34（5）：39－47.

［59］徐向龙，黄玉文，伍致杭. 组织社会化策略对新员工个人——组织匹配的影响——主动社会化行为的中介效应［J］. 华南师范大学学报（社会科学版），2018，233（3）：67－75.

［60］徐笑君. 外派人员跨文化沟通能力对工作绩效的影响研究：专业知识学习的中介效应［J］. 研究与发展管理，2016，28（4）：87－96.

［61］杨德祥，侯艳君，张惠琴. 社会资本对企业员工创新行为的影响：知识共享和信任的中介效应［J］. 科技进步与对策，2017（20）：139－146.

［62］杨杰，方俐洛，凌文辁. 对绩效评价的若干基本问题的思考［J］. 中国管理科学，2000，8（4）：75－81.

［63］张德. 企业文化建设［M］. 北京：清华大学出版社，2004.

［64］张化平，魏旭光，康凯. 社会资本结构对企业间知识转移影响研究［J］. 河北大学学报（哲学社会科学版），2010，35（6）：36－41.

［65］张辉华，黄婷婷. 情绪智力对绩效的作用机制：以团队信任感知和朋友网络中心为连续中介［J］. 南开管理评论，2015，18（3）：141－150.

［66］张军伟，龙立荣，王桃林. 高绩效工作系统对员工工作绩效的影响：自我概念的视角［J］. 管理评论，2017，29（3）：136－146.

［67］张兰霞，刘杰，赵海丹，娄巍. 知识型员工工作态度与工作绩效关系的实证研究［J］. 管理学报，2008，5（1）：138－143.

［68］张新，马良，张戈. 社交媒体使用与员工绩效的关系研究［J］. 管理科学，2018，31（2）：71－82.

［69］张学和，宋伟，方世建. 成就动机理论视角下的知识型员工个体创新绩效实证研究：基于部分科技型组织的调查数据分析［J］. 科学学与科学技术管理，2013，34（1）：164－171.

［70］张亚莉，鲁梦华，杨朝君. 微信使用对员工关系绩效影响的研究［J］. 北京邮电大学学报（社会科学版），2015，17（3）：1－8.

［71］张燕君，黄健柏. 基于人格的人与职务动态匹配及其对绩效影响

作用的实证研究 [J]. 系统工程, 2011 (3): 86 – 92.

[72] 张耀坤, 胡方丹, 刘继云. 科研人员在线社交网络使用行为研究综述 [J]. 图书情报工作, 2016 (3): 138 – 147.

[73] 张翼, 樊耘. 人与环境匹配: 一个基于员工: 组织复合型视角的模型 [J]. 管理评论, 2011, 23 (5): 103 – 112.

[74] 张翼, 樊耘, 阎亮. 组织和谐管理: 基于人与环境匹配复合型视角 [J]. 管理学报. 2010, 7 (10): 1433 – 1441

[75] 张志军, 贾丹. 小公司如何长大: 从员工管理开始 [M]. 北京: 中国经济出版社, 2006.

[76] 赵慧娟. 个人—组织匹配对新生代员工敬业度的作用机理: 基于职业延迟满足的视角 [J]. 经济管理, 2013 (12): 65 – 77.

[77] 郑晓涛, 郑兴山, 石金涛. 员工社会资本对其组织承诺的影响 [J]. 管理评论, 2008, 20 (5): 15 – 20.

[78] 周金毅, 陈昊, 李雅文. 双渠道负向反馈寻求与员工工作绩效的关系: 考虑角色清晰度的调节作用 [J]. 技术经济, 2017, 36 (2): 47 – 56.

[79] 周文霞, 谢宝国, 辛迅. 人力资本、社会资本和心理资本影响中国员工职业成功的元分析 [J]. 心理学报, 2015, 47 (2): 251 – 263.

[80] 周燕华, 李季鹏. 中国跨国公司员工社会资本对外派适应的影响研究 [J]. 经济与管理研究, 2012 (1): 95 – 103.

[81] 朱青松, 陈维政. 员工价值观与组织价值观: 契合衡量指标与契合模型 [J]. 中国工业经济, 2005 (5): 88 – 95.

[82] 邹琼, 张燕红, 马金平. 工作 (组织) 匹配、情绪幸福感对创新行为的效应 [J]. 企业经济, 2017 (9): 95 – 101.

[83] Abid G. , Zahra I. , Ahmed A. Mediated mechanism of thriving at work between perceived organization support, innovative work behavior and turnover intention [J]. Social Science Electronic Publishing, 2016 (4): 297 – 299.

[84] Adler P. S. , Kwon S. W. Social capital: Prospects for a new concept [J]. Academy of Management Review, 2002, 27 (1): 17 – 40.

[85] Ahammad M. F. , Tarba S. Y. , Liu Y. , et al. Knowledge transfer and cross-border acquisition performance: The impact of cultural distance and employee retention [J]. International Business Review, 2016, 25 (2): 66 – 75.

[86] Ahuja M. K. , Chudoba K. M. , Kacmar C. J. , McKnight D. H. George J. F. IT road warriors: Balancing work-family conflict, job autonomy, and work overload to mitigate turnover intentions [J]. MIS Quart, 2007, 31 (1): 1 – 17.

[87] Ajjan H. , Hartshorne R. , Cao Y. , et al. Continuance use intention of enterprise instant messaging: A knowledge management perspective [J]. Behaviour & Information Technology, 2014, 33 (7): 678 – 692.

[88] Ali – Hassan H. , NevoD. , Wade M. Linking dimensions of social media use to job performance: The role of social capital [J]. Journal of Strategic Information Systems, 2015, 24 (2): 65 – 89.

[89] Allworth et al. Adaptive performance: Updating the criterion to cope with change [C]. Presented ar the 2nd Australian Industrial an Organizational Psychology Conference, 1997.

[90] Al – Rahmi W. M. , Alias N. , Othman M. S. , et al. A model of factors affecting learning performance through the use of social media in Malaysian higher education [J]. Computers & Education, 2018 (121): 59 – 72.

[91] Andreassen C. S. , Torsheim T. , Pallesen S. Use of online social network sites for personal purposes at work: Does it impair self-reported performance [J]. Computer Psychology. 2014, 3 (1): 1 – 11.

[92] Antonius N. , Xu J. , Gao X. Factors influencing the adoption of Enterprise Social Software in Australia [J]. Knowledge – Based Systems, 2015 (73): 32 – 43.

[93] Aquino K. , Serva M. A. Using a dual role assignment to improve group dynamics and performance: The effects of facilitating social capital in teams. [J]. Journal of Management Education, 2005, 29 (1): 17 – 38.

[94] Aragón C. , Narvaiza L. , Altuna M. Why and how does social responsibility differ among SMEs?: A social capital systemic approach [J]. Journal of Business Ethics, 2016, 138 (2): 365 – 384.

[95] Arvey R. D, Mussio S. J. Atest of expectancy theory in a field setting using female clerical employees [J]. Journal of Vocational Behavior, 1973, 3 (4): 421 – 432.

[96] Ashraf N. , Javed T. Impact of social networking on employee perform-

ance ［J］. Business Management & Strategy, 2014, 5 (2): 139.

［97］ Ayyagari R. , Grover V. Purvis R. Technostress: Technological ante-cedents and implications ［J］. MIS Quarterly, 2011, 35 (4): 831 –858.

［98］ Baker W. E. , Obstfeld D. Social capital by design: Structures, strat-egies, and institutional context ［M］. Corporate Social Capital and Liability, 1999.

［99］ Bantel K. A. , Jackson S. E. Top management and innovations in bank-ing: Does the composition of the top team make a difference ［J］. Strategic Man-agement Journal, 1989, 10 (2): 107 –124.

［100］ Barnes J. A. Class and committees in a Norwegian island parish ［M］. New York: Plenum, 1954.

［101］ Barrick M. R. , Mount M. K. The big five personality dimensions and job performance: A meta-analysis ［J］. Personnel Psychology, 1991 (44): 1 –26.

［102］ Batjargal B. Social capital and entrepreneurial performance in Russia: A panel study ［J］. Social Science Electronic Publishing, 2000, 24 (352): 535 –556.

［103］ Beatty E. Institutions and investment: The political basis of industri-alization in Mexico before 1911 ［D］. Stanford University Press, 2001.

［104］ Behrendt S. , Richter A. , Trier M. Mixed methods analysis of enter-prise social networks ［J］. Computer Networks, 2014 (75): 560 –577.

［105］ Behringer N. , Sassenberg K. , Scholl A. Knowledge contribution in organizations via social media: The interplay of identification and perceived use-fulness. ［J］. Journal of Personnel Psychology, 2017, 16 (1): 12 –24.

［106］ Belliveau M. A. , O'Reilly C. A. , Wade J. B. Social capital at the top: Effects of social similarity and status on CEO compensation ［J］. Academy of Management Journal, 1996, 39 (6): 1568 –1593.

［107］ Bennett R. , Gabriel H. Organisational factors and knowledge man-agement within large marketing departments: An empirical study ［J］. Journal of Knowledge Management, 2013, 3 (3): 212 –225.

［108］ Bernardin H. J. , Beatty R. W. Performance appraisal: Assessing hu-man behavior at work ［J］. Kent Human Resource Management, 1984 (2): 359 –389.

［109］Bevan J. L. , Gomez R. , Sparks L. Disclosures about important life events on Facebook: Relationships with stress and quality of life ［J］. Computers in Human Behavior, 2014, 39: 246 - 253.

［110］Blau P. M. Inequality and heterogeneity: A primitive theory of social structure ［M］. New York: The Free Press, 1977.

［111］Borman W. C. , White L. A. , Pulakos E. D. , Oppler S. H. Models of supervisory job performance ratings ［J］. Journal of Applied Psychology, 1991, 76 (6): 863 - 872.

［112］Borman W. , Motowidlo S. J. Expanding the criterion domain to include elements of contextual performance ［M］. Personnel selection in organizations. San Francisco: Jossey - Bass, 1993: 71 - 98.

［113］Bourdieu P. The forms of capital in JC Richardson (eds) ［M］. Handbook of Theory and Research for the Sociology of Education, New York: wood Press. 1983.

［114］Bretschneider S. , Parker M. Organization formalization, sector and social media: Does increased standardization of policy broaden and deepen social media use in organizations ［J］. Government Information Quarterly, 2016, 33 (4): 614 - 628.

［115］Bristol T. J. Social media policies for success ［J］. Teaching & Learning in Nursing, 2014, 9 (3): 144 - 147.

［116］Brooks S. , Califf C. Social media-induced technostress: Its impact on the job performance of it professionals and the moderating role of job characteristics ［J］. Computer Networks, 2016, 114 (25): 143 - 153.

［117］Brooks S. Does personal social media usage affect efficiency and well-being? ［J］. Computers in Human Behavior, 2015, 46 (3): 26 - 37.

［118］Brown S. Excess mortality of schizophrenia ［J］. British Journal of Psychiatry, 1997 (171): 502 - 508.

［119］Bruce R. A. , Scott S. G. Varieties and commonalities of career transitions: Louis' typology revisited ［J］. Journal of Vocational Behavior, 1994, 45 (1): 17 - 40.

［120］Bucher E. , Fieseler C. , Suphan A. The stress potential of social media in the workplace ［J］. Information Communication & Society, 2013, 16

(10): 1639 – 1667.

[121] Bulgurcu B. , Van Osch W. , Kane G. C. The rise of the promoters: User classes and contribution patterns in enterprise social media [J]. Journal of Management Information Systems, 2018, 35 (2): 610 – 646.

[122] Burkhalter N. T. Tweet This, Not That: A comparison between brand promotions in microblogging environments using celebrity and company-generated Tweets [J]. Journal of Marketing Communications, 2014, 20 (1/2): 129 – 146.

[123] Burt R. Structural holes: The social structure of competition [M]. Harvard University Press, 1992.

[124] Burt R. S. Secondhand brokerage: Evidence on the importance of local structure for managers [J]. Academy of Management Journal, 2007, 50 (1): 119 – 148.

[125] Byrne D. An overview (and underview) of research and theory within the attraction paradigm [J]. Journal of Personality & Social Psychology, 1997, 14 (3): 417 – 431.

[126] Cable D. M. , Derue D. S. The convergent and discriminant validity of subjective fit perceptions [J]. Journal of Applied Psychology, 2002, 87 (5): 875 – 884.

[127] Campbell J. P. Modeling the performance prediction problem in industrial and organizational psychology [M]. Handbook of industrial and organizational psychology, 1990: 687 – 732.

[128] Cao X. F. , Vogel D. R. , Guo X. , Liu H. , Gu J. Understanding the influence of social media in the workplace: An integration of media synchronicity and social capital theories [C]. Hawaii International Conference on System Sciences, 2012: 3938 – 3947.

[129] Cardon P. , Marshall B. The hype and reality of social media use for work collaboration and team communication [J]. International Journal of Business Communication, 2015, 52 (3): 273 – 293.

[130] Carless S. A. Person-job fit versus person-organization fit as predictors of organizational attraction and job acceptance intentions: A longitudinal study [J]. Journal of Occupational and Organizational Psychology, 2005, 78 (3):

411 – 429.

[131] Carlson J. R. , George J. F. Media appropriateness in the conduct and discovery of deceptive communication: The relative influence of richness and synchronicity [J]. Group Decision and Negotiation, 2004, 13 (2): 191 – 210.

[132] Carlson J. R. , Zmud R. W. Channel expansion theory and the experiential nature of media richness perceptions [J]. Academy of Management Journal, 1999, 42 (2): 153 – 170.

[133] Carr C. T. , Vitak J. , Mclaughlin C. Strength of social cues in online impression formation expanding SIDE research [J]. Communication Research, 2013, 40 (2): 261 – 281.

[134] Chandra T. , Priyono P. The influence of leadership styles, work environment and job satisfaction of employee performance-studies in the school of SMPN 10 Surabaya [J]. International Education Studies, 2015, 9 (1): 131.

[135] Chang Y. P. , Zhu D. H. The role of perceived social capital and flow experience in building users' continuance intention to social networking sites in China [J]. Computers in Human Behavior, 2012, 28 (3): 995 – 1001.

[136] Charoensukmongkol P. Effects of support and job demands on social media use and work outcomes [J]. Computers in Human Behavior, 2014, 36 (7): 340 – 349.

[137] Chatman J. A. Improving interactional organizational research: A model of person-organization fit [J]. Academy of Management Review, 1989, 14 (3): 333 – 349.

[138] Cheng T. , Zhang P. , Wen Y. , et al. Social media use and employee innovative performance: Work engagement as a mediator [J]. Social Behavior and Personality: an international journal, 2020, 48 (1): 1 – 9.

[139] Chen K. K. "Plan your burn, burn your plan": How decentralization, storytelling, and communification can support participatory practices [J]. Sociological Quarterly, 2016, 57 (1): 71 – 97.

[140] Chin P. Y. , Evans N. , Choo K. R. Exploring factors influencing the use of enterprise social networks in multinational professional service firms [J]. Journal of Organizational Computing & Electronic Commerce, 2015, 25 (3): 289 – 300.

［141］Chiu C. M., Hsu M. H., Wang T. G. Understanding knowledge sha-ring in virtual communities: An integration of social capital and social cognitive theories ［J］. Decision Support Systems, 2007, 42 (3): 1872 – 1888.

［142］Chou H. T., Edge N. They are happier and having better lives than I am: The impact of using Facebook on perceptions of others' lives ［J］. Cyberpsy-chology Behavior & Social Networking, 2012, 15 (2): 117.

［143］Chung N., et al. Examining information sharing in social networking communities: Applying theories of social capital and attachment ［J］. Telematics and Informatics, 2016, 33 (1): 77 –91.

［144］Coleman J. S. Social capital in the creation of human capital ［J］. American Journal of Sociology, 1988, 94: 95 – 120.

［145］Colquitt J. A., Jackson C. L. Justice in teams: The context sensitivi-ty of justice rules across individual and team contexts ［J］. Journal of Applied So-cial Psychology, 2006, 36 (4), 868 – 899.

［146］Cook J., Santos P. Three phases of mobile learning state of the art and case of mobile help seeking tool for the health care sector ［M］. Mobile Learn-ing Design, 2016.

［147］Cooper C. L., Dewe P. J., Driscoll M. P. Organizational stress: A review and critique of theory, research, and applications ［J］. Psychology Busi-ness, 2001, 6 (2): 223 –235.

［148］Creed P. A., Hood M. Disengaging from unattainable career goals and reengaging in more achievable ones ［J］. Journal of Career Development, 2014, 41 (1): 24 –42.

［149］Cummings J., Reinicke B. Enterprise SNS use and profile percep-tions: A comparison of cultures ［C］. Proceedings 20th Americas Conference on Information Systems, Savannah, Georgia, USA, 2014.

［150］Daft R. L., Lengel R. H. Organizational information requirements media richness and structural design ［J］. Management Science, 1986, 32 (5): 554 –571.

［151］Dedrick E. J., bobbins G. H. The influence of subordinate age on managerial actions: An attributional analysis ［J］. Journal of Organizational Be-havior, 1991, 12 (5): 367 –377.

［152］ Deng Y. Influence of social media on enterprise knowledge sharing based on social network analysis ［J］. Entrepreneurship Research Journal, 2021, 11 (2): 53 –61.

［153］ Dennis A. R., Fuller R. M., Valacich J. S. Media, tasks, and communication process: A theory of media synchronicity ［J］. MIS Quarterly, 2008, 32 (3): 575 –600.

［154］ Dennis A., Valacich J. Rethinking media richness: Towards a theory of media synchronicity ［C］. Proceedings of the 32nd Hawaii International Conference on System Sciences, 1999.

［155］ Dittes S., Smolnik S. Why are we doing this again?: Towards uncovering the outcome perspective of enterprise social software use ［C］. In Proceedings of the 25th European Conference on Information Systems (ECIS), Guimarães, Portugal, 2017.

［156］ Du S., Bhattacharya C. B., Sen S. Corporate social responsibility, multi-faceted job-products, and employee outcomes ［J］. Journal of Business Ethics, 2015, 131 (2): 319 –335.

［157］ Duthler G., Dhanesh G. S. The role of corporate social responsibility (CSR) and internal CSR communication in predicting employee engagement: Perspectives from the United Arab Emirates (UAE)［J］. Public Relations Review, 2018 (3): 111 –139.

［158］ Dyer J. H., Singh H. The relational view: Cooperative strategy and sources of interorganzational competitive advantage ［J］. Academy of Management Review, 1998, 23 (4): 660 –679.

［159］ Edwards J. R. Person-job fit: A conceptual integration, literature review, and methodological critique. In: Cooper C. L. (Ed); Robertson I. T. (Ed). International review of industrial and organizational psychology ［M］. John Wiley & Sons, Oxford, England: 1991.

［160］ Eisenberger R., Huntington R. Perceived organizational support ［J］. Journal of Applied Psychology, 1986 (3): 500 –507.

［161］ Ellison N. B., Steinfield C., Lampe C. The benefits of facebook "friends:" Social capital and college students' use of online social network sites ［J］. Journal of Computer –Mediated Communication, 2007, 12 (4): 1143 –1168.

[162] Engelbrecht A. S. , Fischer A. H. The managerial performance implications of a developmental assessment center process [J]. Human Relations, 1995, 48 (4): 387 –404.

[163] Festinger L. A theory of social comparison processes [J]. Human Relations, 1954, 7 (2): 117 –140.

[164] Fischer T. , Riedl R. Technostress research: A nurturing ground for measurement pluralism? [J]. Communications of the Association for Information Systems, 2017, 40 (1): 375 –401.

[165] Fluegge E. R. Who put the fun in functional?: Fun at work and its effects on job performance [C]. Dissertation Abstracts International Section A: Humanities and Social Sciences. Vol69 (7 –A), 2009: 2781.

[166] Fortin – Bergeron C. , Doucet O. , Hennebert M. A. The role of management and trade union leadership on dual commitment: The mediating effect of the workplace relations climate [J]. Human Resource Management Journal, 2018, 28 (3): 1 –19.

[167] Fox J. , Moreland J. J. The dark side of social networking sites: An exploration of the relational and psychological stressors associated with Facebook use and affordances [J]. Computers in Human Behavior, 2015, 45 (45): 168 –176.

[168] Frank Parsons. Choosing an vocation [M]. Boston: Mifflin Company, 1909: 10 –150.

[169] Freberg K. , Palenchar M. J. , Veil S. R. Managing and sharing H1N1 crisis information using social media bookmarking services [J]. Public Relations Review, 2013, 39 (3): 178 –184.

[170] French J. R. The mechanisms of job stress and strain [M]. New York: John Wiley & Sons Ltd, 1982.

[171] Furnham A. , Stringfield P. Personality and work performance: Myers-briggs type indicator correlates of managerial performance in two cultures [J]. Personality & Individual Differences, 1993, 14 (1): 145 –153.

[172] Gatewood R. , Boulton W. , Hatfield J. , et al. Moderating effect of job characteristics organizational communication [J]. Academy of Management Proceedings, 1982 (1): 201 –205.

［173］Gersick C. J. G. , Hackman J. R. Habitual routines in task-performing groups ［J］. Organizational Behavior and Human Decision Processes, 1990, 47 (1): 65 – 97.

［174］Githui M. Effects of organizational culture on employee job performance: A case study of ericsson kenya limited ［D］. United States International University – Africa, 2015.

［175］Goes J. B. , Park S. H. Interorganizational links and innovation: The case of hospital services ［J］. Academy of Management Journal, 1997, 40 (3): 673 – 696.

［176］Gok K. , Sumanth J. J. , Bommer W. H. , et al. You may not reap what you sow: How employees' moral awareness minimizes ethical leadership's positive impact on workplace deviance ［J］. Journal of Business Ethics, 2017, 146 (1): 1 – 21.

［177］Gonzalez E. S. Internal social media's impact on socialization and commitment ［D］. Unpublished Ph. D. Dissertation, Baylor University, 2012.

［178］Granovetter M. Economic institutions as social constructions: A framework for analysis ［J］. Acta Sociologica, 1992, 35 (1): 3 – 11.

［179］Griffin M. A. , et al. A new model of work role performance: Positive behavior in uncertain and interdependent contexts ［J］. Academy of Management Journal, 2007, 50 (2): 327 – 347.

［180］Gunn E. B. , Leo A. G. , David R. The latent structure of job characteristics of men and women ［J］. American Journal of Sociology, 1996, 2 (1): 80 – 113.

［181］Hackman J. R. , Lawler E. E. Employee reactions to job characteristics ［J］. Journal of Applied Psychology, 1971, 55 (3): 255 – 286.

［182］Hackman J. R. , Oldham G. R. Development of the job diagnostic survey ［J］. Journal of Applied Psychology, 1975, 60 (2): 159 – 170.

［183］Hambrick D. C. , Cho T. S. , Chen M. J. The influence of top management team heterogeneity on firms' competitive moves ［J］. Administrative Science Quarterly, 1996, 41 (4): 659 – 684.

［184］Hanene L. , Hadoussa S. Study of social media impacts on social capital and employee performance-evidence from TunisiaTelecom ［J］. Journal of Decision System, 2021, 10 (1): 121 – 142.

［185］Harrison D. A., Price K. H., Bell M. P. Beyond relational demography: Time and the effects of surface-and deep-level diversity on work group cohesion ［J］. Academy of Management Journal, 1998, 41 (1): 96 – 107.

［186］Hayes T. L., Roehm H. A., Castellano J. P. Personality correlates of success in total quality manufacturing ［J］. Journal of Business and Psychology, 1994, 25 (4), 397 – 411.

［187］Hendriks P. Why share knowledge?: The influence of ICT on the motivation for knowledge sharing ［J］. Knowledge & Process Management, 2015, 6 (2): 91 – 100.

［188］He W., Wang F. K., Chen Y., et al. An exploratory investigation of social media adoption by small businesses ［J］. Information Technology and Management, 2017, 18 (2): 149 – 160.

［189］Heywood S. M. The relationship between perceived person-job fit and organizational commitment in an aviation services environment ［D］. Doctoral Dissertation, Nova Southeastern University, Florida, America: 2003.

［190］Hoffman B. J., Woehr D. J. A quantitative review of the relationship between person-organization fit and behavioral outcomes ［J］. Journal of Vocational Behavior, 2006, 68 (3): 389 – 399.

［191］Hollingshead A. B., McGrath J. E., O'Connor K. M. Group task performance and communication technology: A longitudinal study of computer-mediated versus face-to-face work groups ［J］. Small Group Research, 1993, 24 (3): 307 – 333.

［192］Hong D., Suh E., Koo C. Developing strategies for overcoming barriers to knowledge sharing based on conversational knowledge management: A case study of a financial company ［J］. Expert Systems with Applications, 2011, 38 (12): 14417 – 14427.

［193］Horwitz S. K., Horwitz I. B. The effects of team diversity on team outcomes: A meta-analytic review of team demography ［J］. Journal of Management, 2007, 33 (6): 987 – 1015.

［194］Hsiao C. C., Chiou J. S. The effect of social capital on community loyalty in a virtual community: Test of a tripartite-process model ［J］. Decision

Support Systems, 2012, 54 (1): 750 – 757.

[195] Huang Y., Singh P. V., Ghose A. A structural model of employee behavioral dynamics in enterprise social media [J]. Management Science, 2015, 61 (12): 2825 – 2844.

[196] Huang Z., Chang S., Wu J. A study on the influence of team members' social media interaction perception on employee creativity [J]. American Journal of Industrial & Business Management, 2017, 7 (11): 1209 – 1228.

[197] Hulin C., Turner A. N., Lawrence P. R. Industrial jobs and the worker [J]. American Journal of Psychology, 1966, 79 (2): 351 – 375.

[198] Hunt S. T. Generic Work behavior: An investigation into the dimensions of entry, hourly job performance [J]. Personnel Psychology, 1996, 49 (1): 51 – 83.

[199] Hwang H., Kim K. O. Social media as a tool for social movements: The effect of social media use and social capital on intention to participate in social movements [J]. International Journal of Consumer Studies, 2015, 39 (5): 478 – 488.

[200] Hyosun J., Young N., Hyehyun Y. The effects of employees' business ethical value on person-organization fit and turnover intent in the foodservice industry [J]. International Journal of Hospitality Management, 2010, 29 (3): 538 – 546.

[201] Ingram P., Roberts P. W. Friendships among competitors in the sydney hotel industry [J]. American Journal of Sociology, 2000, 106 (2): 387 – 423.

[202] Inkpen A. C., Tsang E. Reflections on the 2015 decade award-social capital, networks, and knowledge transfer: An emergent stream of research [J]. The Academy of Management Review, 2016, 41 (4): 146 – 165.

[203] Inkpen A. C., Tsang W. K. Social capital, networks, and knowledge transfer [J]. The Academy of Management Review, 2005, 30 (1): 146 – 165.

[204] Jackson M. O. An overview of social networks and economic applications [C]. The Handbook of Social Economics, 2010: 511 – 585.

［205］Jackson S. E. , Joshi A. , Erhardt N. L. Recent research on team and organizational diversity: SWOT analysis and implications ［J］. Journal of Management, 2003, 29 (6): 801 –830.

［206］Jackson S. E. , Stone V K. , Alvarez E. B. Socialization amidst diversity: The impact of demographics on work team oldtimers and newcomers ［J］. Research in Organizational, 1993, 15: 45 –45.

［207］Jansen K. J. , Kristofbrown A. L. Marching to the beat of a different drummer: Examining the impact of pacing congruence ［J］. Organizational Behavior & Human Decision Processes, 2005, 97 (2): 93 –105.

［208］Janssen O. , Van Yperen N. W. Employee goal orientations, the quality of leader-member exchange, and the outcomes of job performance and job satisfaction ［J］. Academy of Management Journal, 2004, 47 (3): 368 –384.

［209］Jiambalvo J. . Performance evaluation and directed job effort: Model development and analysis in a CPA firm setting ［J］. Journal of Accounting Research, 1979, 17 (2): 436.

［210］Jin C. H. The perspective of a revised tram on social capital building: The case of facebook usage ［J］. Information & Management, 2013: 50 (4): 162 –168.

［211］John K. A. , Northeraft G B. , Neale M. A. Why differences make a difference: A field study of diversity, conflict, and performance in workgroups ［J］. Administrative Science Quarterly, 1999 (44): 741 –763.

［212］Jussila J. , Kärkkäinen H. , Aramo – Immonen H. Social media utilization in business-to-business relationships of technology industry firms ［J］. Computers in Human Behavior, 2014, 30 (4): 606 –613.

［213］Kai R. , Stieglitz S. , Meske C. From top to bottom ［J］. Business & Information Systems Engineering, 2015, 57 (3): 197 –212.

［214］Kane J. S. The conceptualization and representation of total performance effectiveness ［J］. Human Resource Management Review, 1996, 6 (2): 123 –145.

［215］Kaplan A. M. , Haenlein M. Users of the world, unite! The challenges and opportunities of social media ［J］. Business Horizons, 2009, 53 (1): 59 –68.

［216］Katz D. , Kahn R. L. , The social psychology of organizations ［J］. Administrative Science Quarterly, 1966（4）: 398.

［217］Katzenbarel J. R. , Smith D. K. The discipline of teams ［J］. Harvard Business Review, 1993（71）: 111 – 121.

［218］Kettenbohrer J. , Fischer D. , Beimborn D. , et al. How social software can support business process management-developing a framework ［C］. Proceedings 21st Americas Conference on Information Systems, Puerto Rico, 2015.

［219］Kilduff M. , Tsai W. Social networks and organizations ［J］. SAGE, 2003, 30（1）: 207 – 209.

［220］Kim Y. C. , Rhee M. The contingent effect of social networks on organizational commitment: A comparison of instrumental and expressive ties in a multinational high-technology company ［J］. Sociological Perspectives, 2010, 53（4）: 479 – 502.

［221］King G. , Pan J. , Roberts M. E. How the Chinese government fabricates social media posts for strategic distraction, not engaged argument ［J］. American Political Science Review, 2017, 111（3）: 484 – 501.

［222］Knippenberg D. V. , Schippers M. C. Work group diversity ［J］. Annual Review of Psychology, 2007, 58（1）: 515.

［223］Knoke D. Organizational networks and corporate social capital ［J］. 1999（1）: 17 – 42.

［224］Kooij D. T. , Boon C. Perceptions of HR practices, person-organisation fit, and affective commitment: The moderating role of career stage ［J］. Human Resource Management Journal, 2018, 28（1）: 61 – 75.

［225］Koopmans L. , Bernaards C. , Hildebrandt V. , et al. Development of an individual work performance questionnaire ［J］. International Journal of Productivity and Performance Management, 2012, 62（1）: 6 – 28.

［226］Koopmans L. , Bernaards C. M. , Hildebrandt V. H. , et al. Conceptual frameworks of individual work performance – A systematic review ［J］. Journal of Occupational & Environmental Medicine, 2011, 53（8）: 856 – 866.

［227］Kosine N. R. , Lewis M. V. Growth and exploration: Career development theory and programs of study ［J］. Career & Technical Education Research,

2008, 33 (3): 227 – 243.

[228] Krause D. R. , Handheld R. B. , Tyler B. B. The relationships between supplier development, commitment, social improvement [J]. Journal of Operations capital accumulation and performance Management, 2007, 25 (2): 528 – 545.

[229] Kristof A. L. Person-organization fit: An integrative review of its conceptualizations, measurement, and implications [J]. Personnel Psychology, 2010, 49 (1): 1 – 49.

[230] Kugler M. , Smolnik S. , Kane G. What's in IT for employees?: Understanding the relationship between use and performance in enterprise social software [J]. The Journal of Strategic Information Systems, 2015 (24): 90 – 112.

[231] Kugler M. , Smolnik S. Uncovering the phenomenon of employees' enterprise social software use in the post-acceptance stage-proposing a use typology [C]. Proceedings 22nd European Conference on Information Systems, Tel Aviv, Israel, 2014.

[232] Kurtz G. Integrating a Facebook group and a course website: The effect on participation and perceptions on learning [J]. American Journal of Distance Education, 2014, 28 (4): 253 – 263.

[233] Lam C. Improving technical communication group projects: An experimental study of media synchronicity theory training on communication outcomes [J]. Journal of Business & Technical Communication, 2016, 30 (1): 677 – 680.

[234] Landers R. N. , Callan R. C. Validation of the beneficial and harmful work-related social media behavioral taxonomies: Development of the work-related social media questionnaire [J]. Social Science Computer Review, 2014, 32 (5): 628 – 646.

[235] Lawler E. E. From job-based to competency-based organizations [J]. Journal of organizational behavior, 1994, 15 (1): 3 – 15.

[236] Lazarsfeld P. F. , Merton R. K. Friendship as a social process: A substantive and methodological analysis [J]. Freedom and Control In Modern Society, 1954, 18 (1): 18 – 66.

[237] Leana C. R. , van Buren H. J. Organizational social capital and em-

ployment practices [J]. The Academy of Management Review, 1999, 24 (3): 538 – 555.

[238] Leftheriotis I. , Giannakos M. N. Using social media for work: Losing your time or improving your work? [J]. Computer in Human Behavior, 2014, 31 (1): 134 – 142.

[239] Lei C. F. , Ngai W. T. The double-edged nature of technostress on work performance: A research model and research agenda [C]. Thirty Fifth International Conference on Information Systems, Auckland, 2014.

[240] Leidner D. , Koch H. , Gonzalez E. Assimilating generation Y it new hires into USAA's workforce: The role of an enterprise 2. 0 system [J]. MIS Quarterly Executive, 2010, 9 (4): 83 – 84.

[241] Leonardi P. M. , Huysman M. , Steinfield C. Enterprise social media: Definition, history, and prospects for the study of social technologies in organizations [J]. Journal of Computer – Mediated Communication, 2013, 19 (1): 1 – 19.

[242] Leonardi P. M. , Meyer S. R. Social media as social lubricant: How ambient awareness eases knowledge transfer [J]. American Behavioral Scientist, 2015, 59 (1): 10 – 34.

[243] Leonardi P. M. Social Media, knowledge sharing, and innovation: Toward a theory of communication visibility [J]. Information Systems Research, 2014, 25 (4): 796 – 816.

[244] Lewin D. I. NIST gives America the time of day [J]. Computers in Physics, 1993, 7 (5): 492.

[245] Liden R. C. , Giaen G. Generalizability of the vertical dyad linkage model of leadership [J]. Academy of Management Journal, 1980, 23 (3): 451 – 465.

[246] Lin C. Assessing the mediating role of online social capital between social support and instant messaging usage [J]. Electronic Commerce Research and Applications, 2011, 10 (1): 105 – 114.

[247] Li N. , Guo X. , Chen G. , et al. Reading behavior on intra-organizational blogging systems: A group-level analysis through the lens of social capital theory [J]. Information&Management, 2015, 52 (7): 870 – 881.

［248］Lin K. W. Moral judgment and ethical leadership in Chinese management: the role of Confucianism and collectivism ［J］. Quality & Quantity, 2014, 48 (1): 37 - 47.

［249］Lin N. Social capital: A theory of social structure and action ［M］. New York: Cambridge University press, 2001.

［250］Liu J., Rau P. L. Impact of self-construal on choice of enterprise social media for knowledge sharing ［J］. Journal of Computational & Theoretical Nanoscience, 2014, 42 (7): 1077 - 1089.

［251］Li Y., Sallam M. H., Ye Y. The impact of WeChat use intensity and addiction on academic performance ［J］. Social Behavior and Personality: an international journal, 2019, 47 (2): 3 - 4.

［252］Marlowe D. Crowne D. P. Social desirability and response to perceived situational demands ［J］. Journal of Consulting Psychology, 1961, 25 (2): 109 - 115.

［253］Maruping L. M., Argawal R. Managing team interpersonal processes through technology: A task technology fit perspective ［J］. Journal of Applied Psychology, 2004, 89 (6): 975 - 990.

［254］Maruping L. M., Magni M. Task characteristics, team processes and individual use of collaboration technology: Test of a cross - level mediation model ［C］. Hawaii International Conference on System Sciences, 2014.

［255］McGrath J. E., Berdahl J. L., Arrow H. Traits, expectations, culture, and clout: The dynamics of diversity in work groups ［M］. Washington, D. C.: American Psychological Association, 1996.

［256］McGrath J. E. Time, interaction, and performance (TIP): A theory of groups ［J］. Small Group Research, 1991, 22 (2): 147 - 174.

［257］Melonmelon E. A study of the success of group formation in virtual teams using computer-mediated communications ［J］. Dissertations & Theses - Gradworks, 2013, 9 (4): 370 - 375.

［258］Mitchell J. C. The concept and use of social networks ［M］. Bobbs - Merrill, 1969.

［259］Moqbel M., Kock N. Unveiling the dark side of social networking sites: Personal and work-related consequences of social networking site addiction

［J］. Information & Management, 2018（55）: 109 – 119.

［260］Moqbel M. , Nevo S. , Kock N. Organizational members' use of social networking sites and job performance: An exploratory study［J］. Information Technology & People. 2013, 26（3）: 240 – 264.

［261］Moscovici S. Toward a theory of conversion behavior［M］. In Advances in Experimental Social Psychology（13）, L. Berkowitz（ed.）, Academic Press, New York, NY, 1980: 209 – 239.

［262］Muchinsky P. M. , Monahan C. J. What is person-environment congruence?: Supplementary versus complementary models of fit.［J］. Journal of Vocational Behavior, 1987, 31（3）: 268 – 277.

［263］Munzer S. , Holmer T. Bridging the gap between media synchronicity and task performance effects of media characteristics on process variables and task performance indicators in an information pooling task［J］. Communication Research, 2009, 3（1）: 76 – 103.

［264］Murphy K. R. Dimensions of job performance［M］. In: Dillon RF, Pellegrino JW, eds. Testing: Theoretical and Applied Perspectives. New York: Praeger. 1989: 218 – 247.

［265］Murphy M. , Timmins F. I hate GIBB's reflective cycle 1988（Facebook 2009）: Registered nurses experiences of supporting students' reflective practice in the context of nursing students' public commentary.［J］. Procedia – Social and Behavioral Sciences, 2013, 93: 1371 – 1375.

［266］Murthy D. , Lewis J. P. Social media, collaboration, and scientific organizations［J］. American Behavioral Scientist, 2015, 59（1）: 149 – 171.

［267］Mwanzia G. Effects of change on employee performance in organizations［J］. Effects of change on employee performance in organizations, 2015（6）: 1147 – 1155.

［268］Nahapiet J. , Ghoshal S. Social capital, intellectual capital and the organizational advantage［J］. Academy of Management Review, 1998, 23（2）: 242 – 266.

［269］Neureiter K. , Moser C. , Tscheligi M. Look into my eyes & See, what you mean to me. Social presence as source for social capital［J］. International Conference on Social Informatics, 2014, 5（1）: 183 – 198.

[270] Ng J. , Shao I. Y. , Liu Y. This is not what I wanted: The effect of avoidance coping strategy on non-work-related social media use at the workplace [J]. Employee Relations, 2016, 38 (4): 466 –486.

[271] Nucleus. Facebook: Measuring the cost to business of social networking [R]. Nucleus Research Inc, Boston, MA, 2009.

[272] Oldham G. R. , Cummings A. Employee creativity: Personal and contextual factors at work [J]. Academy of Management Journal, 39 (3): 607 –634.

[273] O'Leary, Daniel E. Knowledge management and enterprise social networking: Content versus collaboration [J]. Social Science Electronic Publishing, 2016 (95): 45 –74.

[274] O'Reilly C. A. , Chatman J. , Caldwell D. F. People and organizational culture: A profile comparison approach to assessing person-organization fit [J]. Academy of Management Journal, 1991, 34 (3): 487 –516.

[275] Organ D. W. Organizationalcitizenship behaviors: The good solder syndrome [M]. Lexington, MA: Le Xington Books, 1988: 147.

[276] Papadopoulos T. A. , Chrysochos A. I. , Papagiannis G. K. Narrowband power line communication: Medium voltage cable modeling and laboratory experimental results [J]. Electric Power Systems Research, 2013, 102 (9): 50 –60.

[277] Park K. G. , Han S. , Kaid L. L. Does social networking service usage mediate the association between smartphone usage and social capital? [J] New Media & Society, 2013, 15 (7): 1077 –1093.

[278] Pateria P. Role of emotional aptitude on employee's performance [J]. Global Journal of Multidisciplinary Studies, 2015, 4 (6): 273 –289.

[279] Paulus P. B. , Kohn N. W. , Arditti L. E. , Korde R. M. Understanding the group size effect in electronic brainstorming [J]. Small Group Research, 2013, 44 (3): 332 –352.

[280] Perry S. J. , Hunter E. M. , Currall S. C. Managing the innovators: Organizational and professional commitment among scientists and engineers [J]. Research Policy, 2016, 45 (6): 1247 –1262.

[281] Petty M. M. , Mcgee G. W. , Cavender J. W. A meta-analysis of the relationships between individual job satisfaction and individual performance [J].

Academy of Management Review, 1984, 9 (4): 712 – 721.

[282] Pfeffer J. Organizational demography [J]. Research in Organizational Behavior, 1983 (5): 299 – 357.

[283] Pitafi H. , Rasheed M. , Kanwal S. , et al. Employee agility and enterprise social media: Role of information technology proficiency and work expertise [J]. Technology in Society, 2020, 63 (10): 101 – 133.

[284] Portes A. , Sensenbrenner J. Embeddedness and immigration: Notes on the social determinants of economic action [J]. American Journal of Sociology, 1993, 98 (6): 1320 – 1350.

[285] Przybylski A. K. , Nguyen T. , Law W. , et al. Does taking a short break from social media have a positive effect on well-being?: Evidence from three preregistered field experiments [J]. Journal of Technology in Behavioral Science, 2021, 22 (1): 1 – 8.

[286] Pulakos E. D. , Arad S. , Donovan M. A. , et al. Adaptability in the workplace: Development of a taxonomy of adaptive performance [J]. Journal of Applied Psychology, 2000, 85 (85): 612 – 24.

[287] Putanam R. Making democracy work: Civic traditons in modern Italy [M]. Princeton University Press. 1993.

[288] Raeth P. , Kugler M. , Smolnik S. The impact of organizational social web site usage on work performance: A multilevel structural interaction perspective [C]. Hawaii International Conference on System Sciences. IEEE Computer Society, 2012.

[289] Ragu – Nathan T. , Tarafdar M. , Ragu – Nathan B. S. Tu Q. The consequences of technostress for end users in organizations: Conceptual development and empirical validation [J]. Information Systems Research, 2008, 19 (4): 417 – 433.

[290] Reagans R. , Mcevily B. Network structure and knowledge transfer: The effects of cohesion and range. [J]. Administrative Science Quarterly, 2003, 48 (3): 554 – 554.

[291] Rice R. Computer-mediated communication and organizational innovation [J]. Journal of Communication, 1987, 37 (4): 65 – 94.

[292] Richardson B. K. , Wang Z. , Hall C. A. Blowing the whistle against

greek hazing: The theory of reasoned action as a framework for reporting intentions [J]. Communication Studies, 2012, 63 (2): 172 – 193.

[293] Rich B. L., Lepine J. A., Crawford E. R. Job engagement: Antecedents and effects on job performance [J]. Academy of Management Journal, 2010, 53 (3): 617 – 635.

[294] Riemer K., Altenhofen A., Richter A. What are you doing?: Enterprise microblogging as context building [C]. Proceedings 19th European Conference on Information Systems, Helsinki, Finland, 2011: 252.

[295] Robin M. Leadership, engagement, and workplace behaviors: The mediating roleof psychological capital [D]. Monash University, 2017.

[296] Roczniewska M., Retowski S., Higgins E. T. How person-organization fit impacts employees' perceptions of justice and well-being [J]. Frontiers in Psychology, 2017 (8): 2318 – 2328.

[297] Rotundo M., Sackett P. R. The relative importance of task, citizenship, and counterproductive performance to global ratings of job performance: A policy-capturing approach [J]. Journal of Applied Psychology, 2002, 87 (1): 66 – 80.

[298] Safavi H. P., Karatepe O. M. High-performance work practices and hotel employee outcomes: The mediating role of career adaptability [J]. International Journal of Contemporary Hospitality Management, 2018, 29 (12): 1112 – 1133.

[299] Sampasa – Kanyinga H., Chaput J. P., Hamilton H. A. Social media use, school connectedness, and academic performance among adolescents [J]. The Journal of Primary Prevention, 2019. 45: 44 – 58.

[300] Sample E., Michel M. An exploratory study into trade-off effects of complexity, accuracy, and fluency on young learners' oral task pepetition [J]. Tesl Canada Journal, 2014 (31): 23 – 46.

[301] Saxton G., Guo C. Social media capital: Conceptualizing the nature, acquisition, and expenditure of social media-based organizational resources [J]. International Journal of Accounting Information Systems, 2020, 36 (1): 1 – 18.

[302] Scarmozzino E., Corvello V., Grimaldi M. Entrepreneurial learning

through online social networking in high-tech startups [J]. International Journal of Entrepreneurial Behavior & Research, 2017, 23 (3): 406 – 425.

[303] Schmidt G. B. , O'Connor K. W. Legal concerns when considering social media data in selection [M]. Social Media in Employee Selection and Recruitment, 2016.

[304] Schneider B. E = f (P, B): The road to a radical approach to person-environment fit [J]. Journal of Vocational Behavior, 1987, 31 (3): 353 – 361.

[305] Schneider T. J. , Goffin R. D. , Daljeet K. N. Give us your social networking site passwords: Implications for personnel selection and personality [J]. Personality & Individual Differences, 2015, 73 (73): 78 – 83,

[306] Scotter J. R. , Motowidlo S. J. Interpersonal facilitation and job dedication as separate facets of contextual performance [J]. Journal of Applied Psychology, 1996, 81 (5): 525 – 531.

[307] Settoon R. P. , Mossholder K. W. Relationship quality and relationship context as antecedents of person-and task-focused interpersonal citizenship behavior [J]. Journal of Applied Psychology, 2002, 87 (2): 255 – 267.

[308] Shannon C. E. , Weaver W. The mathematical theory of communication [M]. University of IllinoisPress, Urbana, IL, 1949.

[309] Shen Y. , Jackson T. , Ding C. , et al. Linking perceived organizational support with employee work outcomes in a Chinese context: Organizational identification as a mediator [J]. European Management Journal, 2014, 32 (3): 406 – 412.

[310] Shwed U. , Kalev A. Are referrals more productive or more likeable?: Social networks and the evaluation of merit [J]. American Behavioral Scientist, 2014, 58 (2): 288 – 308.

[311] Simons M. , Reijnders J. , Peeters S. , et al. Social network sites as a mean to support personal social capital and well-being in older age: An association study [J]. Computers in Human Behavior, 2021, 3 (2): 10 – 17.

[312] Smith S. A. , Patmos A. , Pitts M. J. Communication and teleworking: A Study of communication channel satisfaction, personality, and job satisfaction for teleworking employees [J]. Archives of Metallurgy& Materials, 2015,

57 (1): 385 – 393.

[313] Srivastava S. C., Chandra. S, Shirish A. Technostress creators and job outcomes: Theorising the moderating influence of personality traits. Information Systems Journal [J]. 2015, 25 (4): 355 – 401.

[314] Stavropoulos V., Kuss D., Griffiths M. D., Frosso M. A longitudinal study of adolescent internet addiction: The role of conscientiousness and classroom hostility [J]. Journal of Adolescent Research, 2016, 31 (4): 1 – 32.

[315] Steinfield C., Ellison B., Lampe C. Social capital, self-esteem, and use of online social network sites: A longitudinal analysis [J]. Journal of Applied Developmental Psychology, 2008, 29 (6): 434 – 445.

[316] Steyn R., Vawda N. Job characteristics: Their relationship to job satisfaction, stress and depression [J]. Journal of Psychology in Africa, 2014, 24 (3): 281 – 284.

[317] Strong J. A., Andonegi E., Bizsel K. C., et al. Marine biodiversity and ecosystem function relationships: The potential for practical monitoring applications [J]. Estuarine Coastal & Shelf Science, 2015, 161: 46 – 64.

[318] Suh A., Bock G. W. The impact of enterprise social media on task performance in dispersed teams [C]. Hawaii International Conference on System Sciences, 2015: 1909 – 1918.

[319] Sun Y., Shang R. A. The interplay between users' intraorganizational social media use and social capital [J]. Computers in Human Behavior, 2014, 37: 334 – 341.

[320] Super D. E., Hall D. T. Career development: Exploration and planning [J]. Annual Review of Psychology, 1978, 29 (1): 333 – 372.

[321] Swartz T. T., Blackstone A., Uggen C., et al. Welfare and citizenship: The Effects of Government Assistance on Young Adults' Civic Participation [J]. Sociological Quarterly, 2010, 50 (4): 33 – 40.

[322] Tagarelli A., Interdonato R. Time-aware analysis and ranking of lurkers in social networks [J]. Social Network Analysis & Mining, 2015, 5 (1): 1 – 23.

[323] Talmud I. Corporate social capital and liability: A conditional approach to three consequences of corporate social structure [M]. Corporate Social

Capital and Liability, 1999.

[324] Taneja A. , Vitrano J. , Gengo N. J. Rationality-based beliefs affecting individual's attitude and intention to use privacy controls on Facebook: An empirical investigation [J]. Computers in Human Behavior, 2014, 38: 159 – 173.

[325] Tarafdar M. , Pullins E. B. , Ragu – Nathan T. S. Technostress: Negative effect on performance and possible mitigations [J]. Information Systems Journal, 2015, 25 (2): 103 – 132.

[326] Tarafdar M. , Tu Q. , Ragu – Nathan B. S. , Ragu – Nathan T. S. The impact of technostress on role stress and productivity [J]. Journal of Management Information Systems, 2007, 1 (24): 301 – 328.

[327] Te'eni D. Review: A cognitive-affective model of organizational communication for designing IT [J]. MIS Quarterly, 2001, 25 (2): 251 – 312.

[328] Tsai M. C. Dependency, the state and class in the neoliberal transition of Taiwan [J]. Third World Quarterly, 2001, 22 (3): 359 – 379.

[329] Tsai W. , Ghoshal S. Social capital and value creation: The role of intrafirm networks [J]. Academy of Management Journal. 1998, 41 (4): 464 – 476.

[330] Tufan P. , Witte K. D. , Wendt H. J. Diversity-related psychological contract breach and employee work behavior: Insights from intergroup emotions theory [J]. International Journal of Human Resource Management, 2017, 30 (8): 1 – 25.

[331] Tuomas N. , Piri A. , Lassenius C. , Paasivaara M. Reflecting the choice and usage of communication tools in globalsoftware development projects with media synchronicity theory [J]. Journal of Software Evolution & Process, 2012, 24 (6): 677 – 692.

[332] Tu Q. , Wang K. , Shu Q. Computer-related technostress in China [J]. Communications of the ACM, 2005, 48 (4): 77 – 81.

[333] Uzzi B. , Lancaster R. Relational embeddedness and learning: The case of bank loan managers and their clients [J]. Management Science, 2003, 49 (4): 383 – 399.

[334] Vichivanives R. , Poonsilp K. Knowledge sharing mechanism in social

networking for learning [C]. Seventh International Conference on Innovative Computing Technology, 2017: 9 – 14.

[335] Visser P S. , Mirabile R. R. Attitudes in the social context: The impact of social network composition on individual-level attitude strength [J]. Journal of Personality and Social Psychology, 2004, 87 (6): 779 – 795.

[336] Viswesvaran C. Modeling job performance: Is there a general factor? [D]. Ph. D. dissertation. United States-Iowa: The University of Iowa, 1993.

[337] Viswesvaran C. , Ones D. S. Perspectives on models of job performance [J]. International Journal of Selection and Assessment, 2000, 8 (4): 216 – 226.

[338] Walker M. Successful social media resistance: Implications for employee voice [J]. Labour & Industry a journal of the social and economic relations of work, 2020, 30 (2): 1 – 11.

[339] Walther J. B. Interpersonal effects in computer-mediated interaction [J]. Communication Research, 1992, 19 (1): 52 – 90.

[340] Walz S. M. , Niehoff B. P. Organizational citizenship behaviors: Their effect on organizational effectiveness in limited-menu restaurants [J]. Hospitality & Tourism Educator, 1996, 3 (1): 3655 – 3666.

[341] Wamba S. F. , Akter S. Impact of perceived connectivity on intention to use social media: Modelling the moderation effects of perceived risk and security [J]. 2016 (8): 219 – 227.

[342] Wamba S. F. , Carter L. Social media tools adoption and use by SMEs: An empirical study [J]. Journal of Organizational and End User Computing, 2014, 26 (2): 1 – 17.

[343] Wang H. F. , Jiang K. , Hu C. , Tang Q. H. How does enterprise social software impact on employees' innovation behavior the role of symbolic capital [J]. European Journal of Business and Management, 2018, 10 (3): 50 – 56.

[344] Wang J. C. , Chiang M. J. Social interaction and continuance intention in online auctions: A social capital perspective [J]. Decision Support Systems, 2009, 47 (4): 466 – 476.

[345] Wang K. , Shu Q. , Tu Q. Technostress under different organization-

al environments: An empirical investigation [J]. Computers in Human Behavior, 2008, 24 (6): 3002 - 3013.

[346] Wang S. M., Lin J. C. The effect of social influence on bloggers' usage intention [J]. Online Information Review, 2011, 35 (1): 50 - 65.

[347] Wang T., Jung C. H., Kang M. H., et al. Exploring determinants of adoption intentions towards Enterprise 2. 0 applications: An empirical study [J]. Behaviour and Information Technology, 2013, 33 (10): 1048 - 1064.

[348] Wang Y. C., Pauleen D J., Zhang T. How social media applications affect B2B communication and improve business performance in SMEs [J]. Industrial Marketing Management, 2016, 54: 4 - 14

[349] Wasko M. M., Faraj S. Why should i share?: Examining social capital and knowledge contribution in electronic networks of practice [J]. Mis Quarterly, 29 (1): 35 - 57.

[350] Weick K. E. Cosmos vs. Chaos: Sense and nonsense in electronic contexts [J]. Organizational Dynamics, 1985, 14 (2): 51 - 64.

[351] Weil M., Rosen L. TechnoStress: Coping with technology@ work@ home@ play [N]. New York: J. Wiley, 1997: 240.

[352] Werbel J. D., Johnson D. J. The use of person-group fit for employment selection: A missing link in person-environment fit [J]. Human Resource Management, 2010, 40 (3): 227 - 240.

[353] Wheeler A. R., Halbesleben J. R. B., Shanine K. Exploring the middle range of person-environment fit theories through a conservation of resources perspective [J]. Archives of Physiology & Biochemistry, 2013, 108 (5): 437 - 443.

[354] White L. Connection matters: Exploring the implications of social capital and social networks for social policy [J]. Systems Research & Behavioral Science, 2010, 19 (3): 255 - 269.

[355] Williams L. J., Hazer J. T. Antecedents and consequences of satisfaction and commitment in turnover models: A re-analysis using latent variable structural equations model [J]. Journal of Applied Psychology, 1986 (71): 219 - 231.

[356] Woodroffe R. B. Factors affecting reproductive success in the Europe-

an badger, Meles meles [D]. United Kingdom: University of Oxford, 1992.

[357] Wu L. . Social network effects on productivity and job security: Evidence from the adoption of a social networking tool [J]. Information Systems Research, 2013, 24 (1): 30 – 51.

[358] Xu J. D. , Benbasat I. , Cenfetelli R. T. The effects of service and consumer product knowledge on online customer loyalty [J]. Journal of the Association for Information Systems, 2011, 12 (11): 741 – 766.

[359] Yang X. P. , Ye H. J. , Wang X. W. Social media use and work efficiency: Insights from the theory of communication visibility [J]. Information & Management, 2021, 58 (2): 103 – 126.

[360] Ylirenko H. , Autio E. The network embeddedness of new, technology-based firms: Developing a systemic evolution model [J]. Small Business Economics, 1998, 11 (3): 253 – 267.

[361] Yli – Renko H. , et al. Social capital, knowledge acquisition and knowledge exploitation in young technology-based firm [J]. Strategic Management Journal, 2001, 22 (6): 587 – 613.

[362] Yoganathan V. , Osburg V. , Bartikowski B. Building better employer brands through employee social media competence and online social capital [J]. Psychology & Marketing, 2021, 38 (6) 21 – 45.

[363] Yokoyama M. H. , Sekiguchi T. The use of social network sites in the workplace: A case study in Brazilian companies [J]. Doboku Gakkai Ronbunshu, 2014, 11 (86): 13 – 31.

[364] Zaheer A. , et al. Does trust matter?: Exploring the effects of inter-organizational and inter-personal trust on performance [J]. Organization Science, 1998, 9 (2): 141 – 159.

[365] Zandoort A. Performance Management [M]. London: The Cronwell Press, 1988: 15.

[366] Zenger T. R. , Lawrence B. S. Organizational demography: The differential effects of age and tenure distributions on technical communication [J]. Academy of Management Journal, 1989, 32 (2): 353 – 376.

[367] Zhang L. , Jung E. H. How does WeChat's active engagement with health information contribute to psychological well-being through social capital [J].

Universal Access in the Information Society, 2021, 26 (2): 1 – 17.

［368］ Zhang X. M. , Bartol K. M. The influence of creative process engagement on employee creative performance and overall job performance: A curvilinear assessment ［J］. Journal of Applied Psychology, 2010, 95 (5): 862 – 873.

［369］ Zhang X. , Tao W. , Kim S. A comparative study on global brands' Micro Blogs between China and USA: Focusing on communication styles and branding strategies ［J］. International Journal of Strategic Communication, 2014, 8 (4): 231 – 249.

［370］ Zivnuska S. , Carlson J. R. , Carlson D. S. , et al. Social media addiction and social media reactions: The implications for job performance ［J］. The Journal of Social Psychology, 2019, 16 (2): 1 – 15.

［371］ Zoonen W. V. , Rice R. E. Paradoxical implications of personal social media use for work ［J］. New Technology Work & Employment, 2017, 32 (3): 1 – 29.

［372］ Zoonen W. V. , van der Meer T. , Verhoeven J. Employees work-related social-media use: His master's voice ［J］. PublicRelations Review, 2014, 40 (5): 850 – 852.

附　　录

附录 A　访谈提纲

您好！首先感谢您能参与本研究的访谈，对您所给予的聆听、回答以及提出的建议，表示最诚挚的感谢！

您的回答是匿名的，本次访谈的回答无对错之分，请按照您的真实想法和感受回答问题，所有信息将完全保密，仅用于本次学术研究，敬请放心。

您提供的宝贵意见和建议，是我此次研究不可缺少的重要依据。再次向付出辛苦劳动的您表达谢意和敬意！

备注：访谈中涉及的社交媒体包括公共社交媒体（微信、QQ、微博、人人网、Facebook、Twitter、MSN 等）和私有平台（仅给内部员工使用，不对外部受众开放的应用程序）。

基本信息：您的性别、年龄、学历、已工作年限、行业、岗位、工作地点、所在工作单位的员工数量。

问题部分

1. 您所在的工作单位工作时允许使用社交媒体吗？
2. 您工作时一般使用哪些社交媒体？
3. 您在工作时一般是出于哪些目的使用社交媒体？请列举一些具体的事件。
4. 您在工作时使用社交媒体的频率？
5. 当您使用社交媒体后，与周围其他同事的关系如何？
6. 您是否会向社交媒体上的"好友"寻求工作上的帮助或者支持？
7. 您认为使用社交媒体对您的工作和生活有什么影响？

附录 B 初始调查问卷

尊敬的先生/女士：

您好！感谢您在百忙之中抽时间参与本次问卷调查活动。本次调查采用匿名方式，只为开展学术研究，不作任何商业或其他用途，我们保证您的资料和信息完全保密。请根据您的真实情况填写本问卷，完成本次问卷需要10~20分钟。衷心感谢您的参与！

备注：问卷中涉及的社交媒体包括公共社交媒体（微信、QQ、微博、人人网、Facebook、Twitter、MSN 等）和私有平台（仅给内部员工使用，不对外部受众开放的应用程序）。

第一部分 基本信息

请您根据问题，在划线的空白处填写相应选项或答案。

1. 您的性别是：A. 男　B. 女

2. 您的年龄是：____ 岁

3. 您的最高学历是：

A. 专科及以下　B. 本科　C. 硕士研究生或 MBA　D. 博士研究生

4. 您所在公司的性质是：

A. 政府部门　B. 事业单位　C. 国有企业　D. 民营企业　E. 外资企业　F. 其他

5. 您所在行业属于：

A. 制造/加工　B. 电子通信　C. 建筑建材　D. 商贸/服务　E. 医药化工　F. 交通运输　G. 金融地产　H. 其他

6. 您在当前岗位上的任期：____ 年

7. 您所在部门共有____ 个员工

8. 您已使用社交媒体____ 年

9. 您平均每天使用社交媒体____ 个小时

第二部分　研究变量相关测量量表

备注：1~5 级表示不同意向同意的过渡。请在您所选择的认同程度上画"√"。

1：完全不同意　2：比较不同意　3：一般　4：比较同意　5：完全同意

编号	内容	完全不同意				完全同意
WRP1	我会在社交媒体上发布与工作内容相关的信息	1	2	3	4	5
WRP2	我会通过社交媒体与同事就工作内容进行讨论	1	2	3	4	5
WRP3	我会使用社交媒体跟同事分享与企业目标相关的信息	1	2	3	4	5
WRP4	我会使用社交媒体分享我在某一领域的特长	1	2	3	4	5
WRP5	我会使用社交媒体为工作提供便利	1	2	3	4	5
WRP6	我会使用社交媒体收集可靠的信息以备将来工作需要时使用	1	2	3	4	5
WRP7	我会通过社交媒体分享与组织政策和程序相关的信息	1	2	3	4	5
WRP8	我会使用社交媒体与具备某些特长或者技能的同事建立联系	1	2	3	4	5
SRP1	我会使用社交媒体跟同事在非工作时间进行社交活动	1	2	3	4	5
SRP2	我会使用社交媒体在工作场所中交朋友	1	2	3	4	5
SRP3	工作中需要休息时我会使用社交媒体	1	2	3	4	5
SRP4	工作中我会使用社交媒体与同事闲聊	1	2	3	4	5
SRP5	我会使用社交媒体寻找与自己有相同兴趣的同事	1	2	3	4	5
SIT1	我与部门同事保持紧密的社交关系	1	2	3	4	5
SIT2	我会花时间与部门同事互动	1	2	3	4	5
SIT3	我与部门同事有私人交情	1	2	3	4	5
SIT4	我与部门同事维持着亲密的互动关系	1	2	3	4	5
TR1	即使有机会，部门同事也不会利用他人	1	2	3	4	5
TR2	部门同事始终遵守相互之间的承诺	1	2	3	4	5
TR3	同事之间可以自由地交换信息和意见	1	2	3	4	5

编号	内容	完全不同意				完全同意
TR4	同事之间是坦诚相待的	1	2	3	4	5
TR5	我在工作中提出的意见和建议会被采纳参考	1	2	3	4	5
TR6	当工作内容有变动时，我会在事前得到通知	1	2	3	4	5
SV1	部门同事对集体目标和企业使命的实现充满热情	1	2	3	4	5
SV2	同事对部门中的工作重点总是有一致的意见	1	2	3	4	5
SV3	部门同事认为帮助他人是愉悦的	1	2	3	4	5
SV4	部门同事拥有同一个奋斗目标	1	2	3	4	5
TO1	社交媒体的使用迫使我更快的工作	1	2	3	4	5
TO2	由于任务复杂性的提高，我的工作量增加	1	2	3	4	5
TO3	社交媒体的使用导致我的工作时间非常紧张	1	2	3	4	5
TO4	为了适应社交媒体，我被迫改变工作习惯	1	2	3	4	5
TO5	社交媒体的使用迫使我完成超出能力范围的任务数量	1	2	3	4	5
TI1	社交媒体的使用减少了我陪伴家人和朋友的时间	1	2	3	4	5
TI2	休假时，我仍然与工作保持接触	1	2	3	4	5
TI3	我不得不牺牲假期和周末关注社交媒体中与部门工作相关的信息	1	2	3	4	5
TI4	我认为个人生活与工作的界限越来越模糊	1	2	3	4	5
TU1	因为需要经常使用新的社交媒体，我很难判断它们之间的联系	1	2	3	4	5
TU2	社交媒体迫使我的沟通方式不断改变	1	2	3	4	5
TU3	我使用的社交媒体在不断变化	1	2	3	4	5
TU4	我使用的社交媒体组合经常更新升级	1	2	3	4	5
TP1	相比去年，我认为过去 3 个月我的工作效率更高	1	2	3	4	5
TP2	相比去年，我认为过去 3 个月我的工作量更大	1	2	3	4	5
TP3	我会做好工作规划以便工作能够按时完成	1	2	3	4	5
TP4	我能够用尽可能少的时间和精力完成我的工作	1	2	3	4	5
TP5	我会时刻提醒自己必须完成工作	1	2	3	4	5
TP6	我会提前对工作中可能会出现的问题找出解决方案	1	2	3	4	5

编号	内容	完全不同意				完全同意
TP7	我能分清工作的轻重缓急	1	2	3	4	5
TP8	我会朝着工作的最终结果努力	1	2	3	4	5
CP1	我能够满足我的职位需求	1	2	3	4	5
CP2	我能够履行我的责任	1	2	3	4	5
CP3	我能够很好地与他人合作	1	2	3	4	5
CP4	我与他人沟通时能够得到预期的结果	1	2	3	4	5
CP5	工作中我会提出有创造力的想法	1	2	3	4	5
CP6	当工作中有问题出现时我会主动解决	1	2	3	4	5
CP7	当有工作或活动时我会主动负责	1	2	3	4	5
CP8	当工作任务完成后，我会主动开始新的任务	1	2	3	4	5
CP9	我会向其他人寻求工作上的帮助	1	2	3	4	5
CP10	我会接受他人对我工作上的批评	1	2	3	4	5
CP11	我会从其他人对我工作的反馈中学习	1	2	3	4	5
CP12	我会接受具有挑战性的工作任务	1	2	3	4	5
CP13	我认为顾客/客户/患者/学生……对我的工作很满意	1	2	3	4	5
CP14	工作时我会考虑顾客/客户/患者/学生……的想法	1	2	3	4	5
JA1	我可以自主决定如何完成我的工作	1	2	3	4	5
JA2	我拥有利用主动性和判断力来完成我的工作的机会	1	2	3	4	5
JA3	在如何完成工作方面，我的工作给了我相当大的独立和自由	1	2	3	4	5
SV1	我需要具备多种技能和才干才能完成我的工作	1	2	3	4	5
SV2	我的工作要求我使用大量复杂或高水平的技能	1	2	3	4	5
SV3	我的工作允许我使用许多复杂或高水平的技能	1	2	3	4	5
JI1	我的工作结果会影响其他人的生活或幸福	1	2	3	4	5
JI2	我的工作完成得好坏会对许多人产生影响	1	2	3	4	5
JI3	我的工作在许多方面都是非常重要的	1	2	3	4	5
TI1	我的工作是一项完整的、可识别的工作	1	2	3	4	5
TI2	我的工作安排允许我从头到尾地完成整个工作	1	2	3	4	5

续表

编号	内容	完全不同意				完全同意
TI3	我的工作为我提供了完成由我开始的各部分任务的机会	1	2	3	4	5
JF1	我的工作任务本身可以随时让我了解工作的进展	1	2	3	4	5
JF2	在完成一项工作后，我能够知道自己干得好不好	1	2	3	4	5
JF3	在完成工作任务的过程中，有许多机会让我知道自己表现得怎么样	1	2	3	4	5

麻烦您再次检查问卷填写是否有遗漏。非常感谢您的合作！

问卷到此结束，再次感谢您的参与和帮助！

附录 C　正式调查问卷

（T1）

尊敬的先生/女士:

您好！感谢您在百忙之中抽时间参与本次问卷调查活动。本次调查采用匿名方式，只为开展学术研究，不作任何商业或其他用途，我们保证您的资料和信息完全保密。请根据您的真实情况填写本问卷，完成本次问卷需要10~20分钟。衷心感谢您的参与！

备注: 问卷中涉及的社交媒体包括公共社交媒体（微信、QQ、微博、人人网、Facebook、Twitter、MSN 等）和私有平台（仅给内部员工使用不对外部受众开放的应用程序）。

第一部分　基本信息

请您根据问题，在划线的空白处填写相应选项或答案。

1. 您的性别是: A. 男　B. 女

2. 您的年龄是: ＿＿岁

3. 您的最高学历是:

A. 专科及以下　B. 本科　C. 硕士研究生或 MBA　D. 博士研究生

4. 您所在公司的性质是:

A. 政府部门　B. 事业单位　C. 国有企业　D. 民营企业　E. 外资企业　F. 其他

5. 您所在行业属于:

A. 制造/加工　B. 电子通信　C. 建筑建材　D. 商贸/服务　E. 医药化工　F. 交通运输　G. 金融地产　H. 其他

6. 您在当前岗位上的任期: ＿＿年

7. 您所在部门共有＿＿个员工

8. 您已使用社交媒体＿＿年

9. 您平均每天使用社交媒体＿＿个小时

第二部分　研究变量相关测量量表

备注：1~5 级表示不同意向同意的过渡。请在您所选择的认同程度上画"√"。

1：完全不同意　2：比较不同意　3：一般　4：比较同意　5：完全同意

编号	内容	完全不同意				完全同意
WRP1	我会在社交媒体上发布与工作内容相关的信息	1	2	3	4	5
WRP2	我会通过社交媒体与同事就工作内容进行讨论	1	2	3	4	5
WRP3	我会使用社交媒体跟同事分享与企业目标相关的信息	1	2	3	4	5
WRP4	我会使用社交媒体分享我在某一领域的特长	1	2	3	4	5
WRP5	我会使用社交媒体为工作提供便利	1	2	3	4	5
WRP6	我会使用社交媒体收集可靠的信息以备将来工作需要时使用	1	2	3	4	5
WRP7	我会使用社交媒体与具备某些特长或者技能的同事建立联系	1	2	3	4	5
SRP1	我会使用社交媒体跟同事在非工作时间进行社交活动	1	2	3	4	5
SRP2	我会使用社交媒体在工作场所中交朋友	1	2	3	4	5
SRP3	工作中我需要休息时会使用社交媒体	1	2	3	4	5
SRP4	工作中我会使用社交媒体与同事闲聊	1	2	3	4	5
SRP5	我会使用社交媒体寻找与自己有相同兴趣的同事	1	2	3	4	5
SIT1	我与部门同事保持紧密的社交关系	1	2	3	4	5
SIT2	我会花许多时间与部门同事互动	1	2	3	4	5
SIT3	我与部门同事有私人交情	1	2	3	4	5
SIT4	我与部门同事维持着亲密的互动关系	1	2	3	4	5
TR1	即使有机会，部门同事也不会利用他人	1	2	3	4	5
TR2	部门同事始终遵守相互之间的承诺	1	2	3	4	5
TR3	同事之间可以自由地交换信息和意见	1	2	3	4	5
TR4	同事之间是坦诚相待的	1	2	3	4	5

编号	内容	完全不同意				完全同意
TR5	当工作内容有变动时，我会在事前得到通知	1	2	3	4	5
SV1	部门同事对集体目标和组织使命的实现充满热情	1	2	3	4	5
SV2	部门同事认为帮助他人是愉悦的	1	2	3	4	5
SV3	部门同事拥有同一个奋斗目标	1	2	3	4	5
TO1	社交媒体的使用迫使我更快的工作	1	2	3	4	5
TO2	社交媒体的使用导致我的工作时间非常紧张	1	2	3	4	5
TO3	为了适应社交媒体，我被迫改变工作习惯	1	2	3	4	5
TO4	社交媒体的使用迫使我完成超出能力范围的任务数量	1	2	3	4	5
TI1	社交媒体的使用减少了我陪伴家人和朋友的时间	1	2	3	4	5
TI2	休假时，我仍然与工作保持接触	1	2	3	4	5
TI3	我不得不牺牲我的假期和周末关注社交媒体中与部门工作相关的信息	1	2	3	4	5
TI4	我认为我的个人生活与工作的界限越来越模糊	1	2	3	4	5
TU1	因为需要经常使用新的社交媒体，我很难判断它们之间的联系	1	2	3	4	5
TU2	社交媒体迫使我的沟通方式不断改变	1	2	3	4	5
TU3	我使用的社交媒体在不断变化	1	2	3	4	5
TU4	我使用的社交媒体组合经常更新升级	1	2	3	4	5
M	我对企业的各项规章制度非常熟悉	1	2	3	4	5
JA1	我可以自主决定如何完成我的工作	1	2	3	4	5
JA2	我拥有利用主动性和判断力来完成我的工作的机会	1	2	3	4	5
JA3	在如何完成工作方面，我的工作给了我相当大的独立和自由	1	2	3	4	5
SV1	我需要具备多种技能才能完成我的工作	1	2	3	4	5
SV2	我的工作要求我使用大量复杂或高水平的技能	1	2	3	4	5
SV3	我的工作允许我使用许多复杂或高水平的技能	1	2	3	4	5
JI1	我的工作结果会影响其他人的生活或幸福	1	2	3	4	5
JI2	我的工作完成得好坏会对许多人产生影响	1	2	3	4	5

续表

编号	内容	完全不同意				完全同意
JI3	我的工作在许多方面都是非常重要的	1	2	3	4	5
TI1	我的工作是一项完整的、可识别的工作	1	2	3	4	5
TI2	我的工作安排允许我从头到尾地完成整个工作	1	2	3	4	5
TI3	我的工作提供了完成由我开始的各部分任务的机会	1	2	3	4	5
JF1	我的工作任务本身可以随时让我了解工作的进展	1	2	3	4	5
JF2	在完成一项工作后，我能够知道自己干得好不好	1	2	3	4	5
JF3	在完成工作任务的过程中，有许多机会让我知道自己表现得如何	1	2	3	4	5

麻烦您再次检查问卷填写是否有遗漏。非常感谢您的合作！

问卷到此结束，再次感谢您的参与和帮助！

（T2）

尊敬的先生/女士：

您好！感谢您在百忙之中抽时间参与本次问卷调查活动。本次调查采用匿名方式，只为开展学术研究，不作任何商业或其他用途，我们保证您的资料和信息完全保密。请根据您的真实情况填写本问卷，完成本次问卷需要5～10分钟。衷心感谢您的参与！

备注：1～5级表示不同意向同意的过渡。请在您所选择的认同程度上画"√"。

1：完全不同意　2：比较不同意　3：一般　4：比较同意　5：完全同意

TP1	相比去年，我认为过去3个月我的工作效率更高	1	2	3	4	5
TP2	相比去年，我认为过去3个月我的工作量更大	1	2	3	4	5
TP3	我会做好工作规划以便工作能够按时完成	1	2	3	4	5
TP4	我能够用尽可能少的时间和精力完成我的工作	1	2	3	4	5
TP5	我会时刻提醒自己必须完成工作	1	2	3	4	5
TP6	我会提前对工作中可能会出现的问题找出解决方案	1	2	3	4	5

TP7	我能分清工作的轻重缓急	1	2	3	4	5
CP1	我能够满足我的职位需求	1	2	3	4	5
CP2	我能够履行我的责任	1	2	3	4	5
CP3	我能够很好地与他人合作	1	2	3	4	5
CP4	我与他人沟通时能够得到预期的结果	1	2	3	4	5
CP5	工作中我会提出有创造力的想法	1	2	3	4	5
CP6	当工作中有问题出现时我会主动解决	1	2	3	4	5
CP7	我会向其他人寻求工作上的帮助	1	2	3	4	5
CP8	我会接受他人对我工作上的批评	1	2	3	4	5
CP9	我会从其他人对我工作的反馈中学习	1	2	3	4	5
CP10	我会接受具有挑战性的工作任务	1	2	3	4	5
CP11	我认为顾客/客户/患者/学生……对我的工作很满意	1	2	3	4	5
CP12	工作时我会考虑顾客/客户/患者/学生……的想法	1	2	3	4	5

麻烦您再次检查问卷填写是否有遗漏。非常感谢您的合作！

问卷到此结束，再次感谢您的参与和帮助！